尼山世界儒学中心
中国孔子基金会
丛书

陈来　王志民　主编

四书解读

中庸解读

齐鲁书社
·济南·

中庸解读

目录

《中庸》的地位、影响与历史诠释　　　　　（陈来）/ 973

子思与《中庸》　　　　　　　　　　　（王志民）/ 997

天命之谓性
　　——《中庸》第一章解读　　（李存山 解读）/ 1038

君子中庸
　　——《中庸》第二至九章解读　（王中江 解读）/ 1064

中庸的艺术
　　——《中庸》第十至十二章解读　（梁涛 解读）/ 1094

道不远人
　　——《中庸》第十三至十六章解读（梁涛 解读）/ 1123

大德受命
　　——《中庸》第十七至二十章解读　（杨海文 解读）/ 1151

诚明之道

——《中庸》第二十一至二十六章解读

（孔德立 解读）／1191

圣人之道

——《中庸》第二十七至三十章解读

（肖永明 解读）／1210

至圣至诚

——《中庸》第三十一至三十三章解读

（翟奎凤 解读）／1240

《中庸》的地位、影响与历史诠释

陈来

《中庸》这本书的最早记载见于西汉司马迁的《史记·孔子世家》。《孔子世家》主要是讲孔子生平及其弟子的主要活动,司马迁在这里明确说"子思作《中庸》"。子思就是孔子的孙子。因为司马迁是伟大的历史学家,《史记》是伟大的历史著作,所以具有权威性。司马迁这里的记载,对《中庸》的著作者和著作的时代做了明确指示。

司马迁之后,另一部伟大的历史学著作就是《汉书》。《汉书》比《史记》增加了一类记述——《艺文志》,这是关于图书流传的著录。《汉书·艺文志》里面记载:"《中庸说》二篇。"对这个讲法,后世也有一些不同的分析。有些人认为,我们今天看到的《中庸》,在当时应该是分成上、下两篇。《汉书·艺文志》的作者所看到的是有两篇的《中庸》,所以他就著录"《中庸说》二篇"。我们现在所看到的作为完整的文献文本的《中庸》,最早见于《礼记》。汉代戴圣编的《礼记》,又称《小戴礼记》,共四十九篇,其中第三十一篇就是《中庸》。

关于《中庸》的作者是子思，《孔丛子》也有记载。《孔丛子·居卫》篇里面就引了子思自己的话，他说他的祖先是孔子，"祖君屈于陈蔡作《春秋》，吾困于宋，可无作乎？"孔子困于陈蔡，作了《春秋》；我困于宋，也要作个东西出来。于是，子思就撰写了"《中庸》之书四十九篇"。另外，在《孔丛子·公仪》里面还记录了鲁穆公与子思的一段对话。鲁穆公问子思：你的书里面记了很多夫子之言，就是孔夫子之言，有些人认为这其实是你自己的话，"或者以谓子之辞"。子思说，我记的那个吾祖之言，"或亲闻之者，有闻之于人者"，有的是我亲耳听到的，有的是听别人转述的，但是总体来讲"不失其意"也，它的大意都保存下来了。以上记述表明，《中庸》的作者应该是子思。所以，从汉代以后，一直到唐代，历代都接受、都认为子思作《中庸》。

但是到了北宋，对于子思作《中庸》这个问题有了不同的声音。北宋思想家、文学家欧阳修在《问进士策（三）》中从内容入手，提出了对作者的怀疑——《中庸》到底是不是子思作的？他的理由是这样的：子思是圣人之后，他是孔夫子的孙子，"所传宜得其真"，他传下来的东西应该是真实的，"而其说有异乎圣人者，何也？"可是他这个说法里面有的跟孔子不太一样，这是为什么呢？那么，《中庸》在什么方面跟孔子讲的不一样呢？他说，我们看《论语》，孔子是一个圣人，但他是"学而后至，久而后成"，他是一个"学而知之"的圣人。而子思在《中庸》里面讲"自诚明谓之性，自明诚谓之教"，这意味着"自诚明，生而知之也；自明诚，学而知之也"，那就是在"学而知之"以外,还有"生而知之"这样的人。他说,孔子尚且是要经过学习才成为圣人的,如果说还有"生而知之"者,不用学就能成为圣人的人,那谁能当得起?那就没人当得起了!所以他认为这个讲法,是"无用之空言",是一句没有用的空话。这种观点,在他看来是有点荒谬的,不像是孔子的话。既然不像是孔子的话,那这个作品的作者应该就不是子思。所以,欧阳修对《中庸》的作者是子思提出了一些怀疑。宋代以后,关于《中庸》作者的问题,虽然有了一些不同的议论,但总体来讲,绝大多数学者还是接受子思作《中庸》这个结论的。

一、先秦中庸思想的发展

《中庸》的核心概念就是中庸。"中庸"这个词也可以分解为"中"和"庸",在这个意义上,中庸的思想不是到子思才出现的。在某种意义上,"中""庸",特别是"中""和"这些概念,在中国文化史上,传承有自,有很古老的历史。我们可以从以下几个方面展开来讲。

第一,《易》之"中道"。《易》就是《周易》。《周易》这本书里面,有几个概念是常用的,比如说"中行"("行"就是行动、行为的意思),又比如"中正""中道",还有"得中",这样的概念在《周易》里面是常见的。这些概念都有个"中",这就表示在《周易》里面,"中"是很重要的概念。当然,《周易》这部书不是一时一地一下子形成的,它的成书经历了一个过程。最早,有些卦爻辞可能在西周时代就已经出现了。因此,《周易》里面出现的这些与"中"有关的观点,代表了至少在西周到春秋时期中国文化对"中"观念的重视、了解。《观》卦象辞说"中正以观天下",《豫》卦小象辞说"以中正也",都强调中正。应该说,在早期,"中"这个概念主要的意义就是中正。《蛊》卦小象辞讲"得中道也",提出了"中道"的概念。联系前面说的一些卦辞,"中道"在当时的主要含义应该是中正之道。

与"中道""中正"的观念相连接,还出现了一些类似的观念,其中比较有代表性的像"中行"。《夬》卦九五爻辞讲"中行,无咎",如果你能够中行的话,就不会有什么灾祸。《泰》卦九二爻辞"得尚于中行",小象辞说"以光大也"。《同人》卦象辞也讲"文明以健,中正而应"等。类似的表述在《周易》里还有很多。从以上这些《周易》里面的内容中,我们可以看到对"中行""中正""中道"这些概念的重视。应该说,在儒家"五经"里面,对"中"提倡最多的一部经典,就是《周易》。这是从先秦看《中庸》思想的根源,第一部书就是《周易》,而《周易》里面又以中正之道、中道的思想最具代表性。

第二,《书》之"执中"。《书》就是《尚书》。《尚书·大禹谟》讲"允执厥中",后人就把它简化为"执中"。孟子说汤"执中","禹恶旨酒而好善言。汤执中,立贤无方"(《孟子·离娄下》),就是说在大禹之后,汤也是讲"执中"的。《论语·尧曰》篇载:"尧曰:'咨!尔舜!天之历数在尔躬。允执其中。四海困穷,天禄永终。'"所以从尧、舜、禹到汤,很早就开始有这种"执中"的概念。什么是"执中"呢?这个"中"跟前面《周易》所讲的这种"中正"的观念,应该是接近的。但是在《尚书》里面讲的"中",它更强调中正不偏。《尚书》特别强调"无偏无倚"的思想,不能偏左,也不能偏右,不能偏上,也不能偏下。《尚书·洪范》说"无偏无陂,遵王之义""无偏无党,王道荡荡"。可见,《尚书》里面所讲的"执中",虽然也包含了中正之道的意义,但是它更具体地表达了"无偏无倚"这样一种"中"的思想。

这种思想在《尚书》里面还被上升为一种德行,就是说,"中"不仅是道,也是德。道是根本的原则,比如说中正之道,它是治国理政的根本原则。在古代的政治文化里面,它是一个基本价值。最近几年看到的一些出土文献里面,在记载上古历史的时候,都很强调这个"中",它发挥了价值作用。《周易》讲"中道",《尚书》讲"中德",如《酒诰》篇讲"作稽中德"。可见,"中"不仅仅是治理国家的一个根本原则,作为中正之道,它也是人之德,是从天子到庶人都要遵循的一个基本的德行。从尧、舜、禹开始,"中"就一直往下传承,天子都非常重视对这个"中"的把握。所谓"执中","执"应该是把握的意思,要把握住这个中正之道、这个根本的原则。这是上古时代特别是在政治领域,对"中"的概念的一种重视。

"执中"是从尧、舜、禹到汤,都已经非常重视的一个观念。这个"中"不可能跟后来"中庸"的"中"没有关系。比如说"执中",到了后来,大家更多地把它表达为"执两用中",对这个思想做了发展。在《尚书》里面,虽然有了"不偏不倚"的思想,但是关于"执中"的表达,还没有用"执两用中"。到了孔子的时代,就开始出现"执两用中"的概念,子曰"执其两端用其中"(《中庸》),不走极端。当然,这也可以说是不偏不倚。既有"执两用中",当然就有"用中"的概念出现了。从后来的理解,用中就是中庸,中庸就是用中。因为"庸"就是用的意思,所以,中庸也就是用中。我们说从"执中"到"执两用中",到"用中",到"中庸",它有一个发展的过程。

第三,孔子论"中"。《论语》里面,孔子明确把"中庸"作为重要的德行,他说"中庸之为德也,其至矣乎"(《雍也》),至德是最根本、最重要的德行。这可以说是对《尚书》之"中德"做了明确的发展。《尧曰》篇记述了"允执其中",这与《尚书》可以呼应。那么《尚书·大禹谟》,后人认为这一篇为古文《尚书》,有可疑之处,不是《尚书》的原本,可能是后人根据一些残留的片段编缀而成的。但是,《尧曰》篇的"允执其中"与《大禹谟》的"允执厥中"不是巧合。应该说,组成《大禹谟》这一篇的资料是《尚书》的原始资料的一部分,至少表达了跟《尚书》那个时代同期的思想,所以它能够跟《论语》产生这个巧合。但是从孔子开始,孔门论"中"有一个明确的发展,除了把中庸作为至德,还强调这个"中"的"无过不及"的一面,如孔子"执两用中"的思想。《论语》里,孔子还讲"不得中行而与之,必也狂狷乎!狂者进取,狷者有所不为也"(《子路》)。一个是进取,一个是有所不为;不为有点不及,进取则有点过。孔子还说,"师也过,商也不及""过犹不及"(《先进》)。所以在《论语》里,孔子论"中",不但继承了《周易》"中行"的观念,而且把这个"中行"与"过犹不及"联系在了一起。什么是中行？中行就是过犹不及。既不能过，也不能不及，这就是中行。这也可以说发展了"不偏不倚"的思想。但是比较起来，我们说"不偏不倚"这种思想，不如"过犹不及"在人生实践上让人体会得那么亲切。

在孔子的影响下，《礼记·中庸》之外，《丧服四制》里面说："丧之所以三年，贤者不得过，不肖者不得不及，此丧之中庸也。"这是讲丧礼的实践怎么掌握，其中就有一个"中庸"。什么是中庸？指三年之期。超过三年，变成四年不行；不到三年，只有两年也不行。所以，"贤者不得过，不肖者不得不及，此丧之中庸也"。这也是秉承了孔子的中庸思想，就是用"过犹不及"来显示"中庸""中行"的独立不移、恰到好处的意义。从《尚书》的"执中"思想到孔子论中庸的思想，从"执两用中"到"丧之中庸"，我们看到，"中"不仅仅是《周易》和《尚书》里所讲的中正之道，它开始发展出一个新意义，受到孔门的重视："中"代表一种恰当合理的标准，它已经是对度的一个把握和呈现。在我们人的生活实践里，"中"是最恰当、最合理的一个标准。这个实践，当然包括政治，也包括人生的其他方面。这表明"中"和"中庸"的概念，到了孔子这个时代，已经明确成为一种实践的智慧，这是儒家的一种实践智慧。《礼记·中庸》篇讲"知者过之，愚者不及"的问题，也明确提出了这一思想。

二、汉唐时期的《中庸》学

这一时期,我们首先谈一下经学与《中庸》。

东汉时期著名经学家郑玄曾给《礼记》作注,因为《中庸》是《礼记》的一篇,所以里面也包含了对《中庸》的注解。他当时有一个最基本的论断,说中庸的庸,"用也"。如果庸就是用,那中庸就是"用中"。郑玄认为《中庸》是"记中和之为用也"。中和怎么来用,就是《中庸》这篇文章要讲的。郑玄又说,"孔子之孙子思伋作之"。这样,关于《中庸》题解,郑玄讲了三句话,"庸,用也";"记中和之为用也";"孔子之孙子思伋作之"。他实际上是用"用中"来解释中庸,应该说这个解释符合孔子以来的思想。

同时,我们要看到郑玄注《礼记》所带来的重要影响。郑玄注《礼记》,因为他是汉代的大儒、最博学的学者,这就造成了一个影响——使《礼记》这部书与《仪礼》《周礼》并列为"三礼"。以前这三部书是各自成立,《礼记》的地位比较低。有了郑玄注《礼记》,大家就开始有了"三礼"之说,认为这三部礼书应该是一个整体。于是,《礼记》就被提高到与《周礼》《仪礼》同等的地位。过去只把《仪礼》看作古代的礼经,因此,"五经"里面的礼经,在汉代主要就是指《仪礼》。而《礼记》,它叫作"记",表示它是对经的一种解释、一种说明,其地位当然比经低一些。可是由于郑玄注了《礼记》,而且注得非常好,这就使《礼记》的影响变大了。所以,在汉魏之交就开始"三礼"并称。

到了魏文帝的时候,《礼记》第一次列于学官。《三国志》卷十三《魏书·钟繇华歆王朗传》里面就说:"初,肃善贾、马之学,而不好郑氏,采会同异,为《尚书》、《诗》、《论语》、"三礼"、《左氏》解,及撰定父朗所作《易传》,皆列于学官。"列于学官,当然就要置博士来专门研究。不仅如此,到了东晋元帝的时候,这个变化更大了,郑玄注的《礼记》置了博士,而《仪礼》《周礼》不置博士。这样,《礼记》的地位就超过了《仪礼》。这是郑注《礼记》带来的一个重要影响。在古代经学中,是不是"经",能否列于学官置博士,这对经典文献的影响非常大。到了唐代有《五经正义》的刊行,由国家正式颁布天下。《五经正义》,其中《礼》就是指《礼记》。也就是说,汉人称为"三礼"的典籍里面,只有《礼记》在这时正式确立为经。也可以说,到了唐朝,在《五经正义》的时代,《礼记》正式升格为经。与此同时,《中庸》就随着《礼记》地位的提升,变成整个经学里面非常重要的一篇文献。

其次,佛老与《中庸》。

受佛老的影响,《中庸》也开始受到关注。比较早关注《中庸》的有南朝的戴颙。《宋书》记载,戴颙曾为《中庸》作注。就现有文献的记载,可以说戴颙是汉代以后个人为《中庸》作注最早的一个。此前像郑玄,还都是把《中庸》作为《礼记》的一部分来注解,但是戴颙专门把《中庸》提出来,为之作注,这是有标志性意义的,表明在南朝时期,《中庸》在《礼记》各篇里面受到了特别重视。今天讲《中庸》是"四书"之一,备受重视,那是宋代才有的;宋代以前,一般人只把《中庸》当作

《礼记》四十九篇之一，并没有另眼相看。南朝的戴颙算是一个特例。戴颙曾著有《逍遥论》，论述《庄子》的内涵，说明他在老庄学方面应该浸润很深。再联系到魏晋南北朝时期老庄和玄学的流行，可以推测，戴颙对《中庸》的理解很可能受到了道家、玄学思想的影响。可以说，从这个时候开始，《中庸》的传承与发展，不再仅仅是儒家自己的事，《中庸》开始发挥另一方面的历史作用，就是沟通儒学与佛老。老庄和玄学人士也开始关注《中庸》，力求在这里面实现一种儒道的融通。所以《中庸》的历史作用，在南北朝发生了标志性的转变，不仅仅是儒家经学传承它、关注它，儒家以外的其他哲学、宗教思想体系也开始关注它。这是值得关注的。

更突出的一位人物是梁武帝萧衍。萧衍是信佛的人，但他信佛主要是在晚年，早期还是受儒家思想影响比较大。他曾有诗《述三教》，自述说"少时学周孔，弱冠穷六经"。梁武帝小的时候就开始学习周公、孔子，努力学习"六经"，"穷"这个字表示他真正下了功夫。梁武帝是历史上很有名的君主，主要是因为他对佛教的虔诚态度。他信佛，经常舍身佛寺，但是朝中不能没有君主，于是大臣就用很多钱去赎他，这个钱就归了佛寺。

梁武帝有一部著作叫《中庸讲疏》，这在史书上有记载，但是并没有传下来。我们无法得知梁武帝写这部书的确切时间，但内容上大体可以推断，他应该不是纯粹从佛教的角度去讲，也不是纯粹从儒学的方面去讲的。这部《中庸讲疏》，从一定程度上来讲，比戴颙为《中庸》作注更有意义。因为梁武帝在历史上影响大,特别是他跟佛教有很特殊的关系,《中庸讲疏》很可能表达了梁武帝萧衍寻求儒佛会通的一种方式。在佛教、道教、玄学盛行的南北朝时期,把《中庸》提出来,作为沟通儒学与佛教、道教、玄学的桥梁,这是当时流行的思想。因此,《中庸讲疏》很可能也是会通儒佛的一种表达。关于《中庸》在儒家与佛老思想交汇中发挥的作用和影响,这个课题在汉代以前是没有的,它表明《中庸》的历史地位和影响发生了很重要的变化,《中庸》开始承担了一个会通儒家与佛教、道教、道家思想的功能。

在这个时代,还有一些玄学家也很重视对中庸思想的阐发,像魏晋玄学的代表人物何晏,他对《论语》做了很多研究,也很重视中庸的思想。他说庸,"常也"。"常"就是不变的,是常理,"中和可常行之德也"(《论语集解义疏》)。郑玄把"庸"解释为"中和之为用",这是从用中的方面来讲。何晏则更进一步,认为"庸"是用中的一个常行之德。当然,在郑玄的注里也有类似的意思。但是何晏作为玄学家,更重视中庸作为中和常行之德。这说明这个时期,中庸确确实实受到各个方面学者的关注,它已不仅仅是儒家的经学思想。

再次,儒士、文士与《中庸》。

儒士是一个比较宽的讲法,不仅仅指那些研究经学的儒家学者,还包括受到儒家思想影响较深的一些文士。《五经正义》颁布天下后,科举考试就以《五经正义》为考试的内容和标准,有很多试题出自《礼记》,《礼记·中庸》篇自然也成为当时人学习的重点。当时的学生,要参加科举考试,就不能不读《礼记》,不能不读《礼记正义》,要学习郑注孔疏,要熟悉《中庸》。如贞元十九年(803)科举明经科(明经就是考你经学的学习程度),第二题就是出自《中庸》。这就进一步带动了大家对《中庸》的关注。《中庸》的思想内容比较特殊,与《礼记》其他各篇不一样。《礼记》有些篇是对古代礼经及具体的礼文节目的解释,比如说,关于丧礼要摆什么祭品,古礼里有一些规定,《礼记》就阐发为什么是这样,做一些具体的发挥、解释、说明。因此,其意义只能是礼节上的、仪式上的、具体的,不能够代表国家所需要的比较高的、普遍的一种人文教养。但是《大学》《中庸》不一样,它不是关于历史仪式细节的具体的规定,它不讨论祭祀时用猪、用牛还是用羊。《中庸》跟天地、鬼神、德行、实践相关,它所代表的人文性、人文教养,不是《礼记》一般篇章所能比的。因此在唐代,任何一个士子,他在读《礼记》的时候,都会对《中庸》给予更多的关注。贞元九年(793),大文学家韩愈二十六岁,他去应考,考题来自《论语》,叫"颜子不贰过"。韩愈用《中庸》的思想作答,上来就说,"夫圣人抱诚明之正性,根中庸之至德"(韩愈《省试颜子不贰过论》)。"诚明"出自《中庸》,是《中庸》的重要概念。这句话的意思是,圣人之性是诚明的正性,他的行为就是中庸的至德,能够发挥中庸的德行。韩愈接着还说了"《中庸》曰'自诚明谓之性'"等一大段话。像韩愈这样的大文豪,他不可能不知道这是关于《论语》的题,可他回答的时候引述的都是《中庸》的表达、概念,内容之熟悉可见一斑。由此可以推断,《中庸》在当时影响之大。

韩愈是中唐古文运动的代表人物,在他前后,也有些人很熟悉《中庸》。比如梁肃,他对天台宗很有研究,又是古文运动的先驱人物,韩愈也是效仿他的。梁肃曾写过《止观统例》一文。止观是与天台宗有关的佛教思想,但梁肃在文章里面两次引用了《中庸》。韩愈还有一个朋友叫欧阳詹,他曾经写过一篇文章叫《诚明论》,也是阐述中庸思想。他强调圣人以下要"自明而诚",相对"自诚明""生而知之","自明诚"是"学而知之"。所以当时古文运动的这些人物,都非常熟悉中庸思想,对中庸思想有专文阐发。与韩愈齐名的柳宗元,他写文章也常引用《中庸》。柳宗元有一篇著名的文章,叫《吏商》,他说君子有二道,一个是"诚而明",一个是"明而诚"。"诚而明者,不可教以利",就是生而知之的圣人,你要想用利益去劝说他,那是根本不可能的;"明而诚者,利进而害退焉"。"诚而明"者,圣人是天性,不会跟着利益来走的;而"明而诚"者,能够通过理性认识,不受到利的损害。可见,当时人们对《中庸》的思想尤其是"诚明"论特别重视。诚明论也可以联系到人性论。比如韩愈的弟子李翱有本书叫《复性书》,这本书完全以《中庸》为宗旨。唐代儒士里面,受《中庸》影响最大的就是李翱,他通过《中庸》讲"喜怒哀乐之未发"等,阐发了一种性情的问题、人性的问题。李翱对《中庸》所说"天命之谓性,率性之谓道""戒慎恐惧""慎独""中和位育"等做了详细阐发。最后他将问题归结到性善情昏论,性是善的、清明的,但情把善性搞昏了。李翱不仅在《复性书》中贯彻发挥了中庸思想,他还专门写过《中庸疏》一卷。李翱的《复性书》《中庸疏》,应该说都代表了唐代儒士关于《中庸》研究的最高水平。李翱与隋唐时代的大多数人不一样,他关注的焦点已经不是"诚明"的问题,而是转移到了"性情"的人性问题。这对后来的宋明理学影响很大。宋明理学就不是把诚明论作为焦点,而是把《中庸》首章所讲的性情说、人性论作为最重要的理论问题。

柳宗元有一个朋友叫刘禹锡,他对《中庸》也很有研究。他在一首诗的引言中说,从前我学习《礼记·中庸》篇,"至'不勉而中,不思而得',懵然知圣人之德,学以至于无学"(《赠别君素上人》),好像一下子惊觉,通过这两句话了解了圣人之德。本来圣人讲中庸就是圣人的至德,但是他特别强调"不勉而中,不思而得"。应该说,这也是对《中庸》境界的一种新的关注。这种关注跟佛教的影响有一定的关系。所以刘禹锡也特别强调,要把《中庸》与内典结合起来。内典就是指佛教的经典。与佛教结合起来,这样才能达到《中庸》的最高境界。这种理解超过了当时一般人从诚明论对《中庸》的理解,他是从境界的方面去理解。应该说,这些都为宋代以后《中庸》诠释的发展铺平了道路,开了先河。

三、宋明之《中庸》学

我们先看这一时期的佛学与《中庸》。

梁武帝的《中庸讲疏》,戴颙的《中庸传》,并没有完整的文献传下来。《中庸》的思想在唐代开始受到大家的关注,到了宋代,受关注的面继续扩大。从北宋前期来看,最重要的力量来自佛教。北宋初年,天台宗僧人智圆给自己起了一个号叫"中庸子"。这是具有标志性意义的。一个佛教僧人,以"中庸"为号,可见儒家经典《中庸》对他的影响。这个中庸子写过一篇自传体文章《中庸子传》,他说自己曾"砥砺言行,以庶乎中庸,虑造次颠沛忽忘之,因以'中庸'自号"。可见,他自号中庸子,是要时时提醒自己,即使在各种颠沛流离之中,行为、言论上都要砥砺自己达到中庸的标准。但是也有人质疑:"中庸之义,其出于儒家者流,子浮图子也,安剽窃而称之耶?"他说,"夫儒释者,言异而理贯也",儒家与佛家说的话不一样,道理却是一样的。他还特别讲,"莫不化民,俾迁善远恶也",都是为了化民成俗,让老百姓迁善改过。那儒释有什么不同呢?"儒者饰身之教,故谓之外典也;释者修心之教,故谓之内典也。"儒是修饰身体行为,佛主要是管我们的心理行为。一个是修饰身体,一个是修炼内心;修身以儒,治心以释。那智圆自号中庸子,他讲的中庸到底是什么意思呢?跟儒家同还是不同呢?他说:"释之言中庸者,龙树所谓中道义也。"儒家讲的中庸,他也承认,但是他还要加上佛教对中庸的理解,就是龙树菩萨所讲的中道思想,就是不落两边,非有非无,非亡非存。可以看出,他一方面对中庸的思想非常重视,把中庸作为修身之教;但另一方面,他在中庸的理解方面,用的是佛教的中道思想。

北宋另一位僧人契嵩也非常重视《中庸》,他有《中庸解》一文。他还给仁宗皇帝写信,结合《中庸》来讲道理。他说

《中庸》讲"自诚明谓之性",是讲圣人与其他人其实都是生下来就有诚明之性,但"及其染之,遂成人也,物也,乃与圣人者差异"(《上仁宗皇帝万言书》),圣人能够保持,一般人不能保持,会受到俗世的污染,这样就跟圣人拉开距离了。于此可见那一代僧人对《中庸》的重视、熟悉。在《中庸解》里面,契嵩还提出一个重要思想,就是《中庸》虽然在《礼记》里面,可是《中庸》不是讲礼的。礼是"序等差而纪制度"(《中庸解第一》),礼主要是讲等级制度以及这些制度的具体规定。他认为《中庸》是讲"性命之说"。这个提法应该说比中庸子智圆深入了一步。智圆还是把中庸作为修身的德行来砥砺自己的,可是到了契嵩,他就认为《中庸》的主要思想是性命之说。而且契嵩在《中庸解》中提到很多思想,其中最后一个结论是他对郑玄注的批评。他认为郑玄注没有把握住《中庸》的大意,"郑氏者,岂能究乎性命之说耶?"(《中庸解第三》)像郑玄这样的人,只是一个文献学家,怎么能够穷究性命之学呢?所以,契嵩对《中庸》的理解、把握转到了性命之说,应该说是深入了一步。郑玄之辈对《中庸》的理解很多还是停留在德行论,不涉及性命论、性情论的层面。所以,契嵩的理解就显得非常重要,它包含了佛教对儒学文献诠释的一种积极性。传统的经学可能更多地从文献、历史、德行的角度来看,不会从更深的哲学视角来看,而性命论已经是哲学了。佛教哲学比较深刻,它为儒家文献的诠释提供了一个全新的视角。《中庸》不应该只从制度层面去了解,更应该从性命角度去了解。这个思想就影响了宋代的理学家,打开了他们的思维。

"天命之谓性,率性之谓道",宋代理学家应该说就是从性命之学这个角度,从天理、天道、天命,从人性去发掘《中庸》的深刻意义。所以,契嵩还是非常重要的。

此外,契嵩在《中庸解》中还提到很多很有见解的看法。比如,他提到把《中庸》与当时北宋经学里边特别重视的《尚书·洪范》的皇极思想相比较,认为《中庸》的思想与皇极的思想大同小异。在汉代以后的经学里,多把"皇极"解释为大中,"皇"是大,"极"是中。那皇极之"中",与中庸的"中"有什么关系?大同小异。他说,"皇极,教也;中庸,道也"(《中庸解第三》),中庸是一个客观的根本的原理、法则,皇极是政治上教化所用的一个观点。综上可见,从宋太宗到宋仁宗的时代,佛教徒、佛教学者对《中庸》思想的重视、阐发,应该说带动并提升了《中庸》的影响。

其次,儒学之《中庸》。

从太宗到仁宗时代,从智圆到契嵩,与这些佛教大德推进《中庸》影响同时,在政治层面也出现了一股推动的力量。这个政治的力量是多方面的。科举考试最高是赐进士及第,从北宋太宗时候开始,皇帝往往要赐文给进士。如太宗皇帝赐给进士及第的就是《礼记·儒行》篇,认为在个人修身方面,《儒行》有很重要的作用。可是仁宗皇帝改为赐《中庸》,还要宰相在堂上高声宣读,然后受赐者回去要把它作为座右铭写在墙上。这是有风向性的,皇帝赐《中庸》,当然士子都要学习《中庸》。

在仁宗给进士及第赐《中庸》之前的十几年,真宗时代的省试已经开始用《中庸》命题。比如范仲淹的省试答题就是"自诚而明谓之性",他还专门写过论"率性诚明"的文章。这个风气从真宗到仁宗时已经形成,重视《中庸》,对《中庸》的学习也是大力倡导。北宋道学家张载年轻的时候,很喜欢讨论兵法、研究兵书,关心国家边境的安全。那时候,范仲淹在陕北做官,张载就上书拜见范仲淹,陈述他有关西北用兵的一些主张,结果范仲淹让他回去好好读《中庸》。范仲淹让张载好好读《中庸》,这不是无缘无故的,不应理解为个人的一种偏好,而是说明在那个时代,《中庸》受到大家的普遍重视。当然,这也有一定的政治背景,就是皇帝亲自来推行。所以理学家程颐评论以前赐《儒行》,说《儒行》"全无义理",显然是在为仁宗赐《中庸》叫好,认为《儒行》没什么义理,《中庸》才讲义理。

但是仁宗赐《中庸》出于什么目的?这个恐怕跟张载、程颐等理学家讲的有所不同。因为理学家讲《中庸》是从心性修养这方面讲,但是仁宗赐《中庸》是出于政治考虑。宋真宗的崇和殿壁上挂了《礼记图》,就是把《礼记》画成画,附讲解。其中就有《中庸》篇,取了《中庸》的片段"凡为天下国家有九经",说治理国家的大法有九项最重要的措施。当时有一位在经学上很有造诣的儒臣叫邢昺。有一次在崇和殿,邢昺与真宗讲话的时候就指着"凡为天下国家有九经","因陈其大义,上嘉纳之"(《宋史·儒林列传一》)。真宗不仅表扬了邢昺,而且接纳了他的看法。所以在北宋,从真宗开始,就已经表现出了对《中庸》的特别重视。仁宗赐《中庸》,当时的关注点应该是治国理政的问题,这与道学家后来重视的心性修养角度是不同的。邢昺是很重要的儒臣,他对《中庸》的关注点与当时君主的关注点应该是接近的,他们更注意阐扬《中庸》治国理政的思想。

再次,道学之《中庸》,就是理学家的《中庸》。

在宋代,《中庸》对儒学家很重要,对道学家则更重要。首先我们看北宋三先生:胡瑗著有《中庸义》;道学的同路人、在广义的道学里有重要地位的司马光也写过《中庸广义》;张载的学生吕大临写过《中庸解》一卷。到了南宋,二程的门人游酢、杨时都写过《中庸解》。游酢写的《中庸解》是五卷,杨时的是一卷。朱熹的朋友石𡐪重写过《中庸辑略》,朱熹本身也参与了一些《中庸辑略》的完善工作。除了这些现成的著作,理学家里边像二程的老师周敦颐,虽然没有写过《中庸解》,但是《通书》里面贯穿了《中庸》"诚"的思想。所以有人以前也说过,"《通书》者,《中庸》之注脚"(熊道琛《钟祥县志》卷二十一)。道学之《中庸》,贯穿于宋元明清四代,历代的理学家大多有关于《中庸》的注解。所以一直到清代,传下来大概有几百种《中庸》的注解。如果以晚清作为一个节点,那么最后一种《中庸》注解就是康有为的《中庸解》。宋明时期的理学家和儒学大家,应该说大多有类似于《中庸解》这样的著作,足见《中庸》影响之广之大。

二程的弟子注解《中庸》,其中当然也贯彻了二程对《中庸》的理解。二程的理解,后来被朱熹在《中庸章句》中概括为三句话。第一句话,"不偏之谓中,不易之谓庸。中者天下之正道,庸者天下之定理"。这句话是引的程子原话,讲什么是中,什么是庸;首先从字义上讲,然后从哲学上讲。"不易"就是常。这是二程关于中庸思想的第一句话。第二句话,"此篇乃孔门传授心法,子思恐其久而差也,故笔之于书,以授孟子"。这句话是朱熹自己的话,讲《中庸》在孔门道统里面的地位。首先,它是孔门传授心法,是孔门专门讲治心之法。那就是说,它的重点不是治国理政,而是修心修身;但也不是像佛教所讲的只是修身,它是从心上做起。子思写了这个书,传授给孟子,所以孟子思想里面也有中庸的思想。第三句话,"其书始言一理,中散为万事,末复合为一理,'放之则弥六合,卷之则退藏于密',其味无穷,皆实学也"。"放之则弥六合,卷之则退藏于密"为程子语。朱熹写《中庸章句》,在前面先把二程的话列出来,作为《中庸》总的思想的发明。《中庸》首章"始言一理",总讲天道、天命、天理;"中散为万事",中间讲很多具体的东西;最后合起来,又讲天道、天命。所以"放之则弥六合",它可以包罗万象,各种各样具体的事情全部讲到了;收起来,它就是一理,就是《中庸》首章所讲的原理。

接下来就是朱熹了,朱熹著有《中庸章句》。先是他的朋友石𡼖写了《中庸辑略》,朱熹不是很满意,替他做了一些完善的工作。在此前后,朱熹自己作了《中庸章句》。他早年就开始关心《中庸》,很早就写成了此书。但是《中庸章句》真正拿出来给大家看,公开刊行,那是到他五十九岁快六十岁的时候。同时拿出来的还有另一本他配合《中庸章句》所写的书,叫《中庸或问》。《中庸章句》是对《中庸》一句一句作注解,《中庸或问》则是对《章句》中为什么这么解释做出理论上的说明。这个说明若都写在注解里边就太复杂、太烦琐了,而章句注解本身是要给大家做教材用的,最好简洁明了,所以适宜的办法就是将这些说明放在另一本书中,这就是《中庸或问》。更重要的是,在自己五十九岁那年,朱熹把《中庸章句》《中庸或问》正式拿出来了。又过了两年,到他六十一岁到漳州做知府这一年,他做了一件大事,就是把《论语》《孟子》《大学》《中庸》合刊,命名为"四书"。朱熹对"四书"的注解就叫《四书章句集注》。对《大学》《中庸》的注解分别是《大学章句》《中庸章句》,对《论语》《孟子》的注解则分别是《论语集注》《孟子集注》,合起来称为《四书章句集注》。从此就有了"四书"的概念。

元代以后,科举考试用朱熹对"四书"的解释出题,用《四书章句集注》做标准的参考书。在儒家的经典学里面,"四书"就成了一个新的经学体系。它在科举和社会文化,包括在宋元明清儒学发展史上,地位应该说超过了"五经"。唐代以前,大家对儒学经典主要关注的是"五经"。到了宋代,朱熹有一个观点,认为"五经"好比粗禾,"四书"好比熟饭,就是谷子带着壳,那是粗的,得把壳去掉,才有精米,再做熟了,才是熟饭。也就是说,在"五经"的体系里面,有很多粗糙的壳、麸子,这些都不是精华,"四书"才是精华。他认为"四书"乃"六经之阶梯"(《朱子语类》卷一百五),人应该先学"四书"。从朱熹的比喻可以看出来,学"五经"要费很大的劲,先把皮去掉,最后才得到一点精华,这太费事了;从"四书"入手,则省了一个去粗取精的过程,可以直接吃熟饭,吸收到精华。所以元代以后,"四书"的地位就超过了"五经",这主要还是受宋明理学的影响。而理学家,他们的思想讨论,他们对学生的教育,主要是围绕"四书"中的义理、概念及其诠释来展开的。所以从南宋以后,其实北宋二程就开始了,儒学的重点就已经转到了"四书"。然后经过朱子,到元代,到明代,一直到清代,在这样一段长达八百年的历史里,《中庸》真正变成了一部独立的经典,在儒学史、教育史、思想史上发挥重要的作用。今天讲《中庸》的历史地位和影响,应该说到了宋代,《中庸》终于达到了它在中国文化里面最高的地位和影响。到了朱子的时候,《中庸》学又开了一个新的方向。前面我们讲,《易》之"中道"、《书》之"执中"、孔子论"中""过犹不及",包括郑玄的"庸,用也",都表达了对《中庸》的一些理解、传承。那么朱子,他一生从《中庸》入手,从关于已发、未发、中和的讨论入手,到晚年六十岁写定《中庸章句》,他对《中庸》的理解可以说为《中庸》学开了新的方向。这个新的方向是什么呢?我们从《尚书》《周易》讲起,重视执中的观念,就是"允执厥中"。这个"执中",代表了早期中国文明,一种发展政治、治国理政的文明。在北宋的时候,真宗、仁宗、邢昺他们对《中庸》重视的焦点还是在"九经",在治国理政的这些根本大道理上。但是以朱子为集大成者和代表的道学家们把《中庸》转向心性修养,从李翱开始,已经可以看到向性情说的转变。明清的《中庸》学可以说是宋元的延长,限于篇幅,这里不再具体展开。

总结来说,历史上人们对《中庸》的认识大致经历了四个阶段。

第一个阶段,德行论。这是非常重要的。

第二个阶段,为政论。我们今天看《中庸》这部书,它前半部主要讲德行。早期学者关注它的德行论,一直到北宋僧人智圆,当然是有它的道理的。可是从第二十章开始,《中庸》讲了很多为政论,比如梁武帝、宋仁宗、邢昺等,他们都是从这个方面来理解《中庸》。所以,德行论和为政论是早期之人看《中庸》和《中庸》思想的两个重点。

第三个阶段是唐宋以后,注重性情工夫论。这是从李翱开始的,然后到宋代理学,最后到朱熹,开启了认识《中庸》的新路线和新重点。"喜怒哀乐之未发""戒慎恐惧""慎独"这些话题变成了中心议题,相关的有"知行论""诚明论""学思笃行论"等。从一定意义上说,这条新路线也是在回应佛教心性论的发展和挑战中展开的。

第四个阶段,就是道统论。朱熹在《中庸章句序》里面讲,"《中庸》何为而作也?子思子忧道学之失其传而作也"。子思为什么作《中庸》?因为他有一种忧患。忧患什么呢?道学要失传了。然后朱熹说,"道统之传有自来矣"。这个道统本来传承有自,传到子思的时候开始面临中断的危险,所以必须要写《中庸》这本书,让道统能够传下去,不要失传。在这里,朱熹提出"道统之传"的概念,就把《中庸》这本书的写作放在了道统传承中予以解释肯定。这个"道统之传"是什么?朱熹说,是尧之"允执厥中",舜之"人心惟危,道心惟微,惟精惟一,允执厥中"。《论语·尧曰》《尚书·尧典》里面都讲了这个"允执厥中",尧传给了舜,舜又传给了禹。所以,照这个讲法,"道统之传"本来是围绕"执中"概念来传。可是,朱熹认为光讲"允执厥中"是不够的,完整的道统之传应该是四句话,"允执厥中"是最后一句,前面还有三句,完整的表述就是《尚书·大禹谟》所说"人心惟危,道心惟微,惟精惟一,允执厥中"。因此,朱熹写《中庸章句序》,大量的篇幅是论述道心和人心之辨。以前讲《中庸》是以"允执厥中"为重点,到了朱熹时则以"道心惟微"为重点。而朱熹所理解的《中庸》之传,是放在整体的道统观念里面来展开的。这个道统的核心,按照他的讲法,最关键的不是"中",而是"道心惟微",这就转向了心性哲学、心性修养的路子。这样一个转变,应该说对元明清三代的影响都是非常大的。直到近代西方思想传进来以后,这条路线才有改变,明显的表现就是,晚清最后一位注解《中庸》的大家康有为,他的《中庸解》已经结合新的西方思想加以阐述了。

子思与《中庸》

王志民

本文主要从以下三个方面来探讨子思与《中庸》的关系：(1)由孔子到子思——子思其人、其学与其事；(2)由子思到孟子——关于思孟学派；(3)子思的著述与《中庸》。

在讲"子思与《中庸》"这个题目之前，先做一个总体的说明。

1. 子思与《中庸》的研究，是中国儒学史上最重要的问题之一，是一个重点。

之所以说子思与《中庸》的研究是一个重点，有以下三点原因：

其一，子思其人重要。子思是孔子的嫡孙，是所知道的历史人物当中与孔子血缘最近、对孔子的学说贡献最大的家族第一人。子思是一个大学者，又是孔子的孙子，在研究孔子、研究儒学这方面，是一个应该注意的非常重要的人物。

其二，子思的研究在整个先秦儒学研究当中是重点之一。按照唐代儒学家韩愈的道统说,中国文化的传承,由尧传至舜,舜传至禹,禹传至汤,汤传至文、武、周公,文、武、周公传至孔子,孔子传至孟子,孟子死了以后,道统中断。宋代一些儒学大师认为,中国的文化有一个传递的谱系。在这个谱系当中,由孔子到孟子这一段是最重要的历史阶段。而孔子到孟子有一百多年的历史,在这一百多年当中,儒学的发展,孔子思想的传承、发展和弘扬是什么状况?这是儒学研究的一个重要环节。这期间,虽然孔子号称三千弟子,有七十二贤人,而且儒分为八,儒学已经分成了很多个流派,但这个时间,是儒学发展的一个低潮。《史记·儒林列传》当中提道:"天下并争于战国,儒术既绌焉。"各个国家都忙于打仗,孔子创始的儒学,就被扔在一边,没有人再去宣传和弘扬了。《文心雕龙·时序》提及:"春秋以后,角战英雄,六经泥蟠,百家飙骇。"当时主要靠战争来决定胜负。孔子编订的"六经"、儒家的经典著作就像是泥鳅在污泥中被贬低,其他学派却甚嚣尘上。这说明从孔子到孟子,这一百多年,儒学发展实际上经历了一个低潮。虽然到孟子高举起了儒学的大旗,大力弘扬孔子的学说,儒学才又兴盛起来,但孔子到孟子这一百多年之间的传承、发展,也是不寻常且很重要的。从整个先秦儒学发展史看,在这一百多年当中,子思是一个极重要的儒学大师,他上承孔子,下启孟子,发挥了非常重要的作用。

其三,宋代以后,"四书"成为影响最大、传播最广、最受重视的儒家经典,被现在的人们称为中国人的"圣经"。在

"四书"里面,《中庸》虽然只有三千多字,但作为经典文本,从宋代以来的一千余年,一直是历代研究、传播、阐释的重点。

2. 子思和《中庸》的研究是一个难点。

一是真正的资料较少。先秦的儒学大师里面,孔子有《孔子世家》,孟子与荀子有《孟子荀卿列传》。孔、孟、荀在《史记》里面都有专设的传记,子思却没有。在先秦其他著作里面关于子思的记载也比较少。《孟子》里面虽然有五条,但只是记载了比较简单的几个史实。所以整体来看,记载子思事迹的文献很少。

二是有关子思的传世材料,向来多被称为"伪书"。记载子思著作相对比较多的是《孔丛子》,但《孔丛子》这本书既不是先秦时期所写,也不是两汉时期所写,而是形成于三国魏晋时期。所以这本书向来被学者认为是一本伪书,里面记载的子思的事情,可信度就值得商榷。不过,对照近些年来考古发现的与《孔丛子》相关的简帛文本可发现,《孔丛子》里面的记载特别是关于孔子和子思的,还是比较合乎历史事实的。所以,《孔丛子》这本书里面的资料是可以用的。但是这里面可用的材料,第一不是很多,第二需要分析,有一些夸大其词,有一些可能是史实。经过后代特别是20世纪以来学者的研究,大致可认为《孔丛子》这本书是出自孔氏的后人,是孔子魏晋时期的子孙把他们祖先的一些历史事实搜集起来编成的,记载了从孔子到孔鲋这一段孔氏家族的史实和故事。从这样一个角度来讲,关于子思的历史文献资料少,研究起来就是一个难点。但子思又是儒学研究的一个重点,大家关注得比较多,因为材料少,所以争议就比较大。

3. 近几十年来的考古发掘在子思的研究上出现了突破性的新发现,主要集中在郭店竹简的发现。

20世纪90年代,在湖北荆门郭店楚墓中,出土了一批战国中、后期竹简,其中有十四篇为儒家著作。国内外研究郭店竹简的学者基本的一致意见是:郭店竹简中的这些儒学竹简,都与子思有或多或少的关联,是研究子思和思孟学派的新发现、新材料、新突破。在相当长一段时间之内,子思的研究成了一个热点。郭店竹简的出土,虽然为我们研究子思提供了新的甚至是重要的资料,从一定程度上推动了子思和思孟学派研究的深入,但是,这些资料也是散碎的,许多问题在学术上仍存在较大争议。

由于以上原因,我们今天来讲子思与《中庸》的相关问题,大致可以说,关于子思和《中庸》的任何一个问题都是有争议的。因此,我们既要了解历史上对子思和《中庸》有关问题的看法和评价,又要掌握今人研究子思的不同意见和观点,这样才能比较全面地把握子思和《中庸》关系的相关问题。

一、由孔子到子思——子思其人、其学与其事

(一)关于子思的生卒年

弄清楚子思的生卒年对研究子思的生平和儒学具有重要

的意义。确立子思的生卒年，是事关一系列子思研究乃至先秦儒学研究的重要问题，这些研究包括子思与孔子的关系，子思与曾子及孔子弟子的关系，子思与思孟学派的形成以及与孟子的关系，等等。然而子思的生卒年是子思研究当中争议最大的问题之一。

如何来确立子思的生卒年？有两条很重要的材料来界定。但是这两条材料之间又有很多相互矛盾的方面，所以备受争议。

第一条材料确定子思生于孔子去世之前。《史记·孔子世家》记载："孔子生鲤，字伯鱼。伯鱼年五十，先孔子死。伯鱼生伋，字子思，年六十二。"子思之父孔鲤，先孔子而死，则子思自当生于孔子在世之时了。第二条材料显示子思是跟鲁缪公有交往的一个人。《孟子·万章下》等篇有关于缪公与子思交往的记载："缪公之于子思也，亟问，亟馈鼎肉。子思不悦。"《汉书·艺文志》也记载：子思"名伋，孔子孙，为鲁缪公师"。这样，两种比较可信的记载，却生出一些有争议的问题。

第一个矛盾：孔子去世，是公元前479年，历史上已有定论，由此根据上述第一条材料可以推断，子思生于公元前480年以前。根据第二条材料，子思跟鲁缪公有交往，说明鲁缪公在世的时候子思还活着。根据比较权威的杨宽的《战国史料编年辑证》整理的鲁国在位国君年表，鲁缪公在位三十三年，是从公元前415年到公元前383年。由此可推断，子思至少是生于公元前480年以前，死于公元前414

年之后。那么,子思至少应是活了六十六岁。《史记》上却说"年六十二"。就这么两个时间点的界定,使子思的生卒及年寿难以确定。

第二个矛盾:《论语·先进》记载,颜渊死后,由于家里很穷,颜渊的父亲颜路请求用孔子的车子来做棺材的外椁。古时棺材用木做两层,里面一层叫棺,外面一层叫椁。孔子回应说:"才不才,亦各言其子也。鲤也死,有棺而无椁。"这里面透露出一个信息,就是颜渊死的时候,孔鲤已死。子思是生在颜渊去世之前。那么,根据历史记载,颜渊、孔鲤去世时,孔子的年龄是多少呢?记载是矛盾的。

《史记·仲尼弟子列传》记载:"回年二十九,发尽白,蚤死。"《孔子家语》记载,颜回"少孔子三十岁",即颜渊去世时孔子五十九岁。而《孔子家语》记载,孔子二十岁生伯鱼,前引《史记》所载,孔鲤五十岁去世,这样推断,孔鲤死的时候,孔子是七十岁。而据前考定,孔鲤去世在颜渊之前。因而,如果依据文献资料的记载来相互印证,其中是有很多矛盾存在的。

钱穆先生的《先秦诸子系年》有专篇《孔鲤颜回卒年考》,对孔鲤和颜回去世的年份有专门的考订,意图澄清迷雾,给出一个较为合理的答案。他引了《史记》里面的记载,也引了《孔子家语》当中的记载。《孔子家语》的记载是颜回比孔子小三十岁,颜回三十一岁死。如果这样算的话,颜回死的时候,孔子是六十一岁。根据上面这个记载,孔鲤又死在颜回之前,那子思应该出生在孔子六十一岁之前。果如钱穆所考,到孔子去世的时候，子思应该是十二岁。根据这一系列的考证，钱穆又有《子思生卒考》，提出子思至迟亦在公元前483年出生，死于公元前402年，活了八十二岁；认为《史记》说他六十二岁，"乃八十二之误"。

另外，著名历史学家蒋伯潜在《诸子通考》里面推断，孔鲤和颜回是于同一年（公元前495年）去世，子思也是在这一年出生的，甚至说子思是个"遗腹子"。按他的说法，子思应该活了近九十岁。孔子去世时，子思已十六岁。孔德立教授曾有《〈孔丛子〉与子思生年问题》一文，提出"子思最迟生于公元前491年，卒于公元前400年，终年九十二岁"。

对于子思的生卒年，因为钱穆先生在这个问题上考证比较扎实，目前学界比较通行的是采用钱穆先生的说法，即子思生于公元前483年，死于公元前402年，活了八十二岁，孔子去世的时候子思四岁。依这个时间来探究子思与孔子的关系，现在看却不是太恰当，很多记载与之矛盾。如果按照蒋伯潜先生的考证，子思活到近九十岁，孔子去世时，子思十六岁，就比较好解释后面的事情。

（二）幼承祖训

子思年幼的时候曾经受到祖父孔子的亲自教育，这对子思成为一个儒学大师是至关重要的。

关于这方面的文献记载，主要有两条，都来自《孔丛子》。第一条原文如下：

夫子闲居，喟然而叹。子思再拜请曰："意子孙不修，将忝祖乎? 羡尧舜之道,恨不及乎?"夫子曰:"尔孺子安知吾志。"子思对曰:"伋于进膳,亟闻夫子之教:其父析薪,其子弗克负荷,是谓不肖。伋每思之,所以大恐而不懈也。"夫子忻然笑曰:"然乎? 吾无忧矣! 世不废业,其克昌乎!"(《孔丛子·记问》)

上面记载的意思是,孔子在家里闲居时曾长吁而叹。子思很礼貌地行礼问祖父为何叹息,并揣测说,是不是因为子孙没有出息,修养不好,而愧对祖先? 或者因为很崇慕尧舜的治国为人之道,但愧恨自己做不到? 孔子说:你是个小孩子,怎能理解我的心思呢? 子思对答:我们在一起吃饭时,您曾教导我们,如果父亲在那里砍柴,儿子却不能够背柴,那儿子就是个没出息的。您当年就这样教育过我,我每每想到您对我的这种期望,做事就不敢懈怠了。孔子听后非常高兴地说:如果你这样明白事理,我就没有忧愁了。我们孔家,儒业传承,后继有人,是一定能够昌盛的。

从《孔丛子》记载的这段精彩对话中,透露出孔子对子思的期望、教育与影响:一是孔子曾经借吃饭或相聚的机会对子思进行道德传承教育,让子思做一个有出息的孝子;二是子思对祖父的教诲,时时牢记在心,并努力践行之;三是祖孙的对话,反映出孔子对子思的厚望和期许。

在《孔丛子》中还有几篇是记载子思请教孔子的。例如:

一则是,子思问孔子:为人国君不知道任贤的好处,不能任用贤人,是什么原因? 孔子说:这些国君也不是不想用贤人,是那些负责的官员不能正确地识别人才,以至于赞扬国君的就得到提拔,批评国君的就受到处罚。这样一来,德才兼备的人就很难被提拔起来了。这一则可以看作是子思请教孔子有关治国的道理。

另一则是,子思问他的祖父说:世界上万事万物非常复杂,有真有假,如果必须来辨别的话,从哪里着手呢?孔子说:应该从你的心里着手。自己内心所具有的精、气、神(就是我们今天说的世界观、价值观、人生观),是最高标准。从你内心这样一种判断标准来推究万事万物的道理,就不会被事物的表象所迷惑;进行全面考察后再做出判断,事情就不那么难了。

我们从这几则故事可以总结出,孔子对子思从小进行了多个方面的教育。大致说来,一是立志教育;二是政治素质方面的培养和教育;三是对社会事物的认识,也就是认识论方面的教育。从这几个方面来讲,可以说,子思在幼年时期得到了孔子较全面的培养和教育。这是子思成为儒学大师得天独厚的条件。

(三)师承曾子

子思之学,除了直接受益于祖父孔子,还有何师承?这在关于子思生平的研究中是一个重要问题。其中,有一个史实是不可忽视的。据《史记·孔子世家》记载:孔子去世以后"葬鲁城北泗上,弟子皆服三年。三年心丧毕,相诀而去,则哭,各复尽哀;或复留。唯子赣庐于冢上凡六年,然后去。弟子及鲁人往从冢而家者百有余室,因命曰孔里"。这里的子赣就是子贡。这说明，虽然子思年少，父、祖皆殁，但孔子的众多弟子尚在曲阜：少者三年，子贡六年，也有部分弟子一直守冢未曾离去。所以，我们可以说，孔子众多弟子从各自不同的方面对子思的成长产生了教育、熏染、培养的作用，这是可以想见的。子思对孔子思想的学习、理解、传承，较之他人，有更直接、更优越的成长环境和条件，这是他成长为儒学大师的重要因素之一。

刘向《说苑·建本》记载子思的话说："学所以益才也，砺所以致刃也。吾尝幽处而深思，不若学之速；吾尝跂而望，不若登高之博见。"《孔丛子·杂训》记载了子思对子上说的一段话："先人有训焉，学必由圣，所以致其材也；厉必由砥，所以致其刃也。故夫子之教，必始于《诗》《书》而终于《礼》《乐》，杂说不与焉，又何请？"这说明子思从小就养成了好学上进的习惯，对学习的重要性有非常深刻的认识。同时也说明，子思自幼接受孔子的教育，深谙儒家学习之道，学不旁骛，专注于"五经"典籍的学习，不仅是一个好学者，也是一个善学者。

当然，在继承孔子遗志、培养子思的孔子众多弟子中，应有一位，或受孔子之托，或得众弟子之荐，对子思培养尽力最大，为子思之师者，也是完全可能的。由此产生了子思与曾子的关系，即子思是曾子的学生。这是一个历来有争议的问题。

其一，子思师从曾子。按照唐宋以来学界一般的说法，先秦儒学的传承体系是由孔子传于曾子，曾子传于子思，子思传于孟子,所以子思是曾子的学生。

最早提出子思师从曾子的是韩愈。他在《送王秀才序》一文中说"孟轲师子思,子思之学盖出曾子",说子思之学是从曾子那里来的。宋代程颐、程颢则进一步将韩愈之说系统化,提出:"孔子没,传孔子之道者,曾子而已。曾子传之子思,子思传之孟子,孟子死,不得其传,至孟子而圣人之道益尊。"即孔子去世之后,孔子学说的主要传承人就是曾子,曾子传给了子思,子思传给了孟子,孟子死了以后就不得其传了。所以说到了孟子,以孔孟之道为主体的圣人之道就更加尊贵,更加受尊崇了。这是宋代二程的解说。

宋代大儒朱熹也曾说过:曾子"虽是做工夫处比颜子觉粗,然缘他资质刚毅,先自把捉得定,故得卒传夫子之道。后来有子思、孟子,其传亦永远"。朱熹以颜子做比较,肯定曾子是最终得孔子思想真传的人,从而肯定了孔子之孙子思是师从曾子的。从这里可以看出,虽然历史记载并不多,但是从唐代韩愈到宋代大儒都肯定这样一个传承谱系:孔子到曾子,曾子到子思,子思到孟子。

曾子对孔子思想传承的贡献之大,在《论语》中是有记载的。一是曾子在《论语》中出现达十四处之多,《论语》里面记载曾子的谈话、语录也较其他弟子为多。二是从思想传承看,我们分析,曾子对孔子的思想也是理解最到位、阐扬最深刻的。可以从以下几点来分析:第一点,曾子很可能是孔子去世之后,编纂《论语》的主持人之一。宋儒对此也有论说,程子曰:"《论语》之书,成于有子、曾子之门人,故其书独二子以子称。"(见《四书章句集注·论语序说》)证据虽单薄,但也是有道理和可能的。第二点,曾子最理解孔子思想的核心和精髓。例如《论语·里仁》所载:"子曰:'参乎!吾道一以贯之。'曾子曰:'唯。'子出,门人问曰:'何谓也?'曾子曰:'夫子之道,忠恕而已矣!'"可见,曾子对一以贯之的孔子之道的理解是最深刻又最坚实的。第三点,曾子以传承弘扬孔子"仁"的核心思想为终生大任。例如,《论语·泰伯》就记载曾子曰:"士不可以不弘毅,任重而道远。仁以为己任,不亦重乎?死而后已,不亦远乎?"第四点,孔子之道最讲修身,而曾子是最能将夫子之道落实到行动上的得意门生之一。《论语·学而》载曾子曰"吾日三省吾身",就是最明显的例子。第五点,曾子也是传承、实践孝道的典范,弘扬孔子"为政以德"、为政以民的典范。我们认为韩愈和宋儒以孔子之道传之曾子的确是有依据的。

如果说子思接受了曾子的师承教育,使他成为孔子之道的正宗传人之一,这就给了子思的生平、业绩和历史定位一个更合理的解说。那么,除了宋儒之说,还有没有其他的文献佐证呢?我认为,至少有两条记载还是可以说明问题的。

第一条是《礼记·檀弓上》的记载。曾子曾经对子思说:"伋,吾执亲之丧也,水浆不入于口者七日。"子思曰:"先王之制礼也,过之者俯而就之,不至焉者跂而及之。故君子之执亲之丧也,水浆不入于口者三日,杖而后能起。"

在这段对话中,曾子对子思是直呼其名"伋",没有如一般人的客气称呼,这说明,曾子曾经以师长的口气教育过子思。曾子对子思说:我父母去世的时候,我是七天水浆不入于口的。子思说:古代先王所制订的这样一些丧礼,我们今天如果能达到,就低下身子去落实它;如果达不到,就抓紧跟上去落实。所以有良好道德修养的君子为父母办丧事,往往三天不吃不喝,然后拄着拐杖才能起来。这里记载的是曾子与子思师生之间教学相长的例子。两人各言其事,各言其志,与《论语》中记载的孔子及其弟子的对话相似。

第二条是《孔丛子·居卫》中的记载。"曾子谓子思曰:'昔者吾从夫子巡守于诸侯,夫子未尝失人臣之礼,而犹圣道不行。今吾观子有傲世主之心,无乃不容乎?'子思曰:'时移世异,人有宜也……伋于此时不自高,人将下吾;不自贵,人将贱吾。'"这段话的大意是,曾子教育子思说:从前我跟从孔老夫子去周游列国,看到他老人家每到一个国家都按臣下之礼拜见国君,即使这样,他的学说还不被接受、传播不开。现在我看到你对这些国君傲慢、不尊重,这样一种态度你能够行得通吗?子思回答说:时代已经发生了很大变化,人们做事也应该适应新时代的情况。在这个时代,如果我不把自己看得高,人们就会把我看得低;如果我不觉得自己尊贵,人们就会觉得我下贱了。

在这番对话中,我们也能看出曾子与子思师生关系的端绪:曾子以孔夫子如何处理君臣关系来教育子思,显示出师长对弟子行为方式的关注、关心和忧虑;而教育方式又是直接提出批评,也体现出师生关系的亲密。

其二,在历代学者中,对曾子与子思的师生关系提出质疑者也不乏其人。有以下几种情况：一是否认传孔子之道者曾子。南宋时期的叶适在《习学记言》卷十三中提出，"以为曾子自传其所得之道则可，以为得孔子之道而传之则不可"。他认为曾子的主体思想跟孔子的主体思想并不相合，曾子是自传其道；得孔子真传的不是曾子，宋儒这种道统的说法并不正确。二是认为子思师从他人，并非曾子。康有为在《孟子微·序》中认为："子游受孔子大同之道，传之子思，而孟子受业于子思之门。"提出子思的老师不是曾子，而是子游。三是对道统说里的孔子传之曾子、曾子传之子思都提出质疑。20世纪以来，特别是清末民初的学者，像章太炎先生、钱基博先生等，也都质疑曾子为孔子的正宗传人，从而否定曾子是子思的老师。钱基博在《古籍举要》中认为："子思称《诗》《书》而道尽性，肇启孟子，传道统；曾子善言礼而隆威仪，毗于荀卿，为儒宗。其工夫一虚一实，其文章一华一朴，故不同也。"钱穆先生在《先秦诸子系年》中说："子思师曾子，其说不见于先秦，则诚可疑也。"这实际上提出了一个问题：子思师曾子，文献证据不足。

我们综合上述肯定和否定两方面的情况，怎样来认识这个问题呢？我个人认为有两点值得我们关注和思考。

第一，子思的老师很可能不止曾子一个人。如前所述，子思出生在孔子去世之前，而且孔子去世时子思已经十几岁了。而孔子的弟子们在孔子去世之后都是守孝三年及以上，还有部分弟子就在孔子的墓旁定居下来。这里提供的一个信息就是，子思的少年时代有可能是和孔子的众多弟子一起度过的。这些弟子们在与子思相处的过程中,把对孔子的深厚情感和对传承孔子学说的希望寄托在孔子的孙子子思身上,因而子思得到了孔子若干弟子的培养和教育,这种可能性是有的。

第二,在目前所见的文献记载里,还没有出现孔子的其他弟子来教育子思的情况。只有曾子教育子思,甚至曾子对子思直呼其名的记载。因此,虽然孔子的若干弟子都有可能对培养子思出过力,但是子思的主要老师应该是曾子。在这方面,《孟子》提供了一条比较可信的记载。《孟子·离娄下》载孟子说:"曾子、子思同道。曾子,师也,父兄也;子思,臣也,微也。曾子、子思易地则皆然。"在这里,孟子肯定曾子、子思二人同道,即肯定了道统说。其中说到曾子是老师,是父兄;而子思相对于曾子,是臣,微也,即低一等的关系,实际就是说子思是学生。孟子是子思门人之弟子,《孟子》之记载是距离曾子、子思最近、最直接的文献记载。孟子这样说,我觉得应该是认定曾子是子思老师的一条非常重要且具有权威性的文献依据。由此我们可以说,子思师从曾子,是历史上比较可信的一个共识。

(四)周游列国

据史书记载,像当时的许多诸子学者一样,子思也曾经周游列国,但大多记载简略。我们只能根据有限的资料,做一个大概的描述。

1. 困宋。

《史记·孔子世家》记载说:子思"尝困于宋","作《中庸》"。《孔丛子·居卫》记载:"子思年十六适宋,宋大夫乐朔与之言学焉。"综合这两篇来分析,可得出两点看法:一是子思曾经在宋国待过相当长一段时间,甚至年轻时就到宋国去了。但他在那儿干得并不顺利,未能离开,却有志难伸,故称"困于宋"。二是他曾经跟宋国的学者乐朔大夫等有密切交往,谈学论文,因而很有可能是在宋国写成的《中庸》。

2. 居卫。

子思曾经在卫国待过。在《孔丛子》一书中,专门有一篇就是《居卫》,记载了子思与卫国国君的五次对话。其中,有批评国君自以为是的,批评国君喜欢阿谀奉承的;而有一篇荐贤的故事讲得很精彩:"子思居卫,言苟变于卫君。"他曾经向卫君推荐苟变这个人才,大致是说:这个人可以带领五百辆战车打仗,如果你能任用这个人,就能无敌于天下。卫君却对他说,这个人有毛病。他当官吏的时候,向老百姓收税,顺便把老百姓家的两个鸡蛋拿去自己吃了,所以我没任用他。子思就对卫君说,用人要"取其所长,弃其所短",现在处于战国时代(以战争胜负决定国家存亡),应该选猛士来担任将军。你因为两个鸡蛋的事情,而放弃这样一个将才不录用,"此不可使闻于邻国者也"。这样一种用人之道,千万不可让邻国知晓啊!卫君很受震动,连连道谢,表示接受子思的教诲。从这里可以看出,子思在卫国参与了政治,做了很多有益的事,受到了卫国国君的尊敬。

3. 适齐。

子思曾经到齐国。在《孔丛子》之《居卫》《抗志》两篇中，就记载了子思到齐国的一些活动情况，其中记载了他刚到齐国时的一个精彩故事。《居卫》篇记载："子思适齐，齐君之嬖臣美须眉立乎侧。齐君指之而笑，且言曰：'假貌可相易，寡人不惜此之须眉于先生也。'子思曰：'非所愿也。所愿者，唯君修礼义，富百姓……伋徒患德之不邵美也，不病毛鬒之不茂也。'"是说齐国的国君在接见子思时，专门让一个亲近的宠臣对须发、眉毛做了修饰，站在一旁。然后齐君就指着宠臣对子思说：这个人你看着非常漂亮吧？如果你愿意的话，我可以把假的须发、眉毛移到你的身上。子思回答说：这不是我所希望的。我希望你以道德礼义治国，让老百姓富起来。我孔伋所忧虑的是良好的道德风尚立不起来，并不忧愁我的头发、眉毛不浓密漂亮。子思以此向齐君提出了以德治国和富民的建议、主张。《孔丛子》还记载，子思游齐期间，与齐国的宗室权臣田庄子一起去登泰山，说明子思和齐国的上层有很密切的交往。而在《孔丛子·抗志》中，还记载了子思与齐君的三次对话，内容包括他反对齐君以霸道治天下，批评齐君滥杀无辜，劝说齐君要任用贤人，说明子思在齐国参与了一定的政治活动和朝廷议政。

4. 在费。

在《孟子·万章下》中记载费惠公曾经说："吾于子思，则师之矣。"说明子思曾经在费国被国君尊为老师。《孔丛子·抗志》记载："费子阳谓子思曰：'吾念宗周将灭，泣涕不可禁也。'子思曰:'然,此亦子之善意也……唯能不忧世之乱,而患身之不治者,可与言道矣!'"从费国公子阳跟子思的谈话中,我们可以看出,子思在费国不仅跟国君及宗室有密切交往,被尊为师长,而且对作为弱国的费国如何在大国争霸中求生存、实施德治、修身,从儒家的立场出发,提出了一些主张。

(五)出仕鲁国

综合有关材料看,子思在周游列国后,回到鲁国,与国君鲁缪公有密切交往,且做过官,对当时鲁国的政治、外交产生了重要影响。从其生平考察看,子思出仕鲁国的时间大概是在其六十岁以后的晚年。

1. 为君师。

根据《汉书·艺文志》记载:子思"名伋,孔子孙,为鲁缪公师"。这里明确记载了鲁缪公尊子思为师。另一条旁证是,《孟子·万章下》中记载缪公多次对子思宣称,他要学习古千乘之国的国君"友士",但子思很不高兴缪公称他为"友"。他说:"以位,则子,君也;我,臣也;何敢与君友也?以德,则子事我者也,奚可以与我友?"在这里,子思强调"子事我",即说明:我们是师生关系,你怎么能跟我做朋友?可见子思为君师的真实性。

2. 受尊崇。

《孟子·公孙丑下》记载:"鲁缪公无人乎子思之侧,则不能安子思。"就是说,鲁缪公认为,必须每天有人来陪着子思,为子思服务;如果不派一个人在子思的身边为他服务的话,子思是不舒服的,是没有安全感的。这说明鲁缪公为子思的生活起居想得非常细致周到,表明了对子思的敬重。

《孟子·万章下》中,以孟子之口又道出了一段缪公与子思相处的故事。大意是说:鲁缪公经常请教子思,因而多次向子思赠送鼎肉。(以鼎制肉,一定是美味;鼎肉相送,表示非常尊重。)但子思不高兴,把给他送肉的使者赶出了门外,然后行大礼下拜并拒绝接受。子思对来者说:"今而后知君之犬马畜伋。"说从这以后,我才知道,鲁缪公是把我子思当狗、马等牲畜一样来养着的。后来缪公就不敢给子思赠送东西了。然后孟子借机来评说国君应如何对待贤人:你只是在表面上尊重贤人,而不重用他,难道这是敬重贤人吗?我们从这里还是可以看出,子思在鲁国受到了极大的尊重。

3. 任重臣。

《孟子·告子下》记载:"鲁缪公之时,公仪子(休)为政,子柳、子思为臣。"公仪子(休)为相的时候,子思是最重要的大臣。《孔丛子·抗志》还记载了"穆(缪)公欲相子思,子思不愿"的事。缪公曾经让子思做宰相,虽然子思不愿意做,但不难看出他至少是在鲁国当过重要大臣的。

4. 谋国事。

子思在鲁国既受尊崇,又为重臣,应该是积极参与了国家大事的决策,对缪公时期的政治产生了重大影响。子思多次议论过国家大事。上面提到的《孟子·万章下》记载的缪公多次请教"友士"的故事,实际就是关于如何对待知识分子的讨论。《孔丛子·公仪》中有如下记载:"穆(缪)公问子思曰:

'吾国可兴乎？'子思曰：'可。'公曰：'为之奈何？'对曰：'苟君与大夫慕周公、伯禽之治，行其政化，开公家之惠，杜私门之利，结恩百姓，修礼邻国，其兴也勃矣！'"在这里，鲁缪公和子思讨论的是怎么样让国家兴盛的问题。子思建议说：如果你能按照周公和伯禽治理国家的方式来治理鲁国，坚持正确的治国方略，将国家的优惠措施落实到老百姓身上，把贵族所享受的那些特权收回、斩断，以恩惠与老百姓同心同德，以礼义和邻国交往，这样国家很快就能够兴盛起来。在缪公之时，鲁国公室衰微，"三桓"坐大，政出私门。缪公任用公仪休主政，实行改革，"强公室，杜私门"。子思的建议，实际就是支持鲁缪公的改革。所以我们从这里可以看出，子思曾经参与了鲁缪公时期很多政事的决策。鲁缪公曾经实行过改革，在改革当中，主要采纳了子思的意见。甚至可以说，子思是鲁缪公改革的一个幕后策划者和支持者。

（六）子思与邹

子思是否到过邹国？是否在邹国从事过政治、教育、文化活动？传统的历史文献并无记载。但是，唐宋以来，随着孟子地位的大幅提升，因为孟子和子思的师承关系，子思的地位也得到了大幅提升。北宋徽宗时期，子思被追封为"沂水侯"；元代文宗至顺元年（1330）加封子思为"沂国述圣公"。唐宋以来，学界往往将孟子看成子思直接授业的弟子。因而子思是不是在孟子的家乡邹国讲过学，就成为一个受人关注的问题。甚至，子思曾在邹讲学、设学堂，似乎成为元代以后邹鲁一带当地人的一种共识了。这在刘培桂编《孟子林庙历代石刻集》一书中可以看到有关记载。

其一，在明刻本刘浚编《孔颜孟三氏志》中，辑录了元代元贞元年（1295）的石刻《中庸精舍记》，其中记载："县治东隙地，今为淫祠者，旧名子思讲堂……岂子思子时至邹邪？历世滋久，文字不完，传信传疑。"可见，此前已有子思讲堂，只是无文字所据。

其二，元代大德九年（1305），马豫作《渊源堂记》则称："邹县城东南隅之阳，因利沟之阴，有子思之堂，名曰'渊源'，乃子思传道于孟子之地也。"这里是将其认作子思传道于孟子之所了。

其三，元代顺帝至元三年（1337），《暴书台碑阴记》记载："沂国述圣公昔居邹教孟子，此祠世传以为故庠。"暴书台就是当年子思教过孟子的学堂。

我们来分析一下。在元代，元贞元年的《中庸精舍记》还没说子思在邹办学；到了大德九年的《渊源堂记》，就说子思在邹地讲过学；到了顺帝至元三年的《暴书台碑阴记》里面，直接说这里是子思教孟子的地方。从实际的历史记载看，虽然子思直接教授孟子是不可能的，但子思是否在邹地讲过学，则很值得探讨。我个人认为有两个需要重视的关注点：

一是，由于记载子思的历史资料较少，尽管有子思为鲁缪公师、费惠公师的简单记载，但是有关子思讲学的记载，历史文献中非常缺乏。总体上，子思作为孔子的孙子、曾子的学生，弘扬儒家之道，传承儒家之说，应该说是子思终生为之奋斗的一个历史责任。如果从这样一个角度来理解子思一生的活动,我们有理由相信,一方面,子思周游列国,在各国受到国君的敬重,甚至参与一定的政事;另一方面,子思一生中一定教授了大量的生徒,培养了大量的儒家学者。虽然没有发现子思在邹国办教育的文献记载,但我们注意到,也没有子思在其他地方办教育的记载。而子思一生主要的职业应该是从教,这不但是从孔子以来的传统,也是子思所担负的传播孔子思想、传承儒家学说的责任。他不可能不去招收大量的学生,培养大量的儒家人才来传播儒家的学说。从这一点来说,子思在邹国办教育,是可能的,没有记载不代表不可能。

二是,从孟子的生平来看,没有资料说明孟子在青少年时期曾经到各个地方去求学,也没有记载表明孟子有到鲁国去跟从学者求学的经历。这就很有可能孟子是在他的故乡邹国接受了比较系统的儒学教育,特别是他接受了《诗》《书》《礼》《乐》等经学的教育。

从以上两个方面来看,虽然先秦两汉的历史文献中没有记载子思曾经在哪里办学堂,但是鲁国和邹国距离近,子思在邹国讲学的可能性是非常大的。所以我们可以得出这样一种推断:子思曾经在邹国设学堂传授孔子的学说,讲授"五经",培养了一大批学生。孟子就是他在邹国培养的一批(或一个)弟子的弟子。所以,《史记》说孟子曾学于子思之门人,应该是在邹国,在这里完成的这样一个学业。换言之,从元代以来,修子思讲堂、子思书院,或是有一定的历史合理性的。

二、由子思到孟子——关于思孟学派

(一) 子思与孟子的关系

历史上即有思孟学派的提法,但孟子与子思是什么关系,是在孟子与子思研究中向来存有争议的问题。这种争议持续了两千年,主要集中在孟子是子思的弟子还是子思门人(弟子)的弟子的问题上。

1. 孟子为子思弟子说。

《史记》里面就记载孟子是子思门人的弟子。但从汉代开始,又有一种说法:孟子是子思的学生。《汉书·艺文志》记载:孟子"名轲,邹人,子思弟子,有列传"。东汉赵岐的《孟子题辞》中说:"孟子生有淑质,夙丧其父,幼被慈母三迁之教,长师孔子之孙子思。"这里面也说,子思是孟子的直接授业老师。但事实上,从对子思和孟子生平的研究来看,孟子应该不是子思的直接受业弟子,而是子思门人的学生。

2. 孟子受业于子思的弟子。

孟子没有受到子思的亲自教育。如前所述,根据历代学者较为一致的研究,子思的生卒年约为公元前483年到公元前402年;孟子出生于公元前372年,去世于公元前289年。子思去世的时候,孟子还没有出生。尽管关于子思出生的年代有多种说法,但他去世的年份,大致结论没有再晚过公元前402年的了。孟子出生在公元前372年,这里面差着三十年。所以清代的大学者崔述在《孟子事实录》中说:"即令子思享年八十,距孟子之生尚三十余年,孟子何由受业于子思乎?"他又提出:"孟子云:'予未得为孔子徒也,予私淑诸人也。'若孟子亲受业于子思,则当明言其人,以见其传之有所自,何得但云'人'而已乎?"孟子以没有能够成为孔子的弟子为遗憾,如果亲受业于孔子嫡孙子思的话,他是会直接说出来的。为何他只说"私淑诸人",而没说自己是子思的学生呢?这一点就说明他自己也不承认是子思的学生。

(二)关于思孟学派的记载

思孟学派的问题,尤其是历史上有没有思孟学派的问题,是先秦儒学乃至整个儒学研究史上一个非常重要的问题。前有子思,后有孟子,形成了儒学中的一个思想流派。但关于这个学派的情况,历来也是有争议的。最早将思、孟连接在一起,称其为一个学派的,主要是荀子的《非十二子》一文,其中提道:

> 案往旧造说,谓之五行,甚僻违而无类,幽隐而无说,闭约而无解。案饰其辞而祗敬之,曰:"此真先君子之言也。"子思唱之,孟轲和之。世俗之沟犹瞀儒,嚾嚾然不知其所非也,遂受而传之,以为仲尼、子游为兹厚于后世,是则子思、孟轲之罪也。

荀子是战国时期的大儒,距离孟子的时间比较近。荀子以批判的态度,将子思和孟子的思想连接在一起,而且认为他们是一脉相承的,所以历史上应该是有这样一个思孟学派。

荀子的这段批判思孟学说的话是这样说的：子思和孟轲的学说，是按照古代圣贤旧的学说自己来创造的一种学说，称为五行。"甚僻违而无类"，是说这个五行学说很怪僻，违背常理而不成系统。"幽隐而无说"，指内容深奥艰涩不明晰，又没有进行解说。"闭约而无解"，指其只是闭门造车，搞出来一些学说又无法解说。"案饰其辞而祗敬之"，只是在粉饰他们的学说，还把自己鼓吹得很高。"此真先君子之言也"，还自称这就是传承的真正的孔老夫子的学说。"子思唱之，孟轲和之"，意思是子思首先提出来五行学说，孟子又去迎合他。一个在头，一个在尾，相隔这么长的时间，一唱一和，形成了这样一种学派。"世俗之沟犹瞀儒，嚾嚾然不知其所非也"，沟，愚蠢的样子；犹，犹豫，飘忽不定；瞀，指愚昧；嚾，吵吵闹闹的样子。荀子说：这一些虽然也称为儒，但都是那种愚昧、飘忽不定、吵吵嚷嚷、争辩不休的儒，不知道他们宣传的是什么，批判的是什么。对于这样一种学说，有很多人接受下来并传播，而且很多人认为这样的学说是传承的孔子和子游的学说，对后代产生着重大的影响。"是则子思、孟轲之罪也"，这是子思和孟子的一种历史罪过呀！

这里我们不去评论荀子为什么这么评说子思和孟子。虽然荀子与子思、孟子同属儒家学派，但在先秦时期，儒学已经分成了若干支派，各支派之间的观点是不一样甚至是针锋相对的。荀子批判了当时的很多学者，其中就包括子思和孟子。从这里可以看出，在荀子的眼里，子思和孟子是一前一后、一唱一和的思想一致的学派。结合《史记·孟子荀卿列传》中

"孟轲,邹人也。受业子思之门人"的记载,我们可以说,思孟学派由子思发端,经其门人传承,孟子发扬光大,最终得以形成,的确是有依据的。

当然,对历史上的思孟学派,也有人持不同看法,认为思、孟不是一个学派。其主要依据是《韩非子·显学》中的记载:"自孔子之死也,有子张之儒,有子思之儒,有颜氏之儒,有孟氏之儒,有漆雕氏之儒,有仲良氏之儒,有孙氏之儒,有乐正氏之儒。……故孔、墨之后,儒分为八,墨离为三,取舍相反不同,而皆自谓真孔、墨。"这里面说,儒家分为八派,其中有子思一派,也有孟子一派,子思和孟子分属两派。这些支派虽然都称自己真正传授了孔子的学说,但往往对于孔子学说"取舍相反",就是学习传承和舍弃的差别往往很大,甚至相反。如果是这样,子思和孟子就更难于形成一个学派了。但是我们认为,历史上应该是有一个思孟学派。这个思孟学派就是"子思唱之,孟轲和之"。子思和孟轲所处的时段相差了几十年,前面有子思这一派,后面又形成了孟子这一派,前者是后者的先导,后者是前者的创新发展。这和思孟学派的形成是不矛盾的。一方面,孟子与子思在思想上有师承关系;另一方面,早在20世纪初,学术界就对子思与孟子的思想学说进行过综合比较研究,认为他们的思想体系是有一致传承性的。例如:杨树达先生的《孟子学说多本子思考》一文,就列出九条证据说明孟子与子思学说的密合。所以我们认为,历史上应该有个思孟学派,这个思孟学派主要是以子思之儒和孟子之儒作为两个支柱,一个在前,一个在后。孟氏之儒传承、发展了孔子的学说,发展了子思之儒的思想理论体系,创新了子思的学说,与子思之儒共同融合发展为思孟学派。

(三)思孟学派与郭店楚简

1993年10月在湖北荆门郭店一号楚墓中出土了一批竹简,被称为郭店楚简。这批竹简被鉴定为战国中期的作品。从1998年5月由文物出版社出版发布以来,一直到2010年前后的十余年中,郭店楚简研究成为国内学术界的研究热点。粗略统计,有数十次学术研讨会在国内外召开,近千篇相关论文发表,数十部专著和论文集出版。孟子研究院特聘儒学专家陈来先生、李存山先生、梁涛教授、孔德立教授等,都在郭店楚简与思孟学派研究上做出了突出贡献。泰山学者梁涛教授出版了50余万字的专著《郭店竹简与思孟学派》,在国内外产生了很大影响。孟子研究院名誉院长杜维明先生,不仅是国内外郭店楚简与思孟学派研究的开拓者、领航者,而且是国内外诸多重要专题研讨会的卓越组织者和领导者。特别值得一提的是,2007年8月,在杜维明先生的亲自领导、支持下,由教育部人文社科重点研究基地山东师范大学齐鲁文化研究中心和哈佛大学燕京学社共同主办的"儒家思孟学派国际学术研讨会"在山东师范大学召开。为开好这次研讨会,2007年4月,应时任燕京学社社长的杜先生邀请,我作为齐鲁文化研究中心主任专程赴美国哈佛大学燕京学社访问,双方具体、细致地研究了会议方案。最终杜先生决定出资2万美元,支持这个在思孟学派研究史上也许是最隆重的国际学术研讨会。来自十余个国家和地区的六七十名学者,济济一堂,专题研讨郭店楚简与思孟学派的问题。学者们从不同角度发表了关于思孟学派研究的一些重要的、创新性成果。会后结集出版了《儒家思孟学派论集》。

二十多年来,研究郭店楚简的论文、专著可谓浩瀚,限于时间和我个人的学术视野,现主要根据郭店楚简研讨会论文集《中国哲学》第二十、二十一辑和部分相关资料及研究成果,就郭店楚简与思孟学派研究有关的问题做一个大致的梳理和介绍。主要有以下几点。

1. 郭店楚简的出土提升了对思孟学派在先秦儒学史上重大意义的认识。

经过学界对郭店楚简文本内容的解读可知,楚简的学派归属主要是儒、道两家。而根据出土年代的测定,儒简主要是处于孔孟之间的思孟学派文献。李学勤先生在《郭店楚简与儒家经籍》一文中说:"简的主要内容,属于道家的是《老子》,属于儒家的我认为是《子思子》。"在先秦儒学研究上,限于传世文献资料的缺乏,孔孟之间的儒学,尤其是思孟学派的面貌,始终是模糊的、单薄的,甚至在诸多方面是空白的。郭店楚简的重大新发现,为先秦儒学研究补充新材料、展露新面貌,填补了空白,震惊了学界,受到了热烈追捧,引发了围绕思孟学派展开的新的学术争鸣。杜维明先生在《郭店楚简与先秦儒道思想的重新定位》一文中说:"郭店楚墓竹简出土以后,整个中国哲学史、中国学术史都需要重写。……通过这批资料,我们要对战国末期直至汉代的许多资料,重新进行定位。我们对孔、孟之间先秦儒家资料的认识,会有质的飞跃,也会有许多新的发现。"并认为:"从郭店楚简的材料来看,孔孟之间先秦儒学的发展,是多元多样的。"庞朴在《古墓新知——漫读郭店楚简》一文中也指出,郭店楚简的出土"填补了儒家学说史上的一段重大空白,还透露了一些儒道两家在早期和平共处的信息"。李存山在《从郭店楚简看早期道儒关系》一文中认为:"楚简是活跃在楚国的一个儒家流派的著作……较多地带有儒道结合或互补的特色。"李泽厚在《初读郭店竹简印象记要》中则指出:"竹简各篇年代不一,内容兼容并包……但主体仍属儒学的不同倾向或派别的文献。"

2. 郭店楚简的出土是对思孟学派研究的新开拓。

首先是思孟学派文献的认定。根据大多数专家的解读意见,郭店楚简中的儒简共十四篇,其中主要是思孟学派的文献。这对思孟学派研究的重大突破性意义,怎么高估都不过分。甚至可以说,郭店楚简成为一时的"热点""显学",主要是因为思孟学派新材料的发现,带动了思孟学派这一先秦儒学发展中重要链环的研究。庞朴在《孔孟之间——郭店楚简中的儒家心性说》一文中提出,"这些见于竹帛的儒家经典,属于同一思孟体系"。根据李学勤先生《先秦儒家著作的重大发现》《荆门郭店楚简中的〈子思子〉》两篇文章的考证,简中《缁衣》等六篇应归于《汉书·艺文志》著录的《子思子》。并且,李先生一一考证了《缁衣》《五行》《成之闻之》《尊德义》《性自命出》《六德》六篇和子思学派的关联。而姜广辉《郭店楚简与〈子思子〉——兼谈郭店楚简的思想史意义》一文,除了基本肯定李先生的意见,又从楚简思想内涵与传世文献的比较中,增加认定《唐虞之道》《穷达以时》《鲁缪公问子思》等篇都"为子思所作"。前面已经讲了,传世文献中关于子思的记载少而散,郭店楚简是近几十年来考古发掘中非常重大的发现,大大丰富了思孟学派研究的文献资料。李学勤先生说:"这些儒书……代表了由子思到孟子之间儒学发展的链环。"

3. 郭店楚简极大地推动了思孟学派的深入研究。

郭店楚简新材料的发现,给思孟学派研究带来了生机,产生了一批创新性成果。在思孟学派的整体研究上,梁涛教授做出了突出贡献。梁涛教授的研究主要反映在他的力作《郭店竹简与思孟学派》一书中。我认为,该书无论在郭店楚简研究还是思孟学派研究上,都是一个新开拓,是郭店楚简推动思孟学派研究的一个硕果。其最值得肯定的是,在深入挖掘郭店楚简的文本资料、广泛吸收有关研究成果的基础上,结合传世文献及其研究成果,第一次完整地呈现出了思孟学派的历史面貌。他对思孟学派形成的背景、酝酿、形成、完成以及与早期儒学的关系,进行了系统、全面的探讨、论述,写成了一部创新版的思孟学派发展史。该书出版后,知名学者庞朴、陈来、姜广辉、廖名春等都给予了高度评价,李学勤在《序》中称赞该书"得出一系列新颖独到的见解"。

在思孟学派思想体系的研究上,由于楚简的出土,也取得了令人耳目一新的新开拓。其中,庞朴先生的贡献尤为突出。他在《孔孟之间——郭店楚简中的儒家心性说》一文中,强调"这些见于竹帛的儒家经典,属于同一思孟体系",并通过对楚简的深入解读,对这一学派思想体系的特色做出了明晰的概括:"在这个天—命—性—情—道的程式中,性是居中的核心;命和情,是性之所自出与所出;天……不是外在的自然或上帝,而是社会力;至于道……它也不是天道,而是人道;这是此一学派的很重要的特色。"关于思孟学派思想体系研究的新开拓,主要表现在以下几个方面:

第一,对思孟学派具体文献研究的开拓与深化。在大量的郭店儒简的研究中,具体文本的解读和思想内涵的探讨,这是对思孟学派研究的具体和深化。在这方面,众多学者都做出过不懈努力。例如清华大学的廖名春教授在其《荆门郭店楚简与先秦儒学》一文中、姜广辉在其《郭店楚简与〈子思子〉》一文中,都对儒家(思孟学派)文本逐一作了辨析、解读和论说。现有研究和解说多集中于《缁衣》《唐虞之道》《性自命出》《五行》等篇。其研究的深化和开拓,都是非常值得肯定的。限于时间,我仅就后两篇研究的深度、广度和创新性做一个简要的介绍。

《性自命出》的识读研究是郭店楚简文本研究的重点之一。在本篇中,学者们主要对儒家思孟学派的心性说做了深入的探讨。庞朴先生认为,"它所谓的性,既非食色自然之性,亦非善恶道德之性",而是"以情释性";该篇"情的价值得到如此高扬,情的领域达到如此宽广,都是别处很少见到的"。他由此得出结论:"真情流露是儒家精神的重要内容。"而李泽厚则认为,该篇的要点在于"强调对自然人性作各种分析、陶冶和塑建"。

在对该篇进行研究的论文中,陈来先生的《荆门竹简之〈性自命出〉篇初探》是一篇重磅文章。该文从九个方面对文本中之"性"进行了深入分析和解读,提出"《性自命出》的人性说,可以说正是孔子与孟、荀之间的发展形态,它所提出的性自命出的思想发展了孔子的人性论,从天—命—性—情—道的逻辑结构来讨论人性的本质和作用"的观点;并对该篇在孔门中学派归属的三种可能性进行了深入探讨,提出"很可能,子游、公孙尼子、子思就是一系"的创新观点。

在对郭店楚简文本的研究中,《五行》篇是最受关注、发文最多的篇章之一。《五行》的研究不仅进一步证实了思孟学派的存在,厘清了思孟学派思想传承的路径,而且思孟学派研究上的一个关键问题——荀子所批判的"子思唱之,孟轲和之"的"五行"是何内涵,他们是如何唱和的,有了一个落地的答案。在《五行》研究上颇用心力且创获颇丰的有日本池田知久的《郭店楚简〈五行〉研究》、邢文的《〈孟子·万章〉与楚简〈五行〉》、庞朴的《竹帛〈五行〉篇比较》。他们的共同特点是将楚简《五行》与马王堆帛书《五行》以及传统文献做结合、比较研究。池田知久认为,楚简《五行》的内涵极其丰富,既有孟子的思想,也反映了荀子的思想。邢文则提出,楚简本《五行》比帛书本更接近于子思之作;并与《孟子·万章下》做比较,看出孟子对子思"五行"的继承,确证了思孟学派的存在。庞朴认为,两个《五行》篇的相继出土,使"荀子在《非十二子》中作为子思、孟轲学派代表作来批判的那个'五行'",成为永毋庸议的"断案"。

陈来先生的《〈五行〉经说分别为子思、孟子所作论——兼论郭店楚简〈五行〉篇出土的历史意义》一文，发表在《儒家思孟学派论集》上。他在文章中基于对20世纪70年代以来《五行》篇学术史的检讨，从以往研究的薄弱环节出发，依据郭店竹简出土后研究的新进展，对庞朴之说做了关键性的补证，提出《五行》篇分经、说两部，"经部为子思作，说部为孟子作"。这就呼应和坐实了《荀子·非十二子》中"子思唱之，孟轲和之"的结论，从而对思孟学派的存在和思想体系的构建提出新的力证。

第二，对子思生平资料的重要补充。郭店楚简中发现了《鲁穆公问子思》一篇，对子思生平、思想的研究具有重要意义。全文如下：

（鲁穆）公曰："向者吾问忠臣于子思，子思曰：'恒称其君之恶者，可谓忠臣矣。'寡人惑焉，而未之得也。"成孙弋曰："噫！善哉言乎！夫为其君之故杀其身者，尝有之矣；恒称其君之恶者，未之有也。夫为其（君）之故杀其身者，交禄爵者也；恒（称其君）之恶（者），（远）禄爵者（也）。（为）义而远禄爵，非子思，吾恶闻之矣。"

该篇文章，多数研究者认为是子思或其弟子之作，或可属《子思子》内容之一。记鲁缪（穆）公与大夫成孙弋的对话。缪公说：此前，我请教子思，什么人才可称为忠臣，子思说，经常指出国君错误的才是忠臣。鲁缪公听了感到疑惑不解,反复思索不得其意。成孙弋却大为赞赏,说子思讲得太好了;然后对缪公讲了很多道理,大意是:作为臣,能为国君牺牲个人生命的人是有的,但能够常常指出国君问题的人是很少的。能为国君牺牲掉生命的是那些追求功名利禄的人,能够经常指出国君问题的却是那些远离功名利禄的人。那是为什么?是为了"义"。这除了子思,我还没听说有其他的人能做到。

该文不仅进一步确证了子思为鲁缪公师的史实,显示出子思对缪公在政治、用人上的影响,也反映出子思能批判国君之恶的鲜明个性和为人、为政的气节。将子思的这种性格、气节与孟子的思想、个性特点做比较,可以看出孟子义利观的思想渊源以及思孟学派在思想传承上的清晰脉络。这不仅是为子思的生平业绩,也为子思和思孟学派的思想内涵的挖掘,提供了重要的文献依据。

三、子思的著述与《中庸》

(一)关于子思的著述

根据传世文献记载,结合郭店楚简出土文献的研究,我们可以梳理一下有关子思的著述情况。主要包括两个方面:

1. 传世的子思著述。

在《汉书·艺文志》的《诸子略》中,著录有《子思》二十三篇;但该著大概在六朝时期散佚了。《隋书·经籍志》著录有《子思子》七篇,这应该就是辑佚的本子了。此后《旧唐书·

经籍志》《新唐书·艺文志》《宋史·艺文志》中,都载有《子思子》,或为七卷,或为八卷。因此可以比较确定地说,北宋以前,子思的著作还是存在的。但是很有可能在北宋南迁过程中,隋唐以来的本子散佚了。南宋汪晫编《子思子全书》一卷,显然是辑佚本,收《四库全书》中;清代洪颐煊辑《子思子》一卷,收入《问经堂丛书》;清人黄以周也有辑佚本《子思子》传于世。另,在《隋书·音乐志》中,曾经引用南北朝时期沈约的话说:《礼记》当中的"《中庸》《表记》《防(坊)记》《缁衣》皆取《子思子》"。这可以理解为,现存《礼记》中的《中庸》《表记》《坊记》《缁衣》都是子思的著作。后世学者多予公认。

2. 郭店楚简中的子思著作。

根据李学勤等学者的考证,郭店楚简中共有十四篇儒简,被较多学者认定为子思或其学派著述的即有九篇:《缁衣》《五行》《成之闻之》《尊德义》《性自命出》《六德》《唐虞之道》《穷达以时》《鲁穆公问子思》。

(二)关于子思作《中庸》

子思作《中庸》,尽管秦汉以来文献多主此说,但仍然是个有争议的问题。现根据相关文献记载梳理如下。

1. 子思著《中庸》说。这是一个主流观点。

首先,汉魏六朝时期多有记载。《史记·孔子世家》载,子思困于宋,作《中庸》。《礼记正义》引汉代经学家郑玄语:《中庸》者,"孔子之孙子思作之,以昭明圣祖之德"。《孔丛子》载子思曰:"文王困于羑里作《周易》,祖君屈于陈、蔡作

《春秋》,吾困于宋,可无作乎?"

这些记载,不仅明言子思作《中庸》,还探讨了他创作的缘由:一是为了弘扬光大祖父孔子的思想、学说、道德;二是效法先圣文王与孔子,在受困之时著述以成个人宏愿。这说明在秦汉、魏晋时期,子思作《中庸》是无争议的。

其次,唐宋时期学者多持此说。唐代李翱在《复性书》中说:"子思,仲尼之孙,得其祖之道,述《中庸》四十七篇,以传于孟轲。"认为子思得到了祖父的教育和思想的传承,就把它申述出来,作了《中庸》。我们看《中庸》的内容也能发现,上篇主要是借着"子曰"来叙述孔子的话,即强调子思得孔子思想学说之真传,然后传承申述作了《中庸》。子思被后世尊为"述圣",就有他善于传承、申述孔子思想的原因。

宋代朱熹在《中庸章句序》中说:"《中庸》何为而作也?子思子忧道学之失其传而作也。……子思惧夫愈久而愈失其真也,于是推本尧舜以来相传之意,质以平日所闻父师之言,更互演绎,作为此书,以诏后之学者。"朱熹不但提到《中庸》是子思作所,还谈了子思为什么作《中庸》——是子思担心从他祖父传下来的正统思想学说失传而作的。因而他溯源尧舜之道,融合祖父孔子的精句要言而作《中庸》。总体来讲,在宋儒之前的儒家传统认识中,子思作《中庸》,是一个基本的共识。

2. 疑非子思所作。

从宋代开始,有人对子思作《中庸》提出了质疑。有代表性的是宋代欧阳修和清代袁枚。欧阳修曾经在《进士策问》

中提出质疑,认为与《论语》相对比,《中庸》里面记载的孔子的话都是些虚言高论,不像复述的孔子话语,让人没有兴趣看下去。意思是说,《中庸》不像孔子之孙子思所作。清代人袁枚提出了一个有一定依据的质疑。他在《与人书》中说:"《论》《孟》言山皆举泰山,以其在邹鲁也;《中庸》独曰'载华岳而不重',子思足迹未尝入秦,疑此是西京人语。"认为《论语》《孟子》中凡说到山,都是指的泰山,因为邹鲁距泰山很近。而《中庸》独独提了一句话,"载华岳而不重"。子思的足迹并没有到过秦川之地,因而他怀疑《中庸》是长安人写的,而非子思。这两位提出质疑的知名学者,欧阳修是"唐宋八大家"之一的大文学家,也是政治家;袁枚是清代著名诗人、散文家、文艺评论家。他们的质疑虽有一定代表性,但缺少儒学史基础上的深入探究,因而说服力并不强。至于袁枚等清代学者提到的"华岳"以及前人质疑书中有"车同轨,书同文",疑为秦后人所作等问题,我觉得梁涛教授在其《郭店竹简与思孟学派》一书中,在引用李学勤先生所说"古书的形成每每要有很长的过程……一般都要经过较大的改动变化"(《对古书的反思》)后说的话是很合情合理的解说:"在有各种资料明确记载《中庸》是子思所作的情况下,仅仅根据一两句言论,便断定《子思》一书晚出,显然难以成立。"否定《中庸》为子思所作就更站不住脚了。

历史学家蒋伯潜在《诸子通考》里面从五个方面逐一进行了考订分析,认为《中庸》绝非全篇都是子思所写,而是有子思的后学所添加的内容。后学也不是仅有一个人,出于一个时间。这些后学中最晚的可能是秦始皇统一以后的。蒋伯潜先生的考订实际也解答了"车同轨,书同文"为何出现在《中庸》书中的问题。

(三)《中庸》内容概说

《中庸》的丰富思想内涵,接下来还有七位学者逐章解读。我在这里先将内容的整体概况给大家做一简单介绍。需要说明的是,对于《中庸》的整体结构、逻辑关系、思想体系等方面的解读,学界向来也众说纷纭。我这里主要以蒋伯潜先生的《诸子通考》为主,参阅有关学者的意见,做如下简介,供大家参考。

《中庸》全书分经、传两部分。内容大致分上、下两篇,上篇为经,下篇为传,属于经传合一的著作。全书共三十三章,第一章大致相当于前言、总纲;第二至十九章为上篇,是经,乃子思所作;第二十至三十三章为下篇,是传,乃子思的弟子和后学所作。从文章形式、内容和特点看,经和传比较混杂,上、下篇各具特点。《中庸》不是出自一人之手,从文体来看,就表现出一种多文体杂合的特点。

1. 上篇可分为两部分,主要围绕"中庸"展开论说。

从把握儒家学说来讲,《中庸》是儒家之经典。中庸,是孔子认为极高、极重的道德观念。在《论语·雍也》中,孔子说:"中庸之为德也,其至矣乎!民鲜久矣!"是说中庸作为一种道德,应该是一种最高的道德境界了,人们缺少这种道德已经很久了!中庸之德,程颐解读为"不偏之谓中,不易之谓庸。中者天下之正道,庸者天下之定理",是孔子的核心思想之一,是作为一种最高的道德境界提出的。但孔子并没有进一步深入扩展阐述这一道德境界。子思刻意编辑了孔子阐发中庸的言论作为经部,构成《中庸》的上篇。

第一部分,从第二章到第十一章,是以记孔子之言为主,是语录体,跟《论语》很相似。除了第二章称"仲尼曰",其他各章都标注"子曰"。从这里可以看出,子思认为孔子对"中庸"的论说,在《论语》中并没有充分阐发,所以子思才将孔子讲"中庸"的散落言论都汇集起来,编成《中庸》前半部分,特意标上"子曰"。在内容上,主要围绕着"中庸"这样一种道德境界来展开论述。主要阐明以实践为主的人道,如何通过"致中和"的用"中"之道,来达到与性和天道的相通、相合,来修成"修道之为教"的成果,以达到中庸的极高道德境界。

第二部分,从第十二章到十九章,仍然是语录体,但在形式上较前有大的申说、拓展。突出特点是很多章后面都引用了《诗经》的句子,跟《礼记》中定为子思之作的《缁衣》《坊记》《表记》较相似。在内容上则分别从道不远人、夫妇之道、素位正己、在乎忠恕、继志述事等方面提出了从注重"庸德""庸言"的修身之道来进入"修道以仁"的核心部分,并以舜的大孝大德和周武王、周公的"达孝"之礼的教化来实现"中庸之道"的目标。总体来讲,上篇是论如何达到和实现中庸的境界的。

2. 下篇可分为三部分,主要围绕"诚"展开论说。

第一部分是第二十章。第二十章是以"哀公问政"即鲁哀公向孔子问政来开头。这是一篇长篇议论文,主要是讲为政当以修身为本,重点放在君臣、父子、夫妇、兄弟、朋友"五达道"和仁、智、勇"三达德"的实践上,并提出治国的核心思想是"为政在人,取人以身,修身以道,修道以仁"。第二十章是非常重要的一篇,还提出了治国的九大方略——"修身也,尊贤也,亲亲也,敬大臣也,体群臣也,子庶民也,来百工也,柔远人也,怀诸侯也。"

第二十章的后半部分,为纯议论文,主要阐发"诚"的要义和获取"诚"的要目。"诚"就是咱们今天说的"忠诚"的"诚",叫"诚明明德"。他阐发的"诚"的要义是,"诚者,天之道也;诚之者,人之道也";阐发获取"诚"的要目,这里面提到,"诚身有道,不明乎善,不诚乎身矣"。怎样达到"诚"?应该"博学之,审问之,慎思之,明辨之,笃行之"。

第二部分是第二十一到二十六章,是纯议论文。内容上以论"诚"为主,论"诚明",论"明诚",论至诚之道,提出了圣贤所施的仁德之方:"致广大而尽精微,极高明而道中庸。"

第三部分是第二十七到三十三章,主要是赞美圣人之道。赞孔子是"祖述尧舜,宪章文武,上律天时,下袭水土",赞至诚之德,赞君子之行。所以第二十七到三十三章主要是肯定和赞美,也可以看成是对中庸和至诚之道的一种肯定。这部分也多见"《诗》云""《诗》曰"。

朱熹在《中庸章句》中评说《中庸》,"其书始言一理,中散为万事,末复合为一理。'放之则弥六合,卷之则退藏于密',其味无穷,皆实学也"。用我们今天的话说就是,这本书,开始讲的是一个道理——中庸之道；中间则放开来谈，从多个方面论证；最后又归结到这一个道理上来。这个中庸之道，将它扩充、弘扬，可以充满天地四方，精缩起来可以珍藏，意味无穷，都是用来指导如何践行中庸的学问。朱熹的这段话，是对《中庸》一书丰富内涵的精当总结。

天命之谓性

——《中庸》第一章解读

李存山 解读

第一章

天命之谓性,率性之谓道,修道之谓教。道也者,不可须臾离也,可离非道也。是故君子戒慎乎其所不睹,恐惧乎其所不闻。莫见乎隐,莫显乎微,故君子慎其独也。喜怒哀乐之未发谓之中,发而皆中节谓之和。中也者,天下之大本也;和也者,天下之达道也。致中和,天地位焉,万物育焉。

《中庸》的第一章意义很重要,内容也比较丰富,用简短的词句难以概括出这一章的主题,所以我们就把这一章的第一句作为本讲的题目:"天命之谓性"。

这章大约有一百一十个字,从内容上可分为三节。这三节的划分,我们主要是根据朱熹的《中庸章句》。因为《中庸》里面的概念和思想内涵比较抽象,也比较深奥,所以我们现在读《中庸》还离不开对古人注解的参考。我认为，解释《中庸》的书，到目前为止最好的还是宋代朱熹的《中庸章句》。我们都知道朱熹作了《四书章句集注》，这是宋代以后影响最大、最重要的经学著作，其中就包括《论语集注》《孟子集注》《大学章句》《中庸章句》。我们今天的解读，主要参考的就是朱熹的《中庸章句》。

这一章的第一节是："天命之谓性，率性之谓道，修道之谓教。"朱熹的《中庸章句》说："首明道之本原出于天而不可易，其实体备于己而不可离。""首明"就是首先讲明，可以说这第一节就是首先讲明关于天、性、道、教的本体论。

"道之本原出于天而不可易"，"不可易"的"易"是变易的意思。"道"的本原出于"天"，它是本然的，不可变易的。"其实体备于己而不可离"，这是讲"天命之谓性"，"性"是内在于我们的生命之中的，所以它是不可离的。

这一节主要有四个范畴：天、性、道、教。因为天是性、道、教的本原，所以这一节是讲关于天命、人性、人道和修养教化的本体论。

第二节从"道也者，不可须臾离也"开始，接着说"可离非道也。是故君子戒慎乎其所不睹，恐惧乎其所不闻。莫见乎隐，莫显乎微，故君子慎其独也"。朱熹的《中庸章句》说："次言存养省察之要。""存养"，我们在《孟子》书中可以看到孟子所说的"存其心，养其性，所以事天也"，所谓"存养"就是"存心养性"。"省察"，"省"是自省，也就是"吾日三省吾身"的"省"，"省察"是内心的自省自察。

这一节是依据前面讲的天、性、道、教的本体论,而讲道德修养即"存养省察"的工夫论。所谓"工夫论",就是讲我们如何在道德修养上下功夫。

第三节是后面的几句:"喜怒哀乐之未发谓之中,发而皆中节谓之和。中也者,天下之大本也;和也者,天下之达道也。致中和,天地位焉,万物育焉。"朱熹的《中庸章句》说:"终言圣神功化之极。"这里的"圣神功化"不太好理解,我们可以联系到孟子说的"充实而有光辉之谓大,大而化之之谓圣,圣而不可知之之谓神"。"圣神功化之极"是讲从本体论、工夫论所能达到的极高功效或道德境界。

我理解这一节是从"天人合一"的视角"合外内之道"。《中庸》所说的"外内之道","外"是指我们身心之外的宇宙、自然、天道,"内"是指我们内心的性情和道德修养。将二者合在一起,就是"合外内之道",于是也就有了人的性情和天地万物的"中和"境界。

第三节有两个非常重要的概念,一个"中",一个"和"。"中也者,天下之大本也;和也者,天下之达道也。致中和,天地位焉,万物育焉。"《中庸》特别强调"中和"这个概念。"喜怒哀乐之未发谓之中,发而皆中节谓之和。"这主要是讲人的性情的"中""和"。"致中和,天地位焉,万物育焉",这是把人的道德修养的"中和"与天地万物的"中和"合而言之,认为二者"实亦非有两事也"。

为什么把这一章分为三节,以上先给大家做了一个大致的介绍。

朱熹的《中庸章句》在第一章的后面还有一个总括的说法：这一章"盖欲学者于此反求诸身而自得之，以去夫外诱之私，而充其本然之善"。意思就是，这一章先讲了本体论、人性论和工夫论，而最终是要落实到个人的道德修养，即"反求诸身"，去掉被外物引诱的私心，"充其本然之善"。这个"本然之善"就是指人所固有的本性之善。

朱熹在后面又说"杨氏所谓一篇之体要是也"。这个"杨氏"就是程颢、程颐门下的大弟子杨时，他作有《中庸解》。这里所引可能是杨时《中庸解》里的话。杨时说，这第一章是《中庸》全篇的"体要"。所谓"体要"，可以说就是纲领，是大的原则和要点。这一章是《中庸》全篇的总纲领。我们现在称《中庸》为"四书"之一，但是杨时称《中庸》为"一篇"，这是因为《中庸》和《大学》本来是《礼记》里面的两篇，后来把这两篇从《礼记》中抽出来，和《论语》《孟子》并列，这就成为"四书"。杨时说这一章是"一篇之体要"，就是说这一章是《中庸》全篇或全书的"体要"。

朱熹在引了杨时的这句话之后又说："其下十章，盖子思引夫子之言，以终此章之义。"也就是说，第一章后面的十章，是子思引孔子的话，把这一章的完整涵义阐述出来。由此可见第一章的重要性，它是"一篇之体要"，是《中庸》全书的总纲领。

下面我们将《中庸》第一章分为三节进行解读。

1."天命之谓性，率性之谓道，修道之谓教。"

刚才我们讲了《中庸》第一章是《中庸》这部书的纲要，而我认为这一章的第一节也可以说是整个儒家哲学乃至中国传统哲学的纲要。如果在中国传统哲学里面找出几句最重要的话来,我想少不了《中庸》的这句话——"天命之谓性,率性之谓道,修道之谓教。"这是一句非常经典、非常重要的话。既然是讲天、道、性、命,它就是比较抽象的,属于形而上的哲学问题。我们都知道《论语》里面很少讲"性与天道"的形而上问题,所以孔子的弟子子贡说:"夫子之言性与天道,不可得而闻也。"对这句话有不同的理解,有的说是孔子没有涉及这个问题;有的说是孔子认为这个问题太重要了,对于没达到一定水平的学生,他轻易不讲这样的问题。

实际上,孔子还是讲了"性"与"天道"的。我们都知道,《论语》里面有一句孔子所说"性相近也,习相远也"。孔子对"天道""天命"也有论述,比如说"获罪于天,无所祷也""五十而知天命"等。我认为,对于子贡的那句话,可以理解为孔子很少讲关于"性与天道"的联系问题。在那个时候,孔子还没有展开对"性与天道"之联系的论述。讲"性相近"是非常适合孔子的老师身份的,因为孔子是民间教育的开创者,他主张"有教无类",任何人都可以接受教育,其前提是"性相近",人皆可教,都可以通过学习而学好。"习相远"是说人在后天的学习过程中因为努力或不努力,学好或学坏,而使人产生了较大的差别。可以说,孔子讲的"性相近"为孔子主张的"有教无类"提供了一个人性论的基础。随着孔子之后各学派理论争鸣的发展,就有了在哲学上讲"性与天道"之联系的理论需要。比如,与孔子同时的老子,他讲"道"与"德"的关系,说"孔德之容,唯道是从","道"是天道,"德"是内在于己的,

"德"就相当于"性",这对以后中国哲学的发展有重要影响。我们在湖北荆门郭店村出土的竹简中,就可以看到孔门后学已较多讲到"性自命出"的问题。

《中庸》是子思所作,它是先于《孟子》的。孟子明确提出了性善论,认为"尽其心者知其性也,知其性则知天矣"。这个思想的源头,应该说出自子思的《中庸》。

《中庸》说:"天命之谓性,率性之谓道,修道之谓教。"这里有四个重要范畴,即天、性、道、教。我们先讲"天"在中国古代的多种含义。

"天"的第一种含义是主宰之天,又可以说是意志之天。这个"天"就是中国古代所崇拜的最高的神,它是有道德意志、可以主宰万物、能对人间事务进行"赏善罚恶"的。我们现在有时也在这个意义上讲"天",它相当于我们现在俗话说的"老天爷"。比如说"头上三尺有青天",这个"青天"不是一般讲的蓝天,而是可以"赏善罚恶"的主宰之天。

《中庸》里面也有这个意义的"天",比如说"舜其大孝也与!德为圣人,尊为天子……受禄于天。保佑命之",引《诗》曰"维天之命,於穆不已",又说"郊社之礼,所以事上帝也",等等。在中国古代,"上帝"也是指主宰之天。

"天"的第二种含义是自然之天,这里的"自然"是相对于"人为"而言。自然之天一般是指我们头顶上的与地相对而言的"天",它也可以是指自然之总名,凡不是人为的,都可以叫作"天"。比如《庄子》书中有一句"牛马四足是谓天,落马首、穿牛鼻是谓人",是说牛马都有四条腿,这不是人为造成的,而是自然如此,但是给马套上笼头,给牛的鼻子拴上环,这就是人为了。

与地相对而言的"天",如《易传》说的"天地变化,圣人效之",天、地、人并称"三才"。《中庸》里也多处讲"天地",如第一章说的"天地位焉,万物育焉",以及后面说的"君子之道,造端乎夫妇;及其至也,察乎天地","赞天地之化育",等等。

值得注意的是,中国古代讲的主宰之天,这个最高的神往往和自然之天也没有明确的界限。这在一些西方学者看来就是中国文化的缺点,这个神和自然之天怎么能不分开呢?我的理解,这也可以说是中国文化的特点,就是说这个最高的神并不是在"彼岸"世界,而是和我们的这个世界——人的生活世界相联系或相连续的,所以它与自然之天不必画出一个明确的界限。

《中庸》里有一句:"郊社之礼,所以事上帝也。"朱熹注说:"郊,祀天。社,祭地。不言后土者,省文也。"郊礼是祭祀天或上帝的,社礼是祭祀地或后土的。因为《中庸》只说了"所以事上帝也",而没有说"社"是祭后土,所以朱熹说"不言后土者,省文也"。如果把这句话说全了,应该是"所以事上帝、后土也"。我们由此可以看到,中国文化的"天"或"上帝"也是与"地"或"后土"相联系的。因为与"地"相联系,它们就像夫妻一样生育人与万物,所以这个最高的神就兼具自然之天的特点,它不是存在于自然界和人的生活世界之外的"彼岸"世界。这是中国文化和西方基督教文化的一个重要区别。

"天"的第三种含义是义理之天。这个"天"不是指有意志或有人格的神,而是作为人性和人类道德的根源。后来到了宋代,它又发展为指世界的根本原理、普遍的规律和原则。比如宋代的程朱理学说"天者,理也",这个"理"既是人性和人类道德的根源,也是世界的根本原理、普遍的规律和原则,是世界之"所以然"和人事之"所当然"的统一。《中庸》第一章第一句说"天命之谓性",我认为这个"天"主要是指义理之天,和《孟子》讲的"知其性则知天"的"天"是一个意思,它是指人性和人类道德的根源。在先秦哲学中,讲义理之天的主要就是《中庸》的"天命之谓性"和《孟子》的"知其性则知天"。到了宋代的程朱理学,义理之天的思想大为发展,它成为世界的本原、普遍的道理和规律。

"天"除了主宰之天、自然之天、义理之天的含义,还有命运之天。比如《论语》里讲的"死生有命,富贵在天",《孟子》讲的"莫之为而为者,天也;莫之致而至者,命也",等等。我们在这里就不展开讲了。

《中庸》的第一句"天命之谓性",这里的"天",我们说它主要是义理之天的意思。"天命之谓性"的"命",朱熹注说"犹令也","犹命令也"。如果把这个"命令"理解成谆谆教导或必须服从的,如上级对下级的命令,那么前面的"天"就是主宰之天了。但是朱熹说"犹命令也",就像是命令一样,我认为它的主要意思是说天所赋予人,这个赋予人就像是命令一样。因此,这里的"天"主要意思是义理之天。

"天命之谓性"的"之谓",在现代汉语里可以理解为"就是"。古汉语讲的"之谓"和"谓之"意思相近,但也有所区别。清代的著名学者戴震是一个大思想家、哲学家,也非常重视文字研究,他在《孟子字义疏证》中讲过"之谓"和"谓之"的区别。他说,"凡曰'之谓',以上所称解下",如《中庸》"天命之谓性"等。所谓"以上所称解下",就是用前面讲的内容来解释后面的名称,它相当于现代汉语的"就是"。"天命之谓性",就是用"天命"来解释"性",翻译成现代汉语可以说,天所赋予人的就是性。

戴震还说,"凡曰'谓之'者,以下所称之名辨上之实",如《中庸》"自诚明谓之性,自明诚谓之教"等。所谓"以下所称之名辨上之实",就是以后面讲的名称来辨别前面所讲内容的不同。比如《中庸》所说"自诚明谓之性,自明诚谓之教",这两句不是讲什么是"性",什么是"教",而是用"性"和"教"来区分什么是"自诚明",什么是"自明诚"。这里的"谓之",相当于现代汉语中的"叫作"。比如《易传》里面说的"形而上者谓之道,形而下者谓之器",可以翻译成形而上者叫作道,形而下者叫作器;而《易传》说的"一阴一阳之谓道",则可以翻译成一阴一阳就是道。《中庸》说的"天命之谓性",我们可以理解为天命就是性,天所命予人或赋予人的就是性。

朱熹在《中庸章句》中解释"性",说"性,即理也",这个性就是理。程朱理学把"天"解释为"理",所谓"天者,理也",当"理"内在于人的心中就成为"性",从这个意义上可以说"性,即理也"。程朱以"理"释"天",这带有程朱理学的特色。朱熹的《四书章句集注》就有这样的特点,他一方面按照"四书"的文句来作解释,另一方面也把理学的思想输入到对"四书"的解释之中。在先秦时期《中庸》《孟子》的思想中,还没有以"理"释"天"的思想,但是我们可以按照朱熹解释的思路,把"性"与"天"联系起来,将这一句理解为天的义理所赋予人的就是性。

在《中庸》《孟子》之前,孔子说过"性相近也,习相远也"。我们经常讲中国传统哲学特别重视人性论,而各个学派对于人性又有各种不同的说法和观点。比如说,孟子讲性善论,而到了荀子就讲性恶论;孟子和告子进行辩论,他们的人性论也有不同。尽管如此,我认为中国传统哲学所讲的人性论也有一个普遍的意义,就是这个"性"是与"习"相对而言的,"习"是指人后天的习染,是人在社会环境的习行中所产生的变化。"习相远"就是说,人在社会环境中是学习努力还是不努力,是学好还是学坏,使人与人之间发生了较大的差距。"性相近"则是说,人的天生的性相近。这个"性"是与"习"相对而言的,它是人一生下来就具有的。

孔子说的"性相近",是说人向好的方向发展的本性相近。因为人都可以接受教育,也都有能力去接受教育,所以应该说人向好的方向发展的本性是相近的。这个"性"就是指人与生俱来或生而即有的本性,也可以叫天生的本性。中国传统哲学所讲的人性论,尽管观点有不同,但都是在这个意义上讲人性的。

《中庸》的第一句话"天命之谓性",就是说天所赋予人或天所命予人的就是人的本性,这个"性"是天生的,也就是人与生俱来或生而即有的本性。在《中庸》的思想中,这个"性"应该是指人的善性。

"天命之谓性"后面的一句是"率性之谓道"。朱熹《中庸章句》说:"率,循也。道,犹路也。人物各循其性之自然,则其日用事物之间,莫不各有当行之路,是则所谓道也。"

"率"有遵循的意思。"率性"就是遵循或顺着人的本性发展,这就是"道"。"道,犹路也。"人生有不同的道路,有正道,有邪道,有大路,有小路。那么我们应该走什么道路呢?《中庸》说"率性之谓道",就是说人应该遵循人之本性而走"当行之路"。这个"路"是人所应当走的正路。"率性之谓道"的"道",不是指天道,而是指人道,即人的当行之道。从"率性之谓道"看,《中庸》所说的"性"应是指人的善性,而"道"就是人应该遵循的价值准则和道德规范。

孟子说:"仁,人心也;义,人路也。""仁,人心也",就是我们有仁爱的道德意识,这在孟子的思想中相当于是讲人之性善。"义,人路也",就是我们应该遵循仁爱之心,按照正义的方式来践履人的当行之路。这个"人路"相当于《中庸》所说"率性之谓道"的"道",即它是人所应该遵循的价值准则和道德规范。

一般认为是孟子明确提出了性善论,但我认为《中庸》已经含有性善论的思想,虽然它没有像孟子那样明确地说人之性善。"率性之谓道",这个"道"是人所当行之道,它是从"率性"衍生出来的,因此,"率性"的"性"应是指人的善性。

我们可以将《中庸》的思想与郭店竹简的性情论做一比较。郭店竹简中有一篇叫《性自命出》，说："性自命出，命自天降。道始于情，情生于性。始者近情，终者近义。……好恶，性也。所好所恶，物也。善不善，性也；所善所不善，势也。"从"性自命出，命自天降"看，它近似于《中庸》说的"天命之谓性"。"道始于情，情生于性"，这不同于《中庸》说的"率性之谓道"。又说"好恶，性也""善不善，性也"，可见《性自命出》还不是讲性善论。此篇说"道始于情""始者近情，终者近义"，又可见它所讲的性情是接近于善，或可向善发展的。从它的理论倾向看，它有向性善论发展的势头。而在《中庸》的思想中，"率性之谓道"，我认为它已经有了性善论的思想。

在"率性之谓道"的后面是"修道之谓教"。朱熹《中庸章句》说"修，品节之也"，我认为这里的"修"就是讲人的道德修养，发挥人的道德主体的能动性。"品节"这个词用现在的话较难表达它的意思，我的理解是它大致有分节、节度、节文和制订条文、规范的意思。儒家讲礼者，"人情之节文"也，这个"节文"有节度、规范的意思。就像一根竹子，它是有节的，一节一节的就是竹子的节度，引申出来就是礼节的规范。"修道"是人的道德修养，就像孟子说的"存其心，养其性，所以事天也"。心性是"天"所赋予人的，而人也要发挥道德主体的能动性；"存其心，养其性"就是要有道德涵养的工夫，不要失去自己的"本心"，而要把自己的善良本性"扩而充之"。按照孟子的说法，人皆有四端之心，"苟能充之，足以保四海；苟不充之,不足以事父母",所以,只有"四端"是不够的,还必须发挥人的道德主体的能动性,使四端"顺而不害","扩而充之"。

朱熹《中庸章句》对这一节的解释还有:"性道虽同,而气禀或异,故不能无过不及之差。圣人因人物之所当行者而品节之,以为法于天下,则谓之教,若礼、乐、刑、政之属是也。"这是说,人所禀赋的"性道"是相同的,但是不同的人所禀赋的"气"是有差别的,所以人的气质、性格等有的表现为"过",有的表现为"不及"。圣人是根据人物之所当行之道而"品节之",制定了一些应该普遍施行的行为规范,如"礼、乐、刑、政"等,这就是"教"。可见,"修道之谓教"既是讲个人的道德修养,同时也包含了社会的道德教化和治理。

我们对"天命之谓性,率性之谓道,修道之谓教"这一节做一个概括总结。我认为这一节很能体现中国传统哲学的特点,即它的普遍架构是"推天道以明人事",《中庸》说"思知人,不可以不知天"。中国传统哲学的主要宗旨是"知人",但若要"知人"还必须"知天",这样就形成了"推天道以明人事"的普遍架构。《中庸》的"天命之谓性",体现了中国哲学性与天道合一的特点;"率性之谓道",体现了中国哲学人性论与价值观合一的特点;"修道之谓教",体现了中国哲学人性论、价值观的"知行合一"的特点。

朱熹说:这一节"首明道之本原出于天而不可易,其实体备于己而不可离"。这就是讲关于天、性、道、教的本体论。人道的本原是出于"天命",它是恒常而不可变易的;"其实体备于己"就是人性,这是人所固有而不可离的。

朱熹又说："盖人之所以为人，道之所以为道，圣人之所以为教，原其所自，无一不本于天而备于我。学者知之，则其于学知所用力而自不能已矣。故子思于此首发明之，读者所宜深体而默识也。"这里的"之所以"就是以什么为根据。人之为人，道之为道，圣人之为教，其根据都是"本于天而备于我"。这就是讲"性与天道"的问题。学者明白了这个道理，也就知道了应该在何处用力，自我修养而无止息。子思首先讲明了这个道理，"读者所宜深体而默识也"。"深体"就是有深刻的体会，"默识"就是达到心领神会。

2."道也者，不可须臾离也，可离非道也。是故君子戒慎乎其所不睹，恐惧乎其所不闻。莫见乎隐，莫显乎微，故君子慎其独也。"

这一节是讲"存养省察之要"，也就是道德修养的工夫论。"道也者，不可须臾离也，可离非道也"，这是接着前一节讲的。此"道"也就是"率性之谓道"的人道，是人所当行的正道。"须臾"，就是片刻，一会儿。我们现在有时候也用这个词，在古书里用得比较多。这个"道"是一会儿也离不开的，"可离非道也"。这还如前面讲的"其实体备于己而不可离"。"备于己"是人性，"率性之谓道"，这个"道"是遵循人的本性的，如果"可离"，那也就不是人的正道了。

按照朱熹的解释，"道者，日用事物当行之理，皆性之德而具于心，无物不有，无时不然，所以不可须臾离也。若其可离，则为外物而非道矣"。这个"道"是普遍的日用事物的"当行之理"，它是人性中本有的德而存在于人的心中。"无物不有,无时不然",是讲它的普遍性,所以"不可须臾离也"。朱熹说的"日用事物当行之理",就是人的社会生活中的价值准则、道德规范。

《中庸》说道不可离,"可离非道也"。我们可以联系《中庸》第十三章记载的一段话:"子曰:'道不远人。人之为道而远人,不可以为道。'"《中庸》中凡引"子曰",就如《孔丛子·公仪》篇记载子思所说:"臣所记臣祖之言,或亲闻之者,有闻之于人者,虽非正其辞,然犹不失其意焉。"也就是说,《中庸》所引孔子的话,有的不见得是孔子的原话,但大致不失孔子的意思。"道不远人",也就是道不可离,"可离非道"的意思。如果"人之为道而远人",那就"不可以为道"。这可以说是儒家文化"内在超越"的特点。儒家文化所讲的"道",虽然本于"天道",具有超越性,但是"天命之谓性",它作为人性又内在于人的心中,它实际指向的还是我们这个生活世界之中的日用常行之道。如果"人之为道而远人",离开了人的生活世界,那也就不是儒家所讲的"道"了。西方的基督教文化说上帝在另一个世界,它有超越性,人的解脱要靠上帝的救赎,这是"外在超越"。而中国哲学是讲"性与天道合一",天道作为性就内在于人的心中,人的觉悟是靠自身的"存其心,养其性",这就是"内在超越",是中国哲学的一个重要特点。

在"可离非道也"之后,《中庸》说:"是故君子戒慎乎其所不睹,恐惧乎其所不闻。"朱熹《章句》说:"是以君子之心常存敬畏,虽不见闻,亦不敢忽,所以存天理之本然,而不使离于须臾之顷也。"这是从"道不可离"引出了君子的道德修养论。

"戒慎""恐惧"这两个词在儒家的道德修养论中经常连用,可以说就是敬畏。心中"常存敬畏",所敬畏的对象就是天道,而天所命予人的就是人性,"率性"就是人道。心中对天道、性命"常存敬畏",有了敬畏之心,"虽不见闻,亦不敢忽",这种道德修养就是存养人的心性,遵循"天理之本然",使自己的德行须臾不离人的正道。

朱熹说"虽不见闻,亦不敢忽",意为道德修养是每个人自己内心的事,是自觉、自律地提升自己的道德人格。因此,道德修养虽然不被别人所见闻,但是自己也不敢疏忽懈怠。为什么当别人看不见听不到的时候,自己也常存敬畏之心,不敢疏忽懈怠呢?这就是孔子说的"古之学者为己"。道德修养是"为己"之学,而不是做给别人看、说给别人听的。

《中庸》说:"莫见乎隐,莫显乎微,故君子慎其独也。"这里的"见"读为"现";"隐"是隐蔽;"微"是细微。朱熹说:"独者,人所不知而己所独知之地也。"用现代汉语来解说《中庸》的这段话就是:没有什么比在隐蔽之处、细微之处、人所不知而己所独知之地更能显现出自己真实的道德修养水平,因此,君子在独处时也要戒慎恐惧,不放松自己的道德修养。

朱熹《中庸章句》说:

> 言幽暗之中,细微之事,迹虽未形而几则已动,人虽不知而己独知之,则是天下之事无有著见明显而过于此者。是以君子既常戒惧,而于此尤加谨焉,所以遏人欲于将萌,而不使其滋长于隐微之中,以至离道之远也。

"幽暗"和"细微"是解释这段话的"隐"和"微"。"迹虽未形而几则已动"的"几",读为平声,"几者,动之微也"。在"迹虽未形"而已有"动之微"的时候,也就是心绪初发、有所萌动的时候。此时,"人虽不知而己独知之",这也正是"天下之事"最显现于自己内心的时候。君子在此时尤其要谨慎,这就是要"慎其独",把自己的私欲遏止在萌芽状态,不要使其滋长于隐微之中,以致远离正道。

关于"慎其独",我们可以联系到《大学》中讲的一段话:

> 所谓诚其意者,毋自欺也,如恶恶臭,如好好色,此之谓自谦(慊)。故君子必慎其独也。

朱熹《大学章句》说:

> 诚其意者,自修之首也。毋者,禁止之辞。自欺云者,知为善以去恶,而心之所发有未实也。谦(慊),快也,足也。独者,人所不知而己所独知之地也。言欲自修者知为善以去其恶,则当实用其力,而禁止其自欺。使其恶恶则如恶恶臭,好善则如好好色,皆务决去,而求必得之,以自快足于己,不可徒苟且以殉外而为人也。然其实与不实,盖有他人所不及知而己独知之者,故必谨之于此以审其几焉。

《大学》的八条目中有"正心""诚意"。朱熹说"诚其意者,自修之首也",因为道德修养是"自修",是"为己"之学,所以其首先就要真诚。如果不真诚,那就是欺骗自己了。《大学》说"毋自欺也,如恶恶臭,如好好色",即不要自己欺骗自己,也就是要真诚。这种真诚就像是"恶恶臭""好好色"一样,当人们闻到恶臭的气味,就必然有厌恶的感觉,当人们看到好的颜色,就必然有喜好的感觉,这种喜好、厌恶是内心真实的感觉,是不能欺骗自己的。儒家常用"如恶恶臭""如好好色"来比喻在道德修养中对于善、恶的喜好、厌恶,乃至好善而恶恶成为自己内心真实的情感,这是不能欺骗自己的,从而真情实意地去做为善去恶的工夫,在道德修养上"实用其力"。如果恒常地保持这样的真实情感,就会在内心产生一种自足的愉悦,这也就是"自慊",相当于孟子说的"反身而诚,乐莫大焉"。朱熹说:"独者,人所不知而己所独知之地也。……然其实与不实,盖有他人所不及知而己独知之者,故必谨之于此以审其几焉。""谨"是谨慎,"审其几"是反省自察内心的微小意识活动,这也就是要"慎其独"。

《大学》中还有一段话:

> 小人闲居为不善,无所不至。见君子而后厌然,掩其不善而著其善。人之视己,如见其肺肝然,则何益矣!此谓诚于中,形于外,故君子必慎其独也。

朱熹《大学章句》说:

> 闲居,独处也。厌然,消沮闭藏之貌。此言小人阴为不善,而阳欲掩之,则是非不知善之当为与恶之当去也,

但不能实用其力以至此耳。然欲掩其恶而卒不可掩,欲诈为善而卒不可诈,则亦何益之有哉!此君子所以重以为戒,而必谨其独也。

这段话是讲"小人闲居为不善"。"闲居"就是个人独处的时候。小人"闲居"时可能什么坏事都做得出来,但是他在见到君子时也会"厌然",感到不好意思,掩饰自己做的坏事,而表露自己做的好事。这说明小人并不是不知道应该做好事而不应做坏事,他只是"不能实用其力",没有真诚地做道德修养的工夫。实际上,别人看你,就像看到你的肝肺一样,掩饰是没有用处的。因此,道德修养要"诚于中,形于外",也就是要内心真诚,从而表现于外,所以"君子必慎其独也"。

儒家重视道德,而道德必须是自觉、自律的,这就首先要有道德的真诚。道德修养是为了提升自己的道德人格,而不是做给别人看的,这就是"为己"之学。道德修养要"诚于中,形于外",做到内外一致,知行合一。当处于隐蔽之处,做细微之事,"人所不知而己所独知"时,尤其要诚敬、谨慎,省察自己的意识和行为,涵养自己的心性,恪守道德的规范。《中庸》和《大学》都强调要"慎其独",这也就是儒家在道德修养上的"存养省察之要"。

孔子说:"古之学者为己,今之学者为人。"朱熹《论语集注》引程子曰:"为己,欲得之于己也。为人,欲见知于人也。""为己"是自己切身地认识到道德修养是为自己而做的,提升自己的道德人格是自己愿意做、应该做的。而"为人"是把道德修养看作为了他人,为了表现于人而做的,这也就流于道德的虚伪。朱熹说:"圣贤论学者用心得失之际,其说多矣,然未有如此言之切而要者。于此明辨而日省之,则庶乎其不昧于所从矣。"这是圣贤论学在"用心得失之际"最切要之处,只有把道德修养视为"为己"之学,是自己愿意做、应该做的,才有道德的真诚,才能在"人所不知而己所独知"之时"慎其独"。

我在20世纪80年代参加"中国文化讲习班"的学习,听梁漱溟先生讲过课。他后来给中国文化书院题词,写的是:"孔门之学乃为己之学,而己又是仁以为己任的己。"这句话的意义很深刻。"为己之学"就是真诚地修养自身,提升自己的道德人格,这也就是孔子说的"修己以敬"。因为儒家所推崇的是一种道德的人格、道德的境界,所以在这种人格、境界中又内在地包含着对他人的爱心,对社会责任的担当意识。因此,儒家在道德修养上"为己",而"己"的人格又是"仁以为己任"的"己",是在"修己以敬"的基础上追求"修己以安人",乃至"修己以安百姓",这就是"内圣"与"外王"的统一。

3."喜怒哀乐之未发谓之中,发而皆中节谓之和。中也者,天下之大本也;和也者,天下之达道也。致中和,天地位焉,万物育焉。"

这一节有三句话,我们分为三部分解读。第一部分是"喜怒哀乐之未发谓之中,发而皆中节谓之和"。朱熹《章句》说:

> 喜怒哀乐,情也。其未发,则性也。无所偏倚,故谓之中。发皆中节,情之正也。无所乖戾,故谓之和。

"情"就是人的情感,"喜怒哀乐"是人的四种情感。人的情感是丰富的,中国古代有时候也讲五情或六情,甚至七情,如《礼记·礼运》篇就讲"喜怒哀惧爱恶欲"七情。朱熹说:"其未发,则性也。"人的情感都是与外界事物相感应而发出来的,当情感"未发"时,也就是作为情感之基础的,就是"性"。朱熹有"心统性情"之说,心包括了性和情,性是心之体,情是心之用,性与情就是体和用的关系。《中庸》说"喜怒哀乐之未发谓之中",这个"未发"就是指"性","谓之中"可以理解为"性"具有"中"的属性。朱熹说"无所偏倚,故谓之中","中"是不偏不倚,无过无不及,恰到好处。《中庸》说"性"具有"中"的属性,这也可见《中庸》所讲的"性"是指人之性善。

《中庸》说"发而皆中节谓之和",这是讲"已发",也就是讲"情"了。"中节"就是符合节度,"和"是和谐,情感符合节度也就是情感的和谐了。朱熹说:"发皆中节,情之正也。无所乖戾,故谓之和。"人的情感有正与不正,符合节度的就是正。"乖戾"是冲突,如果情感不符合节度,就会有情感的冲突;而和谐就是符合节度,没有冲突。

中国文化重视情感,重视节度,各种因素符合节度,得其平衡而没有冲突,就是和谐。《春秋左传》中记载,春秋时期就有"民有好恶喜怒哀乐,生于六气"之说。这是讲的六种情感,认为这六种情感都能适度,人就可以保持健康;否则,"淫则昏乱,民失其性","淫"就是过度,如果某种情感极度地发泄,就不符合人的本性,人的身体就会生病,这在中医上被称为"气淫致病"。

我认为,中国文化重视节度、和谐,与中国古代重视农业生产、重视天气的变化有密切的关系。农业生产必须遵循季节变化的规律,春生、夏长、秋收、冬藏,按照四季或二十四节气的变化来安排生产和生活,这也是"中节"。季节或节气就是天气变化的"度",符合这个变化的规律就是"适度"。农业生产都需要风调雨顺,这是天气的和谐。如果发生了干旱雨涝,"一极备凶,一极无凶",这就是"淫"而不和谐了。所以,无过无不及,能够适度、适中是最好的。

中国文化所崇尚的"中",不是僵化地固定在一个地方,而是动态地适应不同的条件和环境,随时随地做出适度的协调。我觉得有点儿像骑自行车,你骑车的时候,不会把车把固定在一个方向,而是随着车的运行做出各种适度的协调,这样才不致车倒向一边。这种适度的协调就是"中",因此"中"又和权衡相联系。

能够"中"也就能够和谐,所以有"中和"或"中正和谐"的表述。与和谐相对的是"乖戾",即冲突,如朱熹所说"无所乖戾,故谓之和"。和谐是中国文化的理想状态,张岱年先生在20世纪40年代曾提出一个命题,即"人生之道在于充生以达理,胜乖以达和"。"充生"是充实我们的生命力,"达理"是达到生活的合理性;"胜乖"是克服我们生活中的矛盾冲突,"达和"就是达到和谐的理想状态。

这一节的第二部分是:"中也者,天下之大本也;和也者,天下之达道也。"朱熹《章句》说:

> 大本者，天命之性，天下之理皆由此出，道之体也。达道者，循性之谓，天下古今之所共由，道之用也。此言性情之德，以明道不可离之意。

"天下之大本"就是天下事物的根本，它是指"天命之性"。因为"性"具有"中"的属性，所以可说"中"就是"天下之大本"，这是"道之体"。和谐是"达道"，而"达道"就是天下事物所"共由"的普遍规律，这是"道之用"。因为这句话是接着前面的"未发"和"已发"说的，所以朱熹说"此言性情之德，以明道不可离之意"。"性情之德"就是指"性情"所具有的"中""和"的属性。

崇尚"中""和"是中国文化的核心价值，不仅先秦儒家这样讲，秦以后的儒家也要这样讲，这可以说是儒家文化的"常道"。比如，汉代的大儒董仲舒在《春秋繁露》中就说："中者，天地之所终始也，而和者，天地之所生成也。夫德莫大于和，而道莫正于中。……天地之道，虽有不和者，必归之于和，而所为有功；虽有不中者，必止之于中，而所为不失。"宋代的理学家张载也在《正蒙》中首讲"太和"，而"太和"就是作为世界本原的最高的和谐状态。张载说："有象斯有对，对必反其为；有反斯有仇，仇必和而解。"这与董仲舒说的"天地之道，虽有不和者，必归之于和"意思相近。

这一节的第三部分，也就是这一章的最后一句："致中和，天地位焉，万物育焉。"朱熹《章句》说：

> 致,推而极之也。位者,安其所也。育者,遂其生也。

"致"是推致,在这里是推致之极。"致中和",就是推致"中和"的理想状态。在这种理想状态中,"天地位焉,万物育焉"。这实际上是讲天地秩序的本然状态,用张载的话说就是"太和"。而"太和"一词又是出自《易传》的"保合太和"。朱熹说"位者,安其所也",天地能够"安其所"就是天地有一个正常的秩序,在此正常的秩序中,万物化育,各遂其生。《中庸》说:"万物并育而不相害,道并行而不相悖。"这也是指天地万物"致中和"的本然和理想的状态。

在儒家的思想中,"天地位焉,万物育焉",这是一个和谐的、生机盎然的世界。《易传》说,"生生之谓易","天地之大德曰生","天地感而万物化生","天地絪缊,万物化醇;男女构精,万物化生",天地如同父母一样产生了人与万物。因为人有道德意识、精神活动,所以"天地之生,人为贵","人者,天地之心也"。这在《尚书》中的表述就是:"惟天地,万物父母;惟人,万物之灵。"《易传》说:"乾,天也,故称乎父。坤,地也,故称乎母。"这在后来张载的《西铭》中就是"乾称父,坤称母",因为人与万物都是天地所生,所以"民吾同胞,物吾与也",即天下所有的人都是我的同胞兄弟,所有的物都是我的邻居朋友。孟子说:"亲亲而仁民,仁民而爱物。"张载的"民胞物与"说是与孟子的思想相同的。

后来朱熹作《西铭解》,并在《答陆子美》中答复对《西铭》的责难说:

> 人之一身固是父母所生,然父母之所以为父母者即是乾坤。若以父母而言,则一物各一父母;若以乾坤而言,则万物同一父母矣。……古之君子惟其见得道理真实如此,所以亲亲而仁民,仁民而爱物,推其所为,以至于能以天下为一家,中国为一人,而非意之也。

所谓"非意之也",就是说"民胞物与"的境界不是臆想出来的,而是以天地为人与万物共同的父母,有这样一个世界观作为理论根据的。

朱熹在《中庸章句》中又说:

> 盖天地万物本吾一体。吾之心正,则天地之心亦正矣;吾之气顺,则天地之气亦顺矣。故其效验至于如此。此学问之极功、圣人之能事,初非有待于外,而修道之教亦在其中矣。

这是从"天人合一"的视角讲天地万物与人是"一体"的。人心与天道相通,人身之气与天地之气也是本乎一气。所以,道德修养达到"吾之心正,则天地之心亦正矣;吾之气顺,则天地之气亦顺矣"。朱熹认为,这是"学问之极功、圣人之能事",崇高的道德境界与天理合而为一。

最后,我们对这一章做一个总结。朱熹说,这一章是"子思述所传之意以立言"。"所传之意"就是传达了孔子的思想。"首明道之本原出于天而不可易,其实体备于己而不可离",即第一节讲天、性、道、教的本体论;"次言存养省察之要",即第二节讲道德修养的工夫论;"终言圣神功化之极",即第三节将性情的"中和"与天地万物的"中和"合而言之,二者"实亦非有两事也"。朱熹说:"盖欲学者于此反求诸身而自得之,以去夫外诱之私,而充其本然之善。"由此强调了这一章的宗旨是要使学者"反求诸身",充养人之性情的"本然之善",在道德修养上实下功夫。杨时说这一章是《中庸》全书的"体要",我们可由此来体会这一章的重要性。

君子中庸

——《中庸》第二至九章解读

王中江 解读

我们生活在一个关系的世界里,关系的世界具有多重性,是非常复杂的。我们在人类社会里是相依存的群体,是相互帮助与合作的关系。如何去建立一种好的关系,好的秩序,好的合作?我们所面临的关系具有多重性,概括来讲,主要有四重关系。第一重关系就是广义的人和自然的关系。这种关系在中国古代文化传统里面,我们称之为天人关系,大家很熟悉。第二重关系是人和社会的关系。这一层关系是强调我们每一个人作为个体,与作为整体的社会之间有何关系。第三重关系是人与人之间的关系。可以说,在交往的社会里面,在实际的生活里面,人与人之间构成了一层丰富多彩的关系。这层关系里面可能有亲情,有友情,等等,我们统称为人与人的关系。在这三重关系之外,还有一种关系,就是人的自我的身心关系。身心平衡与和谐是衡量我们人生快乐和幸福程度的一个非常重要的标准和尺度。如何处理好自我的身心关系,在伦理学、哲学甚至是宗教学里面,都是一个非常重要的问题。

要处理好以上这些关系,我们需要各种各样的方法。首先,我们需要理性和智慧,这样我们才能知道怎么做才是合理的、恰当的,才是最有效的。同时,我们需要秩序,需要规范,需要约束,这一部分是伦理和道德提供给我们的,宗教也提供了这方面的一些资源和价值,这一部分往往是人类自己发明的一种内在的约束。与此相对,还有外在的约束,就是客观性约束。比如说法律、社会条例等,这是我们要遵守的。道德、宗教的约束是人类自我的调节,属于一种柔性的规制,一种自律精神。这两种约束都需要"中庸"的智慧,"中庸"的美德就是提供了一种内在约束的方法,也是提供了一种理性的方法。所以我认为,它既是一种美德,也是一种智慧。

《中庸》本来是《礼记》中的一篇,宋代的时候被单独分了出来,成为"四书"之一。为什么把它分出来?主要是因为它的重要性。它的重要性在哪里?其中一个核心的问题就是它所蕴含的"中庸"这种观念的美德与价值。

今天我们按照下面的方法来讨论《中庸》:第一,按章讨论。从第二章到第九章,共有八章,但每一章的篇幅都比较小,我们把其中内容相近的几章合并起来讲。第二,我们会对文字上的一些历史知识做一点简单介绍和说明。第三,说明这一章的大意。最后,我们会阐发这一章的义理,并做一个引申和运用的说明。这就是我们今天讨论《中庸》所采取的方法。

第二章

仲尼曰:"君子中庸,小人反中庸。君子之中庸也,君子而时中;小人之[反]中庸也,小人而无忌惮也。"

这一章文字上没有疑难偏僻字,涉及的人物是我们的圣人孔子。孔子名丘,字仲尼。"君子"这个概念,现在我们日常生活中还在用,但用得不那么多了。在古代,"君子"可以指统治者、贵族,尤其在早期社会里面,比如西周时期,"君子"不是一个普通的敬称,它是与社会地位联系在一起的,是有贵族身份的男子的统称。后来,"君子"一词从对贵族男子的统称演变为对有道德之人的敬称。就像"天下为公"中"公"的概念,也经历了一个演变的过程。"公"在现代语境下有公正、公平、公共的意思。其实一开始,"公"是跟人的身份联系在一起的,有身份、有社会地位的人被称为"公",他们拥有治理公众生活的权力。所以"公"既代表一种身份地位,又是一种行为表现。后来它演化成一种理念,即公共、公有、天下为公。中国文化里面有一种观念——天下是天下人的天下,我们称之为"公天下"。

"中"的概念,大家很熟悉了,它的基本意思就是中间、中正。"庸"就是常,当然后面还会有其他具体的解释。"小人",我们现在所说的"小人"一般是指道德比较低下的人,或者是缺乏道德的人。"小人"本来是指没有社会地位的人,就是没有在社会的公共管理机构中担任职务的人,但后来这种意思越来越弱了,实际上变成像"君子"一样,跟道德联系在一起,成为缺乏道德、不择手段之人的代称。"小人"还有一种用法,就是表示自谦,表示对别人的尊重。我们有时候会自称"鄙人",说"小人"则是非常客气、非常谦虚的一种谦辞用法,并非贬义。后面的"而",不是连词,也不是副词,它是能的意思。"时中",意思是使我们的行为尽量能时时刻刻和中庸的原则相符合。

"小人之[反]中庸也"的"反"字,原文实际上是脱落的。前面说"君子中庸,小人反中庸",下面是承上的,所以应该是"小人之反中庸也,小人而无忌惮也"。"忌惮"是个常用词,就是顾忌和畏惧的意思。

这一章的大意是:仲尼说,有美德的人,他们的言行都能符合中庸的准则;没有美德的人,他们的言行都违背中庸之道。有美德的人之所以能够合乎中庸,是因为他随时都按中庸的准则去做;没有美德的人之所以违背中庸,是因为他肆无忌惮,不按中庸的准则去做。

这个道理看起来并不难,我们接下来具体讨论一下它的义理。这里面第一个问题涉及"仲尼曰",《论语》里面基本上都用"子曰"。《论语》当然不是孔子直接写的,而是孔子的弟子们编撰的。

"子"是一种敬称,孔子的弟子尊敬孔子,所以在引用孔子的话时就称"子曰"。称"子曰"是一个很重要的信息,只有跟孔子关系非常近的弟子才称"子曰"。"仲尼曰"也差不多，应该是跟孔子关系很近的弟子在引用孔子的话。在先秦的文本里面，我们也可以看到"孔子曰"的用法，相比于"子曰""仲尼曰"，引用者与孔子的关系看起来就显得相对远一些。这个用法实际上是有讲究的。

"仲尼曰"，就是后面所引的话是孔子说的。这个问题看起来很小，其实涉及的问题非常重要。以《论语》为例，凡是称"子曰"的话，大家一般都会认为那是孔子讲的，是孔子留下的话。除了《论语》，孔子还在《礼记》《家语》《易传》等很多经典文献中留下了大量的语录。这就引出一个问题，如此多孔子的话，"子曰""仲尼曰""孔子曰"，都是孔子讲的吗？清代以来，学术界做了一项工作——编《孔子集语》，就是把孔子和他弟子交流过程中留下的语言全部汇编起来。现在这项工作还在进行。孔子虽然没有留下一部自己成体系的著作，但他有弟子数千人，卓越的弟子有七十多位，他在随时随地的教育中、在跟学生的交流中留下了大量的语录，这些语录是研究孔子重要的文献。如果说这些语录全出自孔子，这个观点有点冒险；但要区分，也很复杂，很难找到行之有效的标准和论证方法。

我们认为在一些重要的文献里面，比如《论语》《礼记》《易传》里面的"子曰""孔子曰"，是孔子留下的话语的可能性更高，应该是孔子的真实语录，能代表孔子的思想。《孔子家语》这本书因为过去被认为是一部伪书，不是孔子作的，所以一直有争议，大家也不轻易接受那里面的话是孔子的话。这个问题很复杂,我们只能说到这里。《中庸》里面的"孔子曰",我们认为记述的是孔子的思想,所以,讨论《中庸》的思想,我们也可以说是讨论孔子的思想,讨论孔子对中庸美德和中庸智慧的看法。这是要给大家说明的。

在第二章里有两个关键点:第一,"中庸"是一种美德,一种道德,或者说是一种伦理,孔子是这样看的;第二,这里面有一个非常重要的区分,就是君子与小人的区分。这种君子与小人的区分在儒家早期的传统里面非常普遍,从孔子到孔子的后学、弟子,再到孟子、荀子,他们基本上都有这样的思想。

儒家传统强调一种人格的修养、道德的修养,努力提高自己,使自己成为一个有美德的人。但在实际社会生活里面我们的天资总是参差不齐的,努力程度不一样,所以我们的人格高低也不同。整体上在儒家看来,人是自由的,人是伦理自由、道德自由的主体,人能够自己尊重自己。但到现在还有很多人批评儒家,说儒家不强调人的个性,甚或是压抑人的个性。

儒家确实强调人的自律,强调理,但同时又特别强调我们人格发展中人格的主体性。孔子讲过,"我欲仁,斯仁至矣"(《论语·述而》),如果我用意志、坚定的信念去追求仁爱的价值,我就一定能够做到。"人能弘道"(《论语·卫灵公》),人是可以去弘扬道德的。这些话都是在强调人的主体性,强调道德行为是人自己能够做到的,是人的自主选择,不是外界强加的，所以儒家认为意志是自由的。

《中庸》里面讲的君子与小人的区分，不是说人天生的谁就是君子，谁就是小人。儒家没有这样的人生而不平等的概念。特别是孟子的性善论，并不认为生来就有一部分人性善、一部分人性恶。汉代以后产生了一种人生下来就分三种的思想：第一种，天生就是圣人，或者说是天然善；第二种，生下来是可善可不善的，这种人在社会生活中要努力让自己走向善，避免不善；第三种，生下来就是恶的，没有道德能力。但是，"性相近也，习相远也"（《论语·阳货》），在儒家的大传统里面，人都具有相近的本性，只因为后天的修养不同，才产生了差别。在儒家看来，人生来都是平等的，都有共同的道德能力。所以君子、小人都是后天的结果，不是先天的产物。

与君子、小人之分相类似的还有智力与能力的高低之分。虽然孔子也认为人生下来智力与能力就有高低之分，有"生而知之者"，有"学而知之者"，但这个说法也是相对的。每个人的天赋是不一样的，有的人可能在数学上有天赋，有的人可能在文学上有天赋，也有的人可能在艺术上特别有天赋，各有各的天赋，各有各的特性，都可以去发展自己。我们不能只用一个标准去衡量。以某一种能力为标准去衡量，拥有其他能力的人都成了没有能力的人，这其实是错误的。我们每个人都拥有自己的天赋，关键是要运用好自己独特的那部分，发展出属于自己的能力。所以儒家说君子和小人都是后天的，就是指我们的道德都是后天养成的，是可以改变的，不是一成不变的。

一时缺少美德,我们可以通过努力改变,但是,如果你本来拥有美德,却不好好坚持,就有可能失去美德。小人可以变君子,君子也可以变小人,君子与小人的区分是流动的,并且完全取决于我们自己,而不是外在强加的。

这一章的重点是中庸之道。我们现在看看历史上对"中庸"的一些注解。

东汉经学大师郑玄在对《礼记·中庸》的注释中说:

名曰《中庸》者,以其记中和之为用也。庸,用也。

魏晋时期重要的文学家何晏在《论语集解》里面注释"中庸之为德":

庸,常也,中和可常行之德也。

我们可以看出来,郑玄也好,何晏也好,他们都把"中"解释为中和。问题是"中和"和"中庸"的含义完全一样吗?应该说还是有差异的。那么,"庸"的意思究竟是常还是用呢?郑玄解释成用,指可以非常好地发挥作用。何晏认为"庸"就是常,常是法度、常道。

以上是中古时期的注释。到宋代,朱熹指出:

中庸者,不偏不倚,无过不及,而平常之理,乃天命所当然,精微之极致也。

朱熹在《中庸章句》里面引了程颐对"中庸"的解释,这个解释也很简明:

> 不偏之谓中,不易之谓庸。中者,天下之正道;庸者,天下之定理。

程颐将"庸"解释为"不易","不易"就是常,是常道,是不会随时随地发生变化的。综上来看,程颐和朱熹的解释是接近的。程颐将"中"解释为"不偏",朱熹则说"中"是"不偏不倚"。"偏"的意思是偏向、偏见,就是没有掌握"无过不及"的分寸。"倚"的意思是不正。

总体上来说,按照古代的注释,中庸就是一种中道。中道,用现代的话说就是适度、恰当的道理。"中庸"讲求不偏不倚,不偏不倚的道理、美德、智慧,这是常理,也是普遍的。

我们再从文字学上看看"中"的意思。在日常使用中,"中"的第一个意思是指一个范围的内部,第二个意思是与四周的距离相等的中心。"中"的本义是内,内外之分的内。比如说人心内外,心灵为内在,我们称之为内;表现为外在,我们称之为外。内和外是相对的。这种内外之分在空间上表现出来,就是中间的概念。"中"的概念涉及空间关系,进一步讲,它也涉及美学。美学中经常涉及对称,是指物体两边相对于中间是对应的,这是美学和艺术上的尺度。从"中间"进一步引申出来的含义是一个事物的主要部分和主导性因素,这就已经从中间的具体的概念、方位上升为一种抽象的概念。

因此,"中庸"背后涉及的是尺度的概念。尺度是可以衡量、计算的,从这里就可以引申出任何事物都是有尺度,可衡量的。其中,很好的一个衡量标准就是中间。从"中间"可以衍生出"中正"。如果符合中间的"中",那就是合理的、正当的,否则就是不合理、不正当的。最后可以抽象出一个重要的原则,那就是适度。适度,通俗来讲,就是恰到好处。所以我们说,中庸是适度,它是把具体的中间的"中"转化为衡量和判断人对待周围事物是否合理、是否恰当的一种抽象的尺度和原则。

我们说事物都有度,既然有度,那就有过度、不合乎度。众所周知,中国的饮食文化丰富多彩,非常发达,基本上全国各地都有自己独特的美味。要想做出美味的食物,就要弄清配料,掌握火候。刚开始做菜时很难做好,要么就是炒得过了,要么就是炒得生了,很难掌握火候,所以要经常练习,不能只是每天看菜谱纸上谈兵。我们有美食家,美食家要鉴定厨师做的是不是真正的美食,那就提升到境界的层面了。技能有高低,境界也有高低。这里面最重要的一个方法和原则,就是掌握和处理好各种各样的关系。

战国后期楚国文学家宋玉在《登徒子好色赋》中提出一种审美标准,认为"东家之子"长得特别美,恰到好处,不能增一分,也不能减一分。化妆也一样,要讲究适度,恰到好处。这个是中正,与标准相联系。我们下面讲中和。

中和的概念,实际上是人的各种情感之间的关系。我们人有各种各样的情感,儒家的礼乐最重要的功能就是调节我们的情感。礼是让我们的行为有秩序的；音乐是让我们欣赏美，达到内心和谐的。前者强调差异性，后者强调和谐性，二者都很重要。

中和就是通过礼、乐让我们的身心达到一种最好的和谐的状态。如果我们太教条化，太过考虑礼，那我们的情感表现就可能完全是生硬的，就不和谐，所以我们需要音乐来调节我们的情感。中和最终要实现的是既有秩序，又有和谐与美的状态。

《中庸》第一章说，"发而皆中节，谓之和"。中和，我们可以将它从情感上的和谐引申到所有的事物关系里面所达到的一种最好的状态。在中国文化里面有一个古老的概念叫和而不同。从西周末期强调"和"，到齐国的晏婴讲"和"，其实"和"是一种很高的智慧。晏婴讲的"和"是什么呢？他举了个例子说，我们要烹制一碗美味的粥，需注重选材、搭配，掌握火候等，最后这个粥做出来就会非常美味。用这里的概念概括就是，这个粥达到了和的境界。我们还有个说法叫和羹，就是说粥达到了和的境界，非常美味。在人际关系上，如君臣关系方面可以用和表示和谐。家庭关系方面，我们追求和，家和万事兴。如果家庭里面有矛盾冲突，不仅会影响我们的心情，也会影响我们的工作。社会交往中我们也追求和谐，如果人与人之间有矛盾冲突，不仅会造成痛苦，也会带来不安全因素。所以，这个"和"是指在事物的多样性之间产生的一种和谐、圆融的关系，这种关系没有摩擦，没有矛盾，没有冲突，其乐融融，和谐美满。所以

"和"是一个社会的目标,也是人们生活的目标,它的含义是非常广泛的。

从这种意义上讲,"中和"强调的是多样性的统一与和谐,实现了一种最高的价值,达到了一种最高的境界;而"中庸"实际上是从一个最基本的层面入手,往"中和"方向去发展。"中"在这里面就是一种感情上的不偏不倚,任何表现出来的情感都和合乎"度"。朱熹解释说,"应物之处,无少差谬,而无适不然",就是各方面都非常适合。

儒家注重礼,孔子的弟子有子有一句名言,叫"礼之用,和为贵"(《论语·学而》),礼要想发挥它最好的功用,就一定要崇尚"和"。

礼之"和"是什么?首先,是真诚。礼必须是发自内心的,如果只是表面功夫,就是对人不尊重。譬如市场竞争机制下的服务行业,有好的服务,才能收到好的回报。现在我们提倡微笑服务,服务员都很温和亲切了。可是有人又问,这个笑是真笑还是假笑?这个问题就复杂了。你怎么判断他是真笑还是假笑?现在农村办丧礼,有时为了营造一种气氛,去请专门的哭丧队,那种本质上就是一种表演。礼要求内在和外在的统一。如果不是发自内心,不是真诚的,只是做表面文章,儒家首先是反对的。其次,礼表现于外的时候一定也是恰到好处的。内和外须达到内在的和谐与统一。没有内,只有外,只有表面的东西,把仪式做得非常铺张、奢侈、豪华,儒家是反对的。现在有人批判儒家的礼太烦琐,太烦琐是因为它的条目分得非常多、非常细,譬如祭祀等活动的礼节,就非常复杂。

其实这里儒家强调的还是内与外的统一。礼要有一种适当的形式和表现，但是如果没有诚，没有内在性，儒家认为宁可不要这种礼，或者说宁可不要形式。所以孔子说礼必须适，不能简。我们做得细致、周到，人家才能感觉到我们的礼敬。总而言之，儒家更强调礼的真实性、内在性。内在的东西当然还有它的外在表现形式，所以强调"礼之用，和为贵"。"和为贵"首先是内外统一、内外协调，这就是中庸。关于言行的适度，我们可能不太好把握，这就需要我们逐步用理性和经验去补充。

《论语·里仁》里面讲："君子之于天下也，无适也，无莫也，义之与比。"这里的"適"有不同的解释。有的把"適"释为"敌"，但是我觉得这个"適"不是敌对的意思。还有一种远近亲疏说，认为"適"在这里是亲近的意思。那么这句话的意思就是：你对天下人不要太亲近，也不要太远。这样一来，好像就是不近不远最好。人与人之间太亲近就变成没有界限；太远则让人敬而远之，就好像陌生人一样。这种解释好像有点道理。但是这个地方我更愿意把"適"解释成可，"莫"就是不可。这句话的意思应该是：没有固定的可，也没有固定的不可。也就是说，有些事情需要我们在具体的环境里面做具体的分析，然后选择一种最好的处理方式。当然，最后还要合乎"义"这个标准。

中庸是一种尺度，这种尺度便是适度。我们在古希腊非常伟大的哲学家亚里士多德的思想里也能看到类似的智慧和美德。大家学习西方文化，即便不学习西方哲学，大概也会知道柏拉图、亚里士多德,那是西方文明的源头,也是西方哲学的源头、西方智慧的源头。

亚里士多德说:"在适当的时间和机会,对于适当的人和对象,持适当的态度去处理,才是中道,亦即最好的中道。"有时候我们做了最恰当的事,却没有说最恰当的话,那就是"不及",也不符合中道。在西方,发挥中庸智慧的最重要的哲学家就是亚里士多德。在他的伦理学里面,理想的价值和智慧就是中庸之道。在谈到休闲和娱乐的时候,亚里士多德认为这里面也有智慧,也有美德。他说:"消闲和娱乐是一种交往,这里显然存在着过度、中道和不及。把玩笑开得太过分就变成为戏弄,而一点玩笑也不开的人实属呆板。对那些玩笑开得有分寸的人,这种中间品质称为圆通或机智。它所以为机智,因为有触景生情、见机行事的本领。……它所以为圆通,因为不论说什么、听什么都合乎分寸,都中人意。"(亚里士多德《尼各马科伦理学》)我们在娱乐、休闲的时候,其实也不是随随便便的。我们可以放松,但只要是在人群里面,我们就应该坚持运用中庸的美德和智慧。开玩笑要有分寸,赞美人也要有分寸。因为赞美过度了就成了拍马屁,开玩笑过度了就容易伤人,有时候还会出事故。所以,这里面是有技巧的。

以上是对第二章的解读。接下来我们将第三、四、五章合在一起讨论。

第三章

子曰:"中庸其至矣乎!民鲜能久矣!"

第四章

子曰:"道之不行也,我知之矣,知者过之,愚者不及也。道之不明也,我知之矣,贤者过之,不肖者不及也。人莫不饮食也,鲜能知味也。"

第五章

子曰:"道其不行矣夫!"

这三章都是强调,中庸作为一种美德,作为一种智慧,要实现是非常难的,特别是要做到适度。适度也可以说是一种出神入化的境界,和我们生硬地去做实有天壤之别。

我们首先看第三章的文本。《论语·雍也》里有一段类似的话:"子曰:'中庸之为德也,其至矣乎!民鲜久矣。'"这段话的意思与《中庸》相同,文字上稍有差异。

现在看,"中庸之为德"应该是孔子的标准的话。孔子明显把中庸看成一种美德,而不止是一种方法和智慧。子,是古代对男子的一种尊称。先秦时期有百家之子学,譬如孔子、孟子、墨子、荀子等,后面那个"子"都是尊称。我们现在不称"子"了,改称"家",都是对学识渊博、造诣深厚之人的尊称。

"其",是一个副词,大概的意思。它是一个整体性判断,而不是边缘性的。"至",就是极,是最高的程度,最好。"鲜",就是少。

"民鲜能久矣"在《论语》中作"民鲜久矣",少了一个"能"字。这个"鲜能久",看似简单,但有两种解释。一种是说大家很少能做到中庸,这种情况已经持续很久了;另一种是说大家很少能长久坚持按照中庸的原则去做。看似都有道理,但哪一种更好呢?我更倾向于第二种。孔子曾表扬颜渊:"回也,其心三月不违仁,其余则日月至焉而已矣。"(《论语·雍也》)坚持仁的原则而不违背,哪怕是孔子最得意的弟子颜渊,坚持三个月也很了不起了。这说明坚持仁的原则非常不容易。以此为佐证来理解"鲜能久",则很少能长久坚持的解释更为合理。

有些事情是很好的事情,但是坚持下来不容易,坚持下来是一种美德。在任何领域里面取得成就,都需要一种美德——恒。有志者有恒心,无志者则容易半途而废。我们要成就任何一个方面,哪怕自己的一个业余爱好,要达到一定境界,都需要坚持。自然界也是如此。材质好的树木大都是树龄非常久的;普通的树当然也有它的作用,但是普通的树大多是生长周期短的树。所以,有品质的事物大多是经过了时间的考验慢慢积累发展起来的。"美成在久",但坚持下来不容易，由此就产生了差别。有的人坚持，有的人不坚持。不坚持的人，再聪明也可能达不到美；有的人可能没那么聪明，但是他坚持了，就可能有所成。所以在这里的"鲜能久"，我们更倾向于强调坚持的重要性，而不是说这种情况已经很久了。

第四章第二个"知"和"智"在先秦是通假的。"过"是超过，过度。"不及"，没有达到。第五章的"其"，是大概的意思。"矣夫"，表感叹。

"知者过之，愚者不及"也有两种解释。第一种是朱熹的解释：聪明的人做过了头，愚蠢的人达不到。第二种解释是，聪明的人认为不值得做，愚蠢的人不知道如何做。哪一种更符合这个文本的本意？有学者专门写文章讨论过这个问题［见李畅然《〈中庸〉一处知行反常识对调与后世的知先行后论》，《儒家典籍与思想研究》（第十辑）］。他说，"道之不明"中的"不明"应是"不行"，而"道之不行"中的"不行"应该是"不明"，因为明和不明涉及的是知者和愚者，行和不行涉及的是贤者和不肖者。这种说法看起来有道理。这样文本就成了"道之不明也，我知之矣，知者过之，愚者不及也。道之不行也，我知之矣，贤者过之，不肖者不及也"。这个文本上的问题就大了。如果这样改，你怎么去证实呢？逻辑上虽然讲得通，但现在我们还不敢这样断定，只是提出这个问题。

我们疏通一下这三章的大意：

第三章，孔子说：中庸大概是最高的美德吧！大家很少能够坚持按照中庸的标准去做。

第四章，孔子说：中庸之道不能通行，我知道其中的原因,聪明的人做过了头,愚蠢的人往往做得不够。中庸之道不能显明于社会,我知道其中的原因,贤能的人做得过分,不肖者达不到。人们每天都在吃喝,却很少有人能够真正品尝滋味。

第五章,孔子说:中庸之道大概是不能实行了啊!

在义理上,这三章强调了四个方面:第一,孔子把中庸看成美德,而且是一种很高的美德,比其他美德要高。当然,通常来说,儒家的美德是五常——仁、义、礼、智、信。《中庸》后面讲的诚,也是美德。诚和信是联系在一起的,是相互补充的。

第二,要做到中庸非常不容易,所以我们很难坚持。或者说,我们很少坚持去做,所以我们做不到中庸。因为坚持去做,可能就更容易做到中庸。这里面有智慧,更重要的是经验,而经验是练就的,不是纸上谈兵得来的。我们学游泳,可以在岸上把方法背得很熟,但是一下水可能就全忘了,这就需要反复练习。所有的技能都是靠反复练习,最后才能达到协调、完美的境界。这种出神入化的境界我们甚至可能是在无意识状态下达到的,我们根本就不知道自己明确在做,但就是做得非常好。这种境界是所有人都想追求的,且"美成在久",只能靠坚持不懈地练习。所以孔子说中庸不容易做到,就是说坚持下来不容易。

第三,中庸之道为什么不能通行和传播,孔子分析原因,做出了智者和愚者以及贤者和不肖者的区分。智者和愚者这对概念强调的是我们在理性能力、知识能力上的差异。贤和不肖这对概念更多强调的是我们在道德能力上的差异。这种区分和我们刚才讲的儒家对君子和小人的区分相类似。

第四,过犹不及。过度和没有达到适度两者是一样的。

刚才我们从正面讨论了什么是中庸,接下来我们讨论中庸的两种反面情况——过与不及。我们先看《论语》里面记载的一个故事。孔子得意的弟子子贡问孔子,师与商这两个人谁更有贤能?这里的师就是子张,商是子夏。孔子回答说,"师也过,商也不及"。子贡又问,"然则师愈与?"那么师这个人是不是更好一些呢?孔子说,"过犹不及"。过跟不及是一样的,过了也是不好。"过犹不及",是说在孔子看来,他们两个人在言行上都没有达到中庸的标准,一个人是过,一个人是不及。

要是按照《中庸》第四章的说法,智者是过之,愚者是不及的话,那子张是智者,子夏是愚者?好像也不能这样对比,因为他们可能都是君子,都是贤人,只是他们在对事物的把握上还没有达到恰到好处的程度。人在精神上、性情上也是有各种各样的过和不及之处的。

亚里士多德在哲学里面讲了大量的我们人在性情上的"过犹不及"。比如说,有急性子的人,有慢性子的人,当然,急性子有急性子的好处,慢性子有慢性子的好处,但当急性子和慢性子在一起的时候,急的一定要慢下来,慢的一定要快起来,这样两个人才能和谐相处。如果急的更急,慢的更慢了,那这两个人一定不能好好合作。这就是两极,急的是过,慢的是不及。性格上也是如此,有的人胆大,胆大包天;有的人胆小,胆小如鼠。这样也不好,胆子太大了容易闯祸出事,胆子太小了什么事也做不了。我们要的是适度,既不要太胆大,也不要太胆小。

孟子讲孔子"不为已甚者"(《孟子·离娄下》),孔子从来不做过激的事情。那孔子的境界当然很高了。《论语·子路》里面说:"不得中行而与之,必也狂狷乎!""中行"就是行中庸之道。你如果做不到中行,就一定是往两极发展,出现狂、狷两种情况。"狂者进取,狷者有所不为也",狂和狷就是过和不及。

朱熹解释说,"狂者,志极高而行不掩",就是你不去好好冷静,深思熟虑,提升自己的才能,一味拔高自己的志向,那志向就容易落空。"狷者,知未及而守有余",就是总是守成,总是不敢前进一步。狂者志大才巨,雄心勃勃,进取心非常勇猛。这种人容易冒险,容易失误。狷者太谨小慎微,不敢有所作为,前怕虎后怕狼,连树叶落下来也害怕会砸中自己的头。这种人最终肯定是一事无成。这是两个极端。我们既要避免狂,又要避免狷,以求恰到好处。

过和不及的关系,除了表现为狂和狷,还表现为文和质的关系,也就是文才和质朴的关系。这里面也有一个中庸,有一个恰到好处的位分。如果做不到恰到好处,就会"质胜文则野,文胜质则史"。如果你纯粹强调质朴和纯朴,就会缺少文采,看上去美感不够;如果你主要强调文采华丽,纯朴性就没了。所以,"文质彬彬,然后君子"(《论语·雍也》)。文和质都恰到好处,相互协调,才是一种最好的搭配。

除了上面《论语》里面的这些人物和概念可以佐证过和不及，我们还可以从《老子》里面看这个道理。老子与孔子之间有交往，道家与儒家也有类似的智慧。比如老子说："是以圣人去甚，去奢，去泰。"有境界的人应该去掉甚、奢、泰，因为这些都是过的。在老子看来，过是最可怕的，比不及还可怕，因为它带来的破坏性更强。在战争上，老子强调"以道佐人主者，不以兵强天下"，不要把杀人看成是最高目标；"善有果而已，不敢以取强"，打胜了也不要去报复，因为战争本来就是一个无奈的、不得已的选择，对双方来说都是这样。当然，不排除有一部分人好战，但是有智慧的将军和司令，肯定不会以屠杀为嗜好。老子就是这种思想。

老子讲"物壮则老，是谓不道，不道早已"。过于强盛，就容易衰败，这是过度。老子讲"甚爱必大费，多藏必厚亡"，这也是过度。当你对一种东西贪恋到沉溺的时候，你所付出的消耗也是巨大的。另外，老子讲"祸莫大于不知足"，贪婪也是祸。我们肯定我们拥有的，获取我们应得的，但不要去垄断和发展那些非应得的，否则就是过度。

所以《中庸》的"过犹不及"一定是假定了两个极端。中庸是最好的，过是一极，不及是另外一极。极端都是不符合中庸的。那么，这两极之间的中，当然是以两端的过和不及为参照去衡量的。

这种过犹不及的智慧在古希腊哲学中同样有充分的表现。古希腊哲学家德谟克里特意识到，两个极端都不是有益的选择："从一个极端到另一个极端的动摇不定的灵魂，是既不稳定,又不愉快的。"并且"当人过度时,最适意的东西也变成了最不适意的东西"。就像烧菜一样,再好的菜烧过了就坏了,味道就变了,吃起来就会不舒服。所以希腊有句名言叫"凡事不要过度"。

亚里士多德说,行为共有三种倾向,其中两种是过恶,即过度和不及;另一种德行就是遵守中道。三者互相反对,其中两过恶是两极端,它们彼此相反,同时又都和中道、适度的倾向相反。

一般来说,在二元对立的价值结构中,好坏、善恶、美丑等这些截然相反的两极,我们当然是追求好、善、美一极。虽然它们有程度上的"比较级",如比较好、比较坏是处在好坏之间,但它们不是相对于两极的"中间",而是在好、坏相应的序列里面。在二元对立结构中,其中的一元是最好的,越朝向这一元则越接近于理想,却与实际生活相距越远。但在三元对立结构中,"中间"则是最好的状态,越接近"中间"则越理想。中西"适度"思想,正是不约而同地建立在三元对立结构中的。

第六章和第八章我们合在一起讲。

第六章

子曰:"舜其大知也与! 舜好问而好察迩言,隐恶而扬善,执其两端,用其中于民,其斯以为舜乎!"

第八章

子曰:"回之为人也,择乎中庸,得一善,则拳拳服膺而弗失之矣。"

我们首先看这两章的文字问题。舜,姚姓,有虞氏,名重华,继承尧成为部落首领。尧把两个女儿都嫁给了舜。舜继承帝位是非常不容易的,尧选拔他的过程非常复杂,试用期就有二十几年,现在的人肯定接受不了,试用期太长了,太难了。舜的特点是大智、大孝,是儒家推崇的圣人。"大知",即大智,"知"通"智"。"好",喜欢,善于。"问",学问。"察",辨别。"迩",近,浅近;"迩言",身边人的言论。"隐恶",就是不去刻意揭露别人的好处,宽以待人。"执",把握。

颜回,字子渊,鲁国人,小孔子三十岁,是孔子最得意的弟子,以德行著称。"拳拳",就是奉持。"服",服从,顺从。"膺",胸,内心。

第六章的大意是,孔子说:舜可真是具有大智慧的人啊!他喜欢向人问问题,又善于分析别人浅近话语里的含义,隐藏人家的坏处,宣扬人家的好处,过与不及两端的意见他都掌握,然后采纳适中的用于老百姓。这就是舜之所以为舜的地方吧!

第八章的大意是,孔子说:颜回就是这样一个人,他选择了中庸之道,得到了它的好处,就牢牢地把它放在心上,让自己再也不失去它。

第六章在义理上有三点值得注意:

第一，强调舜是善于听取意见和了解情况的。作为一个君主和首领，有这种美德是最重要的。君主治理国家，不是靠自己有多少判断，而是要想办法让大臣充分发挥作用。所以，多听大臣们的意见和看法，充分尊重他们的意见，这才是最根本的。同时要善于观察身边人的言论。人是很复杂的，善于判断辨别人的能力也很重要。

第二，不揭人之短。就是别人说的这个建议不好，你也不要揪住不放。因为每个人看事物的角度不同，只要都是善意的、忠诚的，那就让大家畅所欲言，即便讲得不符合自己的心意，甚至不对，也要容忍和包容。否则，谁还敢讲话呢？没人敢讲话，那就成了一言堂。在圣人的智慧里面，一定要避免一言堂，开放群言堂。

第三，能"执其两端"。就是判别可能发生的过错——过和不及，然后选择一个恰当的理性的方式，做出决策。

以上是舜的优点。舜最大的美德是孝。虽然家庭里面所有人都对舜不好，迫害舜，但是舜始终对父母尽孝，将家庭关系处理得很好。这是有大德的中庸之道。

这里我们要特别强调一下颜渊的美德。颜渊虽然生活清贫，但能坚持自己的选择。孔子曾称赞他"一箪食，一瓢饮，在陋巷，人不堪其忧，回也不改其乐"（《论语·雍也》）。我们举一个当代的例子。北大有一个著名的校友张益唐，是数学系的高材生，在美国的大学里面就职。因为缺少科研成果，张益唐多少年一直是一个讲师，评不上副教授，但是他一直坚持，克服别人对他那种不信任，或者歧视。他坚持了几十年，最后提出来一个伟大的发现,一下子把全世界的数学界震惊了。有时候我们确实要追求长远目标,但如果目标太长远了,我们实在坚持不了,那这就成问题了。可如果太急功近利,过于考虑眼前利益,也很难取得根本性的突破。颜回坚守精神的境界,虽然清贫,但是他能坚持,这一份境界就非常高。

儒家经典里有很多讲述颜渊德行的故事。《荀子·子道》里就记载了一个孔子和颜渊以及另外两名弟子子路、子贡的故事。孔子问三个弟子,什么叫智,什么叫仁。三个弟子的回答不一样。子路第一个回答说:"知者使人知己,仁者使人爱己。"智者能让别人了解自己的抱负与理想,仁者能跟人很好地处理关系,受到别人的爱戴。孔子评价子路"可谓士矣",你的回答还不错,达到士的标准了。

然后子贡回答:"知者知人,仁者爱人。"智者善于了解别人,了解别人就能尊重别人;仁者则能爱戴别人。子贡的回答正好将子路的回答颠倒过来了。在孔子看来,这个答案更好,他评价子贡"可谓士君子矣",既达到了士的标准,又达到了君子的标准。

第三种答案是颜回提供的:"知者自知,仁者自爱。"智者是最能了解自己的人,仁者是最能爱自己的人。仁者爱人变成了仁者爱自己,这不是不合常情吗?结合孔子说过的另一句话,我们就理解了。孔子说,"古之学者为己,今之学者为人"。好的传统的学习目标都是为己的,不好的学习目标则是为人的。我们可以这样理解,真正爱自己的人一定也是爱别人的人。儒家讲孝,孝是对父母好。可是怎样才是对父母好?给父母提供物质上的保障是一种孝,给父母带来荣誉也是一种孝。在儒家看来,不爱惜自己的生命,好勇斗狠,伤害自己就是不孝。为什么呢?原因很简单,父母赋予我们生命,不让父母担忧,让父母放心,让父母快乐,那就是孝。你伤害自己,虽然不是直接给父母造成伤害,但你因此让父母担心、寝食难安,实际上就是不孝。可见问题最终还是关乎己身。所以孔子评价颜渊"可谓明君子矣",达到了君子的标准,非常好。

《韩诗外传》中,孔子的这三个弟子对于如何侍人又有不同的回答。子路说:"人善我,我亦善之;人不善我,我不善之。"别人对我好,我也对别人好;别人对我不好,我也对他不好。这是一种因果关系,是对等的概念,看起来好像是平等的。子贡说:"人善我,我亦善之;人不善我,我则引之进退而已耳。"你对我好,我也对你好,这是平等的;你对我不好,我也不去报复,只是引导或者避开你。这又是一种选择。颜回说:"人善我,我亦善之;人不善我,我亦善之。"你对我好,我也对你好;你对我不好,我仍然要对你好。这个比较难做到。

三人所持各异,看法不一样。那孔子怎么看呢?孔子回答说:"由之所持,蛮貊之言也。赐之所持,朋友之言也。回之所持,亲属之言也。"就是子路的看法是野蛮人的看法。这当然是否定子路的话了。子贡的话是朋友之间说的话,也是很好了,但是孔子说,颜回的话是亲人之言。亲人之间的感情是深厚的,这显然是夸奖颜回。类似的故事非常多。

当我们向两端发展,达到端点的时候就只能往反方向走,这就叫物极必反。这种情况好不好呢?好的可能也有。譬如说我们有从善如流,有浪子回头金不换的说法,都有物极必反的成分在里面。但是也有的已经到了不可救药的地步,你想反也没有机会了。所以又有一种说法叫作恶大不及改,就是作恶到一定程度的时候你想改都改不了。为什么想改改不了?因为没有机会了。这个没有机会是说,你可能要为这个恶付出代价。所以《庄子·养生主》里面讲"为善无近名,为恶无近刑"。人非圣贤,孰能无错?做一点小坏事还是可以改的,但不要犯大错,错犯大了,恐怕想改也没机会了。譬如有这么一个故事,东野毕有一次驾车从台下经过,鲁定公大声称好,但颜回说你的马可能留不住了。后来果然如颜回所说,这些马逃跑了。鲁定公就问颜回怎么知道马会逃跑这件事的。颜回说,这个驾车的人不会用马,他把马的力气全用尽了,不善待马,所以最后关键的时候马就全逃窜了。这里颜渊就运用了一种理性判断。

《尚书》里面有一个词叫"皇极",这个"皇极"就是"大极","极"又称为"中","大极"即"大中"。"大中"是中国文化的一种古老的理念和理想,它要求保持一个非常好的分寸,要适度。《洪范》里面讲:"无偏无陂,遵王之义……无偏无党,王道荡荡。"强调中正,强调公正,就是不要两极。"大中之体",就是说归德之中,天下归一。譬如说,国家要发展,当然要有税收。可是收多少、怎么收是合适的?如果税收太高,就会国富民贫;如果税收太低,那么国家的重点建设可能没有资金,就会引发一系列问题。所以说要"允执其中"。

第七章、第九章,我们合在一起讲。

第七章

子曰:"人皆曰予知,驱而纳诸罟擭陷阱之中,而莫之知辟也。人皆曰予知,择乎中庸而不能期月守也。"

第九章

子曰:"天下国家可均也,爵禄可辞也,白刃可蹈也,中庸不可能也。"

"予",我,此处指自己。"知",通"智",聪明。"纳",进入、落入。"诸",之于。"罟",古时用来捉鸟、捕鱼的网。"擭",古时用于捕兽的笼子。"陷阱",捕兽时挖的暗坑,然后掩盖住。"辟",通"避",避开。"均",均平,指治理。"爵",爵位。古代贵族分等级,有五等爵位:公、侯、伯、子、男。"禄",俸禄。"辞",推辞、辞让。"蹈",踏上、踩上。

第七章的大意是,孔子说:人人都说自己聪明,走到罗网陷阱中去却不知避开。人人都说自己聪明,选择了中庸之道却连一个月时间也不能坚持。

第九章的大意是,孔子说:天下国家可以治理,官爵俸禄可以放弃,雪白的刀刃可以践踏而过,中庸却不容易做到。

一般来说,容易的事情能做到,难的事情才做不到。可是在孔子看来,一些很难的事情大家都能做到,比如治理国家、放弃爵位厚禄,甚至从容赴死都可以,中庸却做不到。

我们的行动一定要有一种理性选择,选择可能的,抛开不可能的。当然,可能与不可能也是变化的。有一些东西我们过去认为不可能,现在成为可能了,比如说上天入地,过去不可能,现在都能做到。这是一个时代的变化。但是我们有些事情确实有极限。比如说,我们每个人的能力有极限,超越了我们的极限,这叫不可能。有的人说就是要挑战不可能;孔子说这个不可能看似不可能,实际上经过努力仍然是可能的,这就需要正确的评估。可是实际上,有时候我们认为它是好的,但是我们不按照它去做,我们选择了别的,很大程度上,这是一种意志薄弱的表现。所以,我们要好好选择取舍,理性判断,将知和行统一起来。

以上就是我们对《中庸》部分章节的讨论。下面我们简单说一下中庸义理的运用。

第一,中庸的义理可以运用在人与自然的关系上。我们现在已经认识到自然环境的重要性,要避免过度开发,让人和自然之间保持一种良性的循环,这既是对自然的尊重,也是对人类发展的长远利益的一种维护。《论语·述而》里面讲,"子钓而不纲,弋不射宿",只钓鱼而不撒网,射鸟的时候也不要射巢里的鸟。《孟子·梁惠王上》里面讲"数罟不入洿池",太密的网不要到大池里去捕捞小鱼。这都是讲求中庸的良性循环。

第二,中庸的义理体现在政治经济上,要求我们一定要保持一种合理的分配。当然,我们首先要把蛋糕做大。但是蛋糕做大了,一定会带来怎么分的问题。这就需要一种中庸、适度的方法，不能让少数人垄断利益，而让大部分人过着清贫生活，或者利益得不到保障。在发展得较好的社会里，最富和最穷的人都是非常少的，占大多数的应该是我们称之为"中产阶层"的那部分人，这时候社会最稳定，摩擦会比较少。如果大部分人都比较贫穷，利益得不到保证，矛盾就会凸显，社会就容易动荡。所以，在社会利益分配上要有互惠，要有妥协，这也是一种中庸。

　　中庸是一种美德，也是一种智慧，学习这种美德和智慧，我们要理性地认识它、把握它，更要在社会生活中不断实践它、磨合它。人的一生，不管是工作、学习，还是生活，都有各种关系要处理，而中庸则是处理这些关系的好方法。

中庸的艺术

——《中庸》第十至十二章解读

梁涛 解读

之前已经有四位学者对《中庸》做了解读,介绍了《中庸》的成书、思想主题,以及《中庸》的前几章。这一讲由我来讲《中庸》第十、十一、十二章,只有三章,字数不多。但在解读这三章之前,我想讲一下我对《中庸》的理解。西方人有一种说法,一百个读者就会有一百个哈姆雷特,对于《中庸》也是如此,虽然可能没有这么夸张,但是不同的学者对于《中庸》的理解可能是不一样的。我没有听前面四位教授的解读,但是我想在有一些问题上我们的看法可能会不完全一样,这个也很正常。《中庸》是"四书"中的一篇,但也是最有难度、比较难以理解的一篇,所以我在讲"四书"的时候,一般是把《中庸》放在最后。我一般先从《大学》讲起,然后讲《论语》,讲《孟子》,最后才讲《中庸》。但是,这不等于说《中庸》不重要,相反,《中庸》非常重要,《中庸》对于理解中国文化尤其是儒家文化非常重要。我可以这样说,你读懂了《中庸》,才有可能理解儒家文化，甚至是中国文化；如果说没有读懂《中庸》，那么对儒家文化，你的理解还是有欠缺的。《中庸》这么重要，但理解起来并不容易。对于《中庸》，我下过一点功夫，十几年前，我写过一篇文章叫《郭店竹简与〈中庸〉公案》，在这篇文章中谈了我的一些看法。

《中庸》虽然是一篇，但实际上包含了两个主题：一个是诚，或者说是诚明；一个是中庸。请大家记住这点。所以不要以为《中庸》的篇名是"中庸"，它的内容就只是谈中庸，不是如此。这是我的第一个看法。第二个看法，我当时有一个猜测，《中庸》以前本来可能是两篇，后来被人们合在了一起，成了目前的一篇。十几年前写那篇文章的时候，这个想法特别强烈，因为我阅读《中庸》的时候，总是产生这种联想。《中庸》的第一章说道："天命之谓性，率性之谓道，修道之谓教。"这就是所谓的《中庸》"三句教"，是《中庸》最核心的内容。但是第二章说，"君子中庸，小人反中庸"。读到这里，你们有什么感觉？这两章的内在联系是什么？天所命的性与中庸是什么关系？如果你对《中庸》文本熟悉的话，就可以注意到，作者在第一章提出"天命之谓性"三句教之后，并没有立刻对其进行解读，而是到了第二十章，才对这三句话反复进行解读。所以我有一个看法，就是读完第一章之后，可以越过后面十几章，接着读第二十章以下，这样理解起来反而更容易。比如，何谓"天命之谓性"？并不清楚，作者在第一章中也没有解释；但在第二十章说，"诚者，天之道也；诚之者，人之道也"，这样我们才明白，原来在作者眼里，天有道德属性，是真诚无私的。天抚育万物，养育万物，当然是真诚的。天既然是真诚的，它赋予我们的性自然也是真诚的。"天命之谓性"要这样来理解。既然天赋予我们的性是真诚的，那么"诚之者，人之道也"，我们要效法天道，把内在的诚表现出来，这就是"率性之谓教"。那么"修道之谓教"呢？第二十一章说了，"自明诚谓之教"，我通过明觉事物也就是认识事物来发明内在的诚，这就是教。所以到了第二十章以下，作者反复在解说第一章的内容。这是我当年读《中庸》时的感受，不知道为什么，总是感到《中庸》的内容是不连贯的，可能是由两个独立的部分组成。

到了1998年，郭店竹简公布了，里面包含了部分子思的遗籍。子思的很多作品在历史上遗失了，但是在郭店竹简中又被重新发现。我注意到子思的作品其实可以分成两类：一类是记言体，就是子曰的形式，与《论语》差不多；一类是议论体，是首尾连贯的议论文，类似于《荀子》的文体。我们来看《中庸》，就会发现，第一章"天命之谓性，率性之谓道，修道之谓教"以及第二十章以下属于议论体。从第二章开始，"仲尼曰：君子中庸，小人反中庸"，一直到第十九章，都是"子曰"的形式。这样我就有了一点信心，写了上面所说的那篇文章，提出《中庸》可能原来是独立的两篇，后被人合成了一篇。当然，文体只是一个方面，更重要的是思想内容。所以我反复强调，要把讨论"中庸"与"诚明"的内容分开，这样理解起来反而更容易。

我写《郭店竹简与〈中庸〉公案》一文时，一开始还是有些犹豫的:我的感觉是否准确呢？是不是联想过度了呢？于是我去查了一下,发现历史上竟然有学者提出过与我类似的看法。比如,宋代学者王柏就在《古中庸跋》里说,"愚滞之见,常觉其文势时有断续,语脉时有交互,思而不敢言也,疑而不敢问也",意思是,我在读《中庸》的时候,感到文脉时断时续,思路也不连贯,于是心里有所怀疑,但又不敢提出来。后来王柏看到《汉书·艺文志》中有"《中庸说》二篇",认为自己终于找到了根据。我们知道,《艺文志》是东汉编的一部书籍目录,其来源是刘向、刘歆父子编订的《别录》《七略》。既然《艺文志》记载有《中庸说》二篇,那么《中庸》原来可能就是两篇,后来被人合在了一起。不过《中庸说》两篇,能否证明我们今天看到的《中庸》本来也是两篇,还是有些疑问的。因为《中庸说》可能是对《中庸》的一个解读,是解释性的文字;解释的文字有两篇,并不能就此推论《中庸》本来也是两篇。但是王柏的说法来自他的感受,比如他认为《中庸》语脉时有断续,思路也不连贯,所以他的看法还是受到后人的关注。比如说冯友兰、新儒家的代表人物徐复观、日本著名汉学家武内义雄,还有今天的一些年轻学者,比如我的朋友郭沂,都持与王柏类似的看法。

在这种情况下,我写了上面提到的文章,针对《中庸》的成书提出了自己的看法。由于我利用了郭店竹简新的材料,所以较之前人是一个推进。我写这篇文章可能是在2000年,现在十几年过去了,我的看法有没有改变呢？有改变。为什么有改变？因为2008年我出版了《郭店竹简与思孟学派》一书,讨论《中庸》的那篇文章作为一章也收入其中。美国夏威夷大学的成中英教授看到我的书后很快与我联系,他说他整体上是同意我的观点的,但有两个问题,一个就是关于《中庸》的:你既然说《中庸》本来是两篇,那么为什么被人合成一篇?合成一篇合理不合理?有没有根据?如果原来是两篇,一旦被合成一篇,文本的意义就发生改变了,读者可以作为一个整体去解读,历史上人们就是这样来理解的。对于这些问题,你是需要做出说明的。我觉得成中英教授的说法是有道理的。2000年写那篇文章的时候,我是从"分"的眼光去读《中庸》,是从发生学的角度去考察《中庸》材料的来源,至于两篇文章为什么被合在一起,合在一起又有什么意义,我思考得不够。所以我还欠一篇文章,需要从"合"的角度重新解读《中庸》。既然它已经是一个完整的文本了,就要对这个完整的文本做出解读。这样的解读,对于我们理解《中庸》同样非常重要,甚至可以说,是理解《中庸》的一把钥匙。

下面谈《中庸》的主题。《中庸》文字较长,它的主题是什么?我认为可以用文中的三句话来概括:"尊德性而道问学,致广大而尽精微,极高明而道中庸。"如果用一句话,我认为是最后一句,"极高明而道中庸"。理解了这句话,也就理解了《中庸》。那么,什么是"极高明而道中庸"呢?"高明",在《中庸》文本中,应该指的是"诚明",指我们精神所达到的一种高超的境界。按《中庸》的说法,天赋予了我们的性,天是真诚的,它生生不息,抚育万物。那么我们人也应该效法天道，把我们的诚明之性扩展出去，使其得到充分的实现。这样我们在尽己之性的同时，也在尽人之性；在尽人之性的同时，也在尽物之性。最后，参赞万物之化育，与天地参。

为什么尽己之性的同时也尽人之性呢？例如，我是一个老师，我在成为一个好老师的同时，也帮助我的学生实现他们的性，使他们成为合格的学生。我是一个父亲，我成为一个好父亲的同时，也使我的孩子实现他的性，成为一个对社会有益的人。我是一个领导，我在成为一个好领导的同时，是不是也使我的下属、员工实现他们的价值，成就他们的人生呢？在儒家这里，人与人是相互关联的，是联系在一起的，不是彼此分离、孤立的存在。所以我们在成就自我的同时，也在成就他人。更重要的是，我们在相互成就的同时，也在成就外部世界，成就外物。例如，我们邹城有一座护驾山，是块风水宝地，风景十分优美。这是老天的赏赐，来自大自然的伟力。但是在不久的将来，一个漂亮的孟子研究院将会拔地而起，整个护驾山也会重新绿化。到那时我们再来护驾山，情况就完全不一样了，护驾山不仅会成为传统文化的传播基地，还会为邹城增加一个旅游景点，吸引游客驻足参观，流连忘返。为什么？因为我们的人力参与进去了，我们在赞天地之化育。万物本来就是在生长变化的，但是我们人力参与进去，可以使这个世界变得更加美好。这样我们就可以与天地参，与天地并列为三。所以人是很伟大的，是可以和天地并列的。"极高明"所表达的就是一个人经过不断的"尽己之性""尽人之性""尽物之性",最后所达到的"与天地参"的境界。这个境界高明不高明?当然高明!是极高明的境界。但是《中庸》的作者强调,虽然极高明,但也不能离开中庸,所以说"极高明而道中庸"。"道"是动词,行的意思;"道中庸"就是实践中庸。

那么,什么是中庸呢?从儒学史上看,学者对于中庸的看法是不尽相同的,甚至存在较大分歧,包括一些大学者。我的理解,中庸就是中和庸。中是中道,不偏不倚,恰到好处。庸是常道,庸有常的意思,既指平常,又指恒常。所以,中庸是指既符合中道又符合常道,是指要在平常之中去求中,得中则可以恒常、长久。我再强调一下,中庸是在平常中去求中,一旦得中则可以长久。所以,中庸就是中道和常道。我举个例子,两个年轻人相爱、热恋了,结婚组成了家庭,彼此是不是要寻找中呢?两个不同环境下成长起来的人,突然生活在一起,当然需要彼此磨合,寻找那个中。如果找到了中,日子就能过下去;如果找不到的话,恐怕会出问题,甚至会闹离婚。今天为什么离婚率这么高?就是大家不读《中庸》,不懂得去找这个中了嘛!但是中要在哪里去找呢?当然是在一日三餐、柴米油盐,在平常的生活中去找了。我从来没有听说过两口子是为了国家的大政方针、联合国的重大决议闹离婚的,都是为了日常琐事,比如生活习惯不一样,我爱吃咸,你爱吃甜,等等,就是这些事。所以,中庸就是中道和常道,是在平常生活中去寻找中,做到恰如其分。如果找到了中,就可以长久;找不到中的话,不仅不能长久,还可能会出问题。这就是中庸。

中庸非常重要,体现了儒家文化重视实践理性、重视人伦日用的一面。但是,儒家的精神是"极高明而道中庸",所以又要求人们不能满足于日常生活,不能仅仅停留于凡俗的人生,而是要有更高的精神追求,要"与天地参"。所以,年轻人谈恋爱,找到伴侣,只懂得柴米油盐,会过日子,还是不满意。为什么?不懂得诗与远方,不够浪漫,没有精神的共鸣和追求。但是,只懂得诗和远方,非常浪漫,却不会过日子,不懂得柴米油盐也不行。那么,理想状态是什么?是既要"极高明",又要"道中庸";既懂得诗与远方,又懂得柴米油盐。这就是《中庸》的精神,是中国文化的核心内容。所以对中国人来说,既追求精神的超越,又不否定现实的人生,在现实生活中实现精神的超越,这就是"极高明而道中庸"。一般的宗教,像佛教、基督教,往往对现实人生是否定的,认为人生空幻,执着为苦,或认为人因原罪而失乐园,不得已来到尘世,只有跳出轮回或回到彼岸的世界才能得到解脱或救赎。儒家文化不是这样,它是"极高明而道中庸",既追求精神的超越,追求诗与远方,又不否定凡俗的人生,不否定人伦日用。美国有一位学者芬格莱特,写过一本书叫《孔子:即凡而圣》,字数不多,只是一个小册子,但很有影响。我觉得他把孔子思想的核心或者说儒家文化的核心抓住了。芬格莱特认为,孔子是从凡俗之中去追求神圣,其神圣又不离开凡俗的人生,所以说是即凡而圣。这与我们对《中庸》的理解也是一致的。

为了说明《中庸》的"极高明而道中庸",我引几位前辈学者的观点。首先引徐复观先生的看法：

> 所谓"庸"者,乃指"平常的行为"而言。所谓平常的行为,是指随时随地,为每一人所应实践,所能实现的行为。……表明了孔子乃是在人人可以实践、应当实践的行为生活中,来显示人之所以为人的"人道";这是孔子之教,与一切宗教乃至形而上学,断然分途的大关键。（徐复观《中国人性论史·先秦篇》）

所以君子之道也就是中庸之道,"夫妇之愚,可以与知焉",最蠢笨的男女也是可以懂得、明白的。为什么？因为它是生活的常道。但是"及其至也,虽圣人亦有所不能焉",要做到极致,做到完美,即使圣人也难以做到。的确,谁敢说自己的行为都恰到好处、无过不及呢？连孔子这样的圣人也感叹"君子之道四,丘未能一焉",认为自己处理父子、君臣、兄弟、朋友关系,都没有做到完美。这不是孔子的自谦,而是每个人都要经历的人生过程;只有到了七十岁时,夫子才坦陈做到了"从心所欲不逾矩"。"好学不厌"的夫子尚且如此,更何况一般的凡夫俗众呢？表面上看每个人都在生活,但对人生的体味却是不同的。"人莫不饮食也,鲜能知味也。"每个人都要吃饭,但不一定懂得美食的滋味。每一个人都在生活,但不一定懂得生活的意义。差别就在于,你善不善于反思、总结,懂不懂得发现、寻找"中",能否做到中庸。所以在孔子那里,中庸是很高的德,"中庸之为德也,其至矣乎,民鲜久矣"（《论语·雍也》)。但是今天,中庸被负面化了,我们丢失中庸的智慧很久了,"民鲜久矣"。今天大家把中庸当作没有原则、和稀泥、墙头草随风倒的概念。如果我说某人中庸,他会不高兴,为什么?因为大家把中庸当作负面的概念。可是孔子所处的时代不是这样的,所以徐复观先生把中庸之道称为"孔子之教",认为是儒学与一切宗教乃至形而上学断然分途的大关键。

再引李泽厚先生的看法:

> 它(中庸)着重在平常的生活实践中建立起人间正道和不朽理则,此"人道",亦"天道"。虽平常,却乃"道"之所在。(李泽厚《论语今读》)

中庸之道是凡俗、平常的,但又极高明,与天道是相通的,是"极高明而道中庸"。它不仅是凡俗的,同时也是超越的,是神圣的,是儒家文化甚至中国文化的根本特点。所以当年朱熹把《中庸》从《礼记》中抽出来,与《大学》《论语》《孟子》合为"四书",是有其考虑的,就在于《中庸》对中国文化的基本精神做了高度的概括,就是"极高明而道中庸"。

下面我来谈一下《中庸》的作者问题。我认为《中庸》应该就是子思所作,因为汉代的司马迁还有其他学者,都说子思作《中庸》。司马迁既然这样讲,当然是有根据的。但是后来学者提出怀疑,认为《中庸》未必是子思所作。到了近代,一些学者认为《中庸》的成书时间很晚,要到秦汉之际。

大家去看民国以来的哲学史著作,大都是将《中庸》放在秦汉之际来处理的。学者这样做,当然是有原因的,就是第二十八章有一段话,"子曰:愚而好自用,贱而好自专,生乎今之世,反古之道。如此者,灾及其身者也",又说"今天下车同轨,书同文",很像是秦统一后的语言,所以《中庸》成书只能是秦统一之后了。但是如我所主张的,将《中庸》看作是由两个部分构成的话,就会发现,这段话恰恰是在第二十章以后,而二十章以后都是议论体,只有这一章例外,是子曰体,这就显得非常特殊了,所以我认为这一章有可能是后人在传抄中插入的。因为古代的书和今天的书不是一个概念,印刷术出现之前的书与之后的书有很大不同。今天出一本书,印五千或一万册,所有的书都是一个样子,同一个版本。古代的书则不同,印刷术出现以前,往往是有人写了一本书,或者是弟子将某人的思想记录下来编成一本书,一开始只有一本,只有一个版本,别人看到后觉得不错,于是借来抄一本,这样一抄十、十抄百,慢慢流传开来了。所以古代的书很多是手抄本,而且是抄在竹简上、帛书上,流传起来非常不容易。在传抄过程中,文本的内容很容易发生变化,把一些原本没有的内容增加进去,把一些不符合当时人们观念的内容删掉了。这不是主观的猜测,而是有客观证据的。近些年考古发现了大量的古书,有些是有传世本的,二者一比较就会发现,虽然内容大致相同,但一些文字甚至句子是有变化的,既有增加,也有删除,甚至是抄漏、抄错了,都是可能的。所以我认为,在没有更多证据的情况下,《中庸》还应看作是子思所作,反映了子思的思想。子思是孔子的孙子,又是孟子老师的老师,他构成了从孔子到孟子之间的一个重要的环节,在思想史上的地位是很重要的。以上是我对《中庸》成书、思想主旨和作者的一个大致看法。

第十章

  子路问强。子曰:"南方之强与?北方之强与?抑而强与?宽柔以教,不报无道,南方之强也,君子居之。衽金革,死而不厌,北方之强也,而强者居之。故君子和而不流,强哉矫!中立而不倚,强哉矫!国有道,不变塞焉,强哉矫!国无道,至死不变,强哉矫!"

  我们来看《中庸》第十章。这一章非常有名,经常被人引用,但是理解起来有一定的难度,所以要做重点解读。在这一章里,子路向孔子请教如何做到强。"强"是刚强的意思。子路为什么要问强呢?这就涉及子路的性格和为人。我们知道,子路是孔子的弟子,名仲由,字子路。《史记·仲尼弟子列传》记载,"子路性鄙,好勇力,志伉直,冠雄鸡,佩豭豚"。子路性情粗暴,逞勇好强,志气刚强,平时戴着鸡冠帽,佩着公猪皮装饰的宝剑。"豭豚"是猪,这里是指用猪皮装饰的宝剑。子路一开始并没有拜孔子为师,甚至"陵暴孔子",欺辱过孔子。"孔子设礼稍诱子路",孔子用礼乐慢慢地引导他,用自己的德行、学识感染、影响他,最终使他折服。"子路后儒服委质,因门人请为弟子。"后来子路穿上儒服,带着拜师的礼物,通过孔子的弟子引见,请求拜孔子为师。所以子路对孔子的态度有一个转变的过程,他一开始是瞧不起孔子的,孔子作为一个文弱书生,既不勇也不强,有什么了不起？但有了接触后,才发现孔子是自己崇拜、敬仰的人,是自己的人生导师。通过司马迁的记载,我们知道子路是一个逞勇好强的人,喜欢与人争个高低,所以他问强就不奇怪了。这在《论语》中也有反映,子路曾经问:"君子尚勇乎？""勇"与"强"意思相近。一个君子是否要崇尚勇呢？孔子回答:"君子义以为上。"一个君子要崇尚的是道义,较之勇敢或勇气,道义更为根本。为什么呢？"君子有勇而无义为乱,小人有勇而无义为盗。"(《论语·阳货》)只讲勇气而不讲道义,即使君子也可能作乱,如果是小人就可能沦为强盗了。所以勇敢虽然好,但要看用在什么地方。如果是维护道义,勇敢当然是值得肯定的,是好的品德；但如果不讲道义的话,就变成逞强示勇了。有些年轻人一句话不合,拔刀相见,拳脚相加,这叫什么勇？这是匹夫之勇,是不值得肯定的。

　　了解了这个背景,我们再来看本章的内容。对于子路的问题,孔子反问道:"南方之强与？北方之强与？抑而强与？"你说的是哪一种刚强呢？是南方人的刚强、北方人的刚强,还是你的刚强呢？"而"是你的意思。子路是什么刚强呢？就是《史记》所说的,"好勇力,志伉直"。所以对于子路的问题,孔子并没有直接回答,而是将刚强具体化,反问他,你说的到底是哪一种刚强？显然在孔子看来,刚强的表现是不同的,所以,你想做到刚强的话,先要搞清楚,你追求的是哪种刚强。

紧接着,孔子对南方之强、北方之强以及他心目中理想的刚强做了对比和说明。南方的强者是"宽柔以教"。"教"一般理解为教导,朱熹就是这样理解的;"宽柔以教"是宽厚、柔和地教导他人,是我对他人的态度。但"教"也可以训为效,效法的意思。这样,这句就是宽厚、柔和地效法、学习,指的是我的主观态度,也讲得通。"不报无道","报"是报复的意思,你对我无道,对我不好,但是我不去报复你,甚至还以德报怨,这是"南方之强也",是南方人所理解的刚强。"君子居之"的"居",是处的意思。作为一个君子,往往会选择这样的刚强。所以南方的刚强不是表现在逞强好勇上,而是有一种忍耐力,你欺凌我了,以无道待我,但我不与你一般见识,我忍耐下来。历史上有这样的人物,像汉代的韩信,就是"南方之强"的代表。《史记·淮阴侯列传》记载:

> 淮阴屠中少年有侮信者,曰:"若虽长大,好带刀剑,中情怯耳。"众辱之曰:"信能死,刺我;不能死,出我裤下。"于是信孰视之,俯出裤下,蒲伏。一市人皆笑信,以为怯。

这就是著名的韩信忍受胯下之辱的故事。淮阴就是今天的江苏淮安,属于南方了。一次,淮阴有一个年轻的屠夫当众羞辱韩信说:"你虽然长得又高又大,喜欢带剑,其实你胆子很小!如果你不怕死,就用剑来刺我;如果不敢,就从我的裤裆下钻过去。"于是韩信仔细望了对方一下,俯下身子,趴在地上,竟然从他裤裆下钻了过去。在他人看来这是奇耻大辱,生不如死,但韩信不这样认为。羞辱我的人不过是个无赖,我为何要与他一般见识呢?韩信的所作所为表面上看是胆怯,实际却是刚强。关键在于韩信有自己的信念、目标,与羞辱他的人不在一个层次上。你有了目标,想要实现,就需要极强的耐力、定力,这同样是刚强。后来韩信封侯拜将,衣锦还乡,当年羞辱他的屠夫见了吓得瑟瑟发抖。韩信怎么对待他的呢?惩罚他了吗?没有!不仅没有,还授予其官职,让他做了中尉。这就是"不报无道"。我们想一想,如果当时韩信一怒之下杀了这名屠夫,还会有后来的韩信吗?他或许早被对方的同伙报复杀害了,也或许被官府判了死罪。所以韩信对手下的人说,"此壮士也",这是位壮士。当年他侮辱我的时候,我难道不能杀死他吗?但"杀之无名",杀掉他没有意义,因此我忍受了一时的侮辱而成就了今天的功业。所以有时候忍耐、退让不一定是懦弱、胆怯,关键看你追求的是什么?韩信追求的是封侯拜将的功业,所以就没有必要与市井地痞一般见识。他称屠夫为"壮士",并不是夸奖对方有多么了不起,而是说这位屠夫的出现,实际是对自己的考验。当年你欺辱我,其实是对我的考验和激励。你考验了我的忍耐力,所以我不报复你,还要感谢你。这也是一种刚强,是南方的刚强,君子会选择这种做法。君子较之一般人,有更多的见识和修养。

北方的刚强则不同,"衽金革,死而不厌,北方之强也"。"衽"指席子,这里用作动词,睡觉的意思。"金"指兵器,因为兵器是金属做的。古人说的金不一定是金子,也可以是铜和铁。"革",指铠甲。"衽金革"就是抱着兵器睡在铠甲之上。"死而不厌",到死也不厌倦。"北方之强也",这是北方人的刚强。"而强者居之",刚强者往往会选择这种做法。这段话表面上看不太严谨,既然是讲"强",又说"强者居之",似乎是重复了。但《中庸》的意思是,"北方之强"往往是为强而强,为追求刚强而刚强,所以是"强者居之",刚强的人往往选择这种做法。像古代的侠客、武士,司马迁在《刺客列传》中记载的人物,如豫让、荆轲等,就属于这一类的强者,是"北方之强"。

为什么"北方之强"与"南方之强"有这么大差别呢?这当然与风土人情有关了。朱熹对此有一个解释,他说:"南方风气柔弱,故以含忍之力胜人为强。"南方气候温暖湿润,影响到人的性格,比如江南小曲,柔和婉转,与"燕赵悲歌"有很大不同,像陕西秦腔、华阴老腔,不是在唱,而是在"吼"。南方"以含忍之力胜人为强",以自我克制、隐忍为刚强。我的刚强不是表现在情绪的宣泄上,而是表现在克制、隐忍上。我不跟你计较,我隐忍、退让,最后还是战胜你,所以这也是一种刚强。老子讲"反者道之动,弱者道之用",主张以柔克刚、以退为进,就属于南方之强。老子是楚国人,属于南方,北方不会出老子这样的思想的。"北方风气刚劲,故以果敢之力胜人为强"。北方的气候刚劲凛冽,影响到人的性格,因此北方人做事果敢,逞强好斗。这是从气候、风俗上分析南方之强与北方之强的差异。

但是,不论是南方之强还是北方之强,都不是孔子心目中理想的刚强。那么,孔子理想的刚强是什么呢?接着下面几句,孔子做了论述:"君子和而不流,强哉矫!""和而不流"就是"和而不同"。《论语·子路》说:"君子和而不同,小人同而不和。""和"与"同"是不一样的,关于和、同,最著名的就是晏子的说法。据《左传·昭公二十年》记载,晏婴是齐景公的大臣,齐景公有一个宠臣,叫梁丘据,是一个阿谀奉承之徒,对齐景公百般奉迎,很会拍齐景公的马屁。有一次齐景公对晏婴说,"唯据与我和",只有梁丘据做到与我和——他能顺从我的心意,事事听从我的。晏婴是怎么回答的?晏婴说:"据亦同也,焉得为和?"梁丘据的所作所为只能叫作同,不能说是和。齐景公就问:"和与同异乎?"和与同有什么不同吗?晏婴说,当然不同了。和好比是我们煮粥,要把不同的食料调和在一起,加上水,用柴火煮,添加调味品,这样才能熬出美味的粥来。君子吃后,能够"平其心",心情舒畅,浑身舒服。对君臣而言,也是同样的道理。"君所谓可而有否焉,臣献其否以成其可",国君认为正确的,但实际存在着错误,臣子就应当指出来,帮助其改正。"君所谓否而有可焉,臣献其可以去其否",国君认为是错误的,但实际上有合理的地方,臣下也应该指出,使国君了解事情的真相。这样的话,政治才会清明,百姓没有争心,这才叫作"和"。可是,梁丘据是这样做的吗?不是。"君所谓可,据亦曰可;君所谓否,据亦曰否。"齐景公说对,梁丘据也说对;齐景公说错,梁丘据也说错;可见梁丘据完全没有自己独立的主张和见解,一味地迎合、逢迎国君的主张。这就好比,只用水来煮粥,这样的粥能吃吗?只用一个音节奏曲,这样的曲子谁愿意听呢?所以,只有同而没有和是行不通的。君子崇尚"和而不同",小人喜欢"同而不和"。所以孔子认可的"强"首先是"和而不流",要有独立的见解和主张,不随波逐流、人云亦云,更不会随声附和、逢迎权贵,这样的人才是真正的强者。"强哉矫","矫"是刚强貌;"哉"是语助词,用在句中无实义。这句话翻译过来就是,这就是刚强啊!

"中立而不倚,强哉矫!""中立",传统的解释是中正独立,是将中立理解为中和立。我觉得中立也可以理解为立中,据中而立的意思,中为公正。保持公正而不偏私,这就是刚强。"国有道,不变塞焉,强哉矫!"这是讲国家治理得好的情况。"塞"的含义比较复杂,既可以指堵塞,也可以指充实、充塞;郑玄注为"实也",是取充实、充塞之义;朱熹注为"未达也",是取堵塞之义,堵塞了,就没有达到。我觉得郑玄的说法更合理,"塞"是充塞之义,"不变塞"就是不改变充塞于我内心的东西,也就是不改变我的内在德行,这就是刚强。"国无道,至死不变",国家治理混乱,我宁可献出我的生命,也不改变我的德行,这就是刚强。

总结一下,本章记录"子路问强"。针对子路的问题,孔子反问,你问的是什么样的刚强?是南方人的刚强,还是北方人的刚强?或者是你的这种刚强?显然孔子是不满意这三种刚强的，然后提出了他所理解的刚强，就是"和而不流""中立而不倚""至死不变"。这是孔子理想的刚强。它和前面所提到的南方之强、北方之强以及子路的强有什么不同呢？其实对于这个问题，可以用《论语》所记"子路问勇"做出说明。

前面提到，子路曾问君子是不是要崇尚勇？孔子说，道义更重要。如果仅有勇气，而不讲道义的话，君子也可以为乱，更不用说小人了，所以说道义比勇气更为重要。《论语》讲"仁者必有勇，勇者不必有仁"，一个真正的仁者，他可以杀身成仁，舍生取义，你说他有没有勇气？当然有了！历史上有很多这样的人物，像顾准、林昭，在那个"举世皆醉"的混乱年代里，他们为追求和坚持真理，宁可舍弃家庭幸福乃至生命，以一人之力抗拒一个时代，你说他们是不是具有勇气？当然是的，是大勇，是大仁大勇。而某些"文革"时期的"红卫兵"，他们殴打自己的老师，甚至跑到曲阜去砸孔子像，当时他们肯定也觉得自己很勇敢，认为自己很有勇气，可是这是什么勇气呢？所以说，勇有两种，一种是血气之勇，没有是非曲直；一种是道义之勇，是对真理、仁义的坚守，是大仁大勇。对于刚强也是一样，所以孔子教导子路，你询问、追求刚强，关键要弄清楚是什么样的刚强。南方之强与北方之强，虽然也有可取之处，但显然流于一偏，更重要的是，对刚强的目的缺乏自觉和思考，甚至是为刚强而刚强。真正的刚强不在于逞强好勇，而在于坚持己见，特立独行，公正而不偏私。

本章是讨论强，强与勇又有密切关系，故我们用《论语》

中子路与孔子论勇的内容帮助理解此章。其实《孟子》还有一段讨论勇的文字,同样可以帮助我们来理解《中庸》第十章。这段文字就是《孟子》著名的"知言养气"章。为了说明养气,孟子提到两位著名的勇士,一位叫北宫黝,一位叫孟施舍,他们都有一套培养勇气的方法。"北宫黝之养勇也,不肤挠,不目逃。"北宫黝怎么培养勇气呢?用针来刺我的肌肤,我不退缩;用针来刺我的眼睛,我不躲闪。大家可以试一试,如果有人用针刺你的话,你是不是要本能地躲闪一下?但是北宫黝眼睛一眨不眨,用这种方式培养自己的勇气。"思以一豪挫于人,若挞之于市朝",我受了一点委屈,就好像在大街上被人鞭打一样。所以北宫黝是不受一点欺辱的,你有一点对不住我,我一定睚眦必报。"不受于褐宽博,亦不受于万乘之君"。"褐宽博",指褐布做的宽大的衣服,穿这种衣服的是地位低下的人,这里指卑贱者。所以,北宫黝的报复心是没有选择的,不论是卑贱的人还是万乘之君,只要你敢欺负我,我一定要报复你。只报复卑贱者,不算是勇气;同样报复有地位的人,这在北宫黝看来就是勇敢了。"视刺万乘之君,若刺褐夫"。"褐夫"就是穿褐宽博的人。我杀死国君就跟杀死一个普通人一样,只要你敢欺辱我,我睚眦必报。"无严诸侯,恶声至,必反之"。"严"是畏惧的意思。对于诸侯,我也无所畏惧,你敢骂我一句,我马上反击你。这是北宫黝培养勇气的方法。

孟施舍培养勇气的方法与北宫黝有所不同,孟施舍之养勇,"视不胜犹胜也"。孟施舍培养勇气的方法很特别,他不是在每一件事上培养勇气,而是首先培养起无惧之心,这样在任何事情上都可以无所畏惧、勇往直前了。所以他"视不胜犹胜也"——我虽然打不过你,但在内心里坚信我可以战胜你。"量敌而后进,虑胜而后会,是畏三军者也。"如果我计算双方的力量对比,再决定是否要进攻,先考虑能否战胜对手,再决定要不要和对方打,这已经是畏惧对方了,气势上已经被对方压倒了。"舍岂能为必胜哉?能无惧而已矣。""舍"指孟施舍。我不一定能做到战胜对方,我所能做到的只是无所畏惧而已。这是孟施舍培养勇气的方法。孟子如何看待二人的养勇呢?孟子说,"夫二子之勇,未知其孰贤,然而孟施舍守约也"。他们二人培养勇气的方法,我不知道谁更高明一点,但是孟施舍抓住了根本。因为孟施舍首先培养无惧之心,有了无惧之心的话,在任何事情上都可以做到无所畏惧,所以说孟施舍"守约",抓住了根本。

但是孟子马上话头一转,"昔者曾子谓子襄曰:子好勇乎?吾尝闻大勇于夫子矣"。注意一下,下面孟子关于勇的论述到底是谁说的呢?按照孟子的说法,应该是曾子对子襄说的,而曾子又是听夫子也就是孔子说的。就是孔子告诉曾子,曾子告诉子襄,子襄是曾子的弟子,然后子襄又不知经过多少人的口,辗转告诉了孟子。所以,这段话的所有权应该属于孔子。但是我们一般认为,这段话既然出自孟子之口,可能是他的假托或者包含了他的想法,这涉及对"子曰"的理解问题。孟子说,他间接听到孔子对"大勇"的看法:"自反而不缩,虽褐宽博,吾不惴焉。""缩"是直的意思;"不缩"就是理亏,理不直。我想一想，如果我做得不对，真理不在我的手里，即使面对一个地位低下的人，我也不恐吓他，不仗势欺人。"自反而缩，虽千万人，吾往矣。"我想一想，如果我做的是对的，真理掌握在我的手里，即使面对千军万马，我也一往无前。孟子说："孟施舍之守气，又不如曾子之守约也。"孟施舍的守气，又不如曾子抓住了根本。为什么？孟施舍也好，北宫黝也好，他们所培养的都是血气之勇，是小勇；而曾子培养的是道义之勇，是大勇，是真正的勇，是儒家所推崇的勇。这里虽然是谈勇，但与刚强是一个道理。显然在子思看来，不论是南方之强还是北方之强，都没有上升到道义的高度，而孔子所倡导的"和而不流""中立而不倚"，因为保持了独立见解，维护了公正、正义，才是真正的强，是理想的刚强。这种刚强与南方之强、北方之强不同：一是南方之强、北方之强分别代表了刚强的两个极端，南方之强偏于柔弱，北方之强偏于刚强；而孔子讲要中立，取其中道，不要太过柔弱，也不要太刚强。二是南方之强与北方之强都是血气之强，不是发自道义的刚强。儒家真正推崇的是发自道义、发自仁义的刚强。一个人有独立的见解，不屈从于流俗，公正不偏私，不论国家治乱，都不改变自己的德行，这才是真正的刚强，是儒者所推崇的强。

第十一章

子曰："素隐行怪，后世有述焉，吾弗为之矣。君子遵道而行，半涂而废，吾弗能已矣。君子依乎中庸，遁世不见知而不悔,唯圣者能之。"

"素隐行怪,后世有述焉,吾弗为之矣。""素隐"的"素"一般解释为空,也就是挂名的、有名无实的意思。我们说孔子是素王,素王就是有其德而无其位之王,是名义上的王。"素隐"就是空隐,是没有目的、没有理由的隐居。像古代有所谓终南捷径,说的是唐代有一个书生卢藏用,因为没有考取进士,便跑到京城长安附近的终南山隐居起来,结果反而获得很大的名声,以至于朝廷要出面聘请他出来做官了。孔子讲,"邦有道,则仕;邦无道,则可卷而怀之"(《论语·卫灵公》)。你明明想出仕,也可以出仕,却故意以隐居表现清高,这就是素隐。"行怪",行为奇怪。"素隐行怪"就是用一些离奇的行为引起人们的关注,用今天的话说就是搏出位,这些人往往还成功了,"后世有述焉",得到后人的称赞。所以,任何时代都有投机钻营、希望不劳而获的人。从《中庸》的记载来看,子思的时代这样的人已经不少,古已有之,于今为烈。在今天这个网络时代,"素隐行怪"更为常见了,那些所谓的网红故意做出不合常规、离经叛道的行为,吸引眼球、增加流量,竟然也混得风生水起,"今世有述焉"。但孔子说,"吾弗为之矣",我不屑这样做,因为我信奉的是中庸之道,也就是生活的常道,相信一分耕耘一分收获,靠炒作寻找存在感,是君子所不为的。

"君子遵道而行",这个道当然指中庸之道,是一代代人奉行的生活常道。"半涂而废",生活的常道似乎不难做到,但即使是君子也不一定能坚持下来。为什么？因为你一旦选择了中庸之道，就要承受长期的孤独、寂寞，默默无闻，不被世人所理解。在这个过程中，有些人坐不住了，动摇了，不甘寂寞了，也想走捷径了，于是"半途而废"，放弃了中庸之道。所以人生就是一个历练的过程，你一旦确立了理想、抱负，一旦选择走一条生活的常道，就要有充分的心理准备。因为"素隐行怪"、投机钻营的人比比皆是，人间的不公也时有发生，如果没有持久的定力，难免会半途而废，也想要搏出位了，想去投靠、逢迎了。但是"吾弗能已矣"，"已"是停止的意思。我不会停止下来，仍要奉行中庸之道，奉行生活的常道，默默耕耘，默默付出，一点点积累，等待时运、机会的到来。即使在我有生之年机会不会到来、时运不会改变，我依然不会停止对道的追求，不会改变对道的持守。所以这里涉及对命运的态度和理解。《论语》说"不知命，无以为君子"，"知命"是成为君子的条件。《中庸》第十四章也说，"君子居易以俟命，小人行险以徼幸"。君子在平易之中等待时运、机遇的到来，尽人事以待天命；小人却会铤而走险，违法乱纪，想侥幸获取一时的利益，关键就在于他们不知命。

"君子依乎中庸，遁世不见知而不悔，唯圣者能之。""遁"，隐遁的意思；"遁世"就是隐居避世。君子依据中庸之道行为处事，结果不被人所知，不被人所理解。所以这里的"遁世"不是主动的避世，而是因为他们奉行的是中庸之道、生活的常道，没有哗众取宠之举，没有一时的轰动效应，结果不被人所关注,不被人所知晓。但是即便如此,他们也不会后悔,不会改变。做到这一点当然是很难的,"唯圣者能之",只有圣人才做得到吧。

我们注意一下,在第十一章中,出现了三个称谓:君子、圣者,还有"吾",也就是孔子自称。君子是理想人格了,但他还会动摇,会半途而废。圣人的境界则高了一个层次,比君子更为坚定,不被世人所知而依然无所悔。显然"吾"是以圣人为人生目标的,自称"吾弗能已矣",认为自己不会动摇,不会停止,当然也就是做到不被世人所知而无悔,这多少有一点以圣人自况了。从这一点判断,本章的"子曰"可能是子思的假托,而不一定是孔子的言论。这样讲,当然也是有根据的。《孔丛子·公仪》记载,鲁穆公曾经问子思,"子之书所记夫子之言,或者以谓子之辞",你的书里记载的夫子也就是孔子的话,有人认为实际是你自己讲的。孔子是子思的爷爷,所以子思可能打着孔子的旗号,开口闭口我爷爷说,以致引起人们的怀疑。那么子思是怎么回答的呢?"臣所记臣祖之言,或亲闻之者,有闻之于人者,虽非正其辞,然犹不失其意焉。"我记载的我爷爷的话,有的是我亲耳听到的,有的是我从别人那里间接听来的,虽然不一定是我爷爷的原话,但是意思也差不多。"且君之所疑者何?"国君你为什么要怀疑呢?孔子是子思的爷爷,子思当然要利用这个资源了,所以他经常打着孔子的旗号讲出一些"子曰"来。至于子思为自己所做的辩护,我们也只能参考,他说自己所讲的与孔子的意思相差不远,但毕竟已经不是实录了。

所以对于《中庸》中的"子曰"要具体分析,有些可能确实是孔子的言论,有些则出自子思的发挥了。

第十二章

君子之道费而隐。夫妇之愚,可以与知焉,及其至也,虽圣人亦有所不知焉;夫妇之不肖,可以能行焉,及其至也,虽圣人亦有所不能焉。天地之大也,人犹有所憾。故君子语大,天下莫能载焉;语小,天下莫能破焉。《诗》云:"鸢飞戾天,鱼跃于渊。"言其上下察也。君子之道,造端乎夫妇;及其至也,察乎天地。

"君子之道费而隐。""君子之道",就是中庸之道。"费",是光明、光亮的意思。"隐",是隐微。君子之道既光明又隐微,光明是说其易于理解,隐微是说其精微之处又难以把握。君子之道就是生活的常道,当然容易理解,所以说"夫妇之愚,可以与知焉",没有多少文化的愚夫愚妇都会懂得。谁不懂得生活呢?生活是什么?无非柴米油盐,人伦日用。但是,"及其至也,虽圣人亦有所不知焉",真正要做到这个极致,把握其隐微之处,圣人恐怕也不一定做得到。所以君子之道一方面是光明的,容易理解;另一方面又是隐微的,难以穷尽。对于生活的常道,我们每个人都懂得一些,但谁敢说自己穷尽了人生的意义呢?谁敢说自己在为人处世、待人接物上做到了尽善尽美呢?恐怕没有人敢这样讲,我们的行为都有可完善、可提升的地方。这就是中庸之道,一方面普通、平常,似乎谁都可以做到;另一方面又隐微、深奥,要想达到极致,即使圣人也无法做到。

"夫妇之不肖,可以能行焉,及其至也,虽圣人亦有所不能焉。"这一段与上面的意思差不多。品行不那么好的夫妇,也能遵从中庸之道,也就是生活的常道,但是要达到极致、尽善尽美,恐怕圣人也难以做到。

"天地之大也,人犹有所憾。"这句有一点突兀,不好理解。怎么突然冒出这么一句?有人说恐怕有缺文,应该加一句"况圣人乎?"这样就通了,意思就完整了。天地虽然广大,但我们依然会感到有缺憾。例如,天地会风雨失调,有干旱水涝,有各种自然灾害。所以天地虽然广大,养育了万物,也不能做到尽善尽美,更何况是圣人呢?意思是我们对圣人也不能求全责备。因为前面说了,"虽圣人亦有所不知焉",后面应该有一个呼应,圣人虽然有所不知,我们也不能求全责备,因为对于天地尚且不能求全责备,何况是圣人呢?这样就解释通了,否则会有些突兀。

"故君子语大,天下莫能载焉;语小,天下莫能破焉。""语大",是就中庸之道而言,中庸之道从大的方面说,天下没有人可以承载得起,这是文学描述,是一种修辞。这里主要还是强调,人生的道理太深奥了,也太广泛了,一代代人都在探求、探索。但是我们穷尽了吗?没有!不仅我们这一代人没有穷尽,以后也不会穷尽,人们还会一代代探索下去,探求中庸之道,生活的常道。"语小,天下莫能破焉","破"就是剖析、分析的意思。从小的方面来说,对于中庸之道,天下没有人能分析得清楚、说得清楚。这就是"君子之道费而隐",其光明的一面容易理解,却难以承载;其隐微的一面细小,却难以理解。

"《诗》云:'鸢飞戾天,鱼跃于渊。'"这是引《诗》言志。"鸢"是老鹰;"戾"是至的意思;"于",训自、从。鹰击长空,鱼从深渊中跃出。宋儒非常喜欢引这首诗,二程就说"活泼泼地",认为生机盎然,是生命的真实呈现。所以我们说到中庸的时候,不要只把它看作是一种约束、限制,似乎恪守中庸就是为了束身寡过;更重要的是内在情感、生命的流露,是内与外的统一。"言其上下察也","察"是至的意思。中庸之道上达之天,下至于地,不仅包含了人生的方方面面,还与天地具有内在的关联,具有超越的维度,人生乃至宇宙的道理都包含在里面了。

所以下面紧接着说,"君子之道,造端乎夫妇;及其至也,察乎天地"。"造"是开始的意思,"造端"就是开端。君子之道也就是中庸之道,是从夫妇之间开始的,其极致则达于天地。为什么中庸之道是从夫妇开始呢?最好的解释是《周易·序卦传》的说法:"有天地然后有万物,有万物然后有男女,有男女然后有夫妇。有夫妇然后有父子,有父子然后有君臣。"中庸之道首先是人伦之道,而人伦关系首先是从夫妇开始的。从时间上说,男女的出现当然更早,但只有男女没有人伦,还不算是文明,不算是君子之道。君子之道是从夫妇关系开始的,有了夫妇关系,才会有明确的父子关系;有了父子关系,才会有君臣关系,进而有朋友关系。人伦关系就是这样一步步发展出来的。所以夫妇关系是人伦之始,中庸之道首先体现在夫妻之间,夫妻和睦、家庭和睦是人际和谐的前提和保障。中庸之道始于夫妇的关系,但不限于夫妇,一步步推出去,天地万物都包含在内,这就是中庸之道。

道不远人
——《中庸》第十三至十六章解读

梁涛 解读

第十三章

子曰:"道不远人。人之为道而远人,不可以为道。《诗》云:'伐柯伐柯,其则不远。'执柯以伐柯,睨而视之,犹以为远。故君子以人治人,改而止。忠恕违道不远,施诸己而不愿,亦勿施于人。

"君子之道四,丘未能一焉:所求乎子以事父,未能也;所求乎臣以事君,未能也;所求乎弟以事兄,未能也;所求乎朋友,先施之,未能也。庸德之行,庸言之谨,有所不足,不敢不勉,有余不敢尽。言顾行,行顾言,君子胡不慥慥尔!"

这一讲我们讲解《中庸》的第十三到十六章,主题为"道不远人",即第十三章开篇第一句话。第十三章以"君子之道四"为界,实际可分为两个部分,所以我将其分为两个自然段。这两部分其实分为两章更好,当然"君子之道四"与前面的内容也存在一定的联系,所以朱熹的分章也有一定的道理。至于它们之间的关系,我们后面再谈。

我们先看第一自然段,这一段实际上包含了三个部分的内容,并且各部分内容是环环相扣、紧密联系的。"子曰:道不远人。人之为道而远人,不可以为道。"以上几句是本段的第一部分,本章主题"道不远人"就出于此。那么,什么是"道不远人"呢?这里的"人"指的是什么?我们阅读古代经典,经常会遇到这样的问题。因为古人表达比较简约,有些言论不够清晰、明确,给后人留下了一定的诠释空间,所以同样一句话,不同的学者理解可能是不同的。大概于2006至2007年间,我在哈佛燕京学社访问,在杜维明先生的召集下,国内的一些访问学者和哈佛的博士生聚在一起读了一学期的《中庸》,当时录了音。回国后我请学生帮着将录音整理成文字,准备出版一本《哈佛读〈中庸〉》。我在整理的过程中,发现学者之间分歧很大,甚至经常发生争吵,这与《中庸》文本的特点有关。

"道不远人",从字面上看很容易理解:道不能远离人。这也是中国文化的一个重要主题,但要将其解释清楚还是有一定难度。"人之为道而远人,不可以为道。"前一句的"为"用作动词,追求的意思;后一句的"为"是系词,是的意思。如果我们追求道,却远离了人,那就不是道了。朱熹的解释是:"道者,率性而已。"他用了《中庸》第一章的观点:"天命之谓性,率性之谓道。"道是什么?就是率性。顺着我们的性而为,这就是道。所以朱熹说:"固众人之所能知能行者也,故常不远于人。"朱熹的意思是,道实际来自我们率性而为,是我们能够理解也能够实行的,所以道是不能远离人的;远离了人,超出了我们的能力所及,就是好高骛远了。朱子的注释非常有名,对后世产生过重大影响。但朱熹用"率性"解释"道",仍有一些不明确的地方,他说的"性"指的是什么?是天理之性,还是气质之性?在朱熹的义理框架中,这两种性差别是很大的。

我的解读与朱熹有所不同。我认为如何理解"道不远人",关键在于"人"。而"人",我认为是指人情,指人之常情,也就是人人都有的情感欲望、喜怒哀乐。所以"道不远人",就是道不能远离人人都有的情感欲望、喜怒哀乐之情。如果我们追求道,而远离了人之常情的话,就不能称之为道。这是我的解读。我之所以这么解读,当然是有根据的。前面提到,第十三章的第一自然段可以分成三个部分,这三个部分的内容是密切相关、层层递进的。正是考虑到这三个部分的关系,我做出了这样的解读。合不合理?能否成立?要把这三个部分放在一起考虑。

第二部分是引《诗经》的内容,见于《诗经·豳风·伐柯》。"伐柯伐柯,其则不远。""柯"是斧头柄,斧头是铁做的,但柄是用木头做的。"伐柯伐柯"是说我们握着斧头柄去砍木头,再做一个斧头柄,前后两个"柯"字的所指略有不同。"其则不远","则"是标准。砍什么样的木头,多长的木头,多粗的木头,标准在哪里?就在你的手上。"执柯以伐柯,睨而视之,犹以为远。"拿着斧头去砍木头来做斧头柄,标准就是你手上的斧头柄。看都不用看,如果斜眼去看,都会觉得远,标准就在你手上嘛,握一握手里的斧头柄就知道了。这几句是一个比喻,这个比喻要说明什么呢?

"故君子以人治人,改而止。"这里出现了两个"人",君子根据人来治人,后一个"人"指民众,那么前一个"人"指什么?如果也是指民众,就是根据民众来治理民众,似乎也讲得通。但是根据民众的什么来治理民众?这涉及如何理解"以人治人",非常关键。朱熹注:"若以人治人,则所以为人之道,各在当人之身,初无彼此之别。故君子之治人也,即以其人之道,还治其人之身。"按朱子的解释,该句中的两个"人"都是指民众而言,只不过前一个指"其人之道",后一个指"其人之身",君子用民之道来治理民众。那么,什么是民之道?又如何确立民之道呢?朱熹说:"盖责之以其所能知能行,非欲其远人以为道也。张子所谓'以众人望人则易从'是也。"原来朱熹所理解的民之道是就民众可以理解、实践的程度而言,超出了这个程度就不是道了。所以他引张子说"以众人望人则易从",根据众人可以接受的程度去要求民众,则民众就容易服从了。朱熹的《四书章句集注》引用了很多人的观点,但往往不标明姓名,而是称某氏、某子等,这个张子应该就是张载了。

朱熹的《中庸章句》在思想史上的影响很大,但对"故君子以人治人,改而止"这句话的解读我并不认同。为什么呢?因为按照朱熹的理解,"以人治人"与前面的"伐柯伐柯,其则不远"就没有什么关系了。但在《中庸》中,"执柯以伐柯"作为一个比喻,显然是用来说明"以人治人"的。如果说"伐柯"喻指"以人治人"中的"治人",那么"执柯"就应指"以人"了。所以《中庸》虽然用了"以人治人"的说法,但前一个"人"显然不是一般的人,因为"执柯以伐柯"强调的是,我握着斧头柄去砍木头做一个斧头柄,标准或原则就在我手上,我是根据手中的斧头柄去选择砍什么样的木头的。所以根据《诗》的提示,"君子以人治人",实际是说君子根据自己掌握的标准或自身的标准来治理民众;"改而止",是说对方改正了就可以停止。怎么算是改正了呢?当然还是根据我所掌握的标准。朱熹的解读显然没有将这层意思表达出来,所以我认为是不恰当的。那么,"以人治人"到底该怎么理解呢?我将前一个"人"理解为人情或人性,而所谓人情、人性又是君子通过反求诸己、推己及人获得的,在这个意义上,也可以说是"以己治人"。正因为如此,第三部分紧接着谈到忠恕之道。

"忠恕违道不远,施诸己而不愿,亦勿施于人。"根据孔子的定义,"忠"是指"己欲立而立人,己欲达而达人","恕"是指"己所不欲,勿施于人"。"忠恕"就是推己及人,讲的是己与人的关系。子思点出"忠恕"是对前文的回应,"执柯以伐柯"是说根据自我就可推及或了解他人;同理,"以人治人"强调的是以我所理解的人情事理来治理他人,也就是以己治人。故二者都可以用"忠恕"来概括,这样上下文义才可以真正贯通,三个部分具有了内在的联系。朱熹的注释割裂了上下语境,没有说明"忠恕"与前文的关系,是不可取的。

君子为何可以根据自己对人情、人性的理解来治理他人呢？又为何可以"以人治人"呢？因为"性相近也"，人情、人性是相近的，我根据自己的人情、人性可以推知他人的人情、人性。这可以说是儒家的一个基本思想，在儒家经典或文献中有很多类似的表达。例如，郭店竹简中有一篇《尊德义》，其中说："察诸出，所以知己，知己所以知人，知人所以知命，知命而后知道，知道而后知行。""察诸出"是什么意思？就是观察我内心的情感、愿望。这里的"出"是指心之出，指内心的表现。我观察自己内心的表现，反求诸己，这样就了解了自己。了解了自己也就了解了别人，因为"性相近"，我的愿望与他人的愿望、我的情感与他人的情感是相近、相通的，我所具有的情感、愿望也是他人想要得到的。同样，我不想经历或遭受的对待，也是他人不想遭受的。"知人所以知命"，推己及人，由了解自己到进一步了解他人，这就是"知命"。这里的"命"指性命。性命是人人都有的，也是人人相同的，是普遍、必然的，所以"知命而后知道"，知道了"命"也就知道了"道"。"道"有准则、法则的意思，是对"命"的进一步说明。《语丛一》也说："知己而后知人，知人而后知礼，知礼而后知行。"礼也就是道。"知道而后知行"，知道了道或者礼，了解了准则、法则，也就知道该如何行为了。如果具体到治人的话，也就是知道如何去治人了——"以人治人"嘛。所以，根据我所体察到的人情、人性，以及情感、愿望去治理人，这就是推己及人，从积极的一面说是忠，从消极的一面说是恕。忠恕不仅是一个伦理原则，同时也是一个政治原则。

"忠恕",也就是推己及人,是儒家的一个重要主张,其背后的哲学根据就是孔子的"性相近",即人情、人性是相同或者相似的。孔子之后,孟子、荀子对此都做了进一步的发挥。孟子说:"凡同类者,举相似也,何独至于人而疑之?圣人与我同类者。"(《孟子·告子上》)同类的事物都有相似的性质,人也是一样的,因为人也是一个类,所以人情、人性有相近的一面。即便是圣人,与我们普通人也属于同类,圣人之心与我们的心也有相近、相同的地方。何以见得呢?孟子说:"口之于味,有同耆也。易牙先得我口之所耆者也。"(《孟子·告子上》)好吃的饭菜大家都喜欢吃,说明我们的口味有相近的地方。"耆"通"嗜",嗜好的意思。易牙是古代善于烹调的人,相当于今天的大厨。易牙烹调的食物,大家都喜欢吃,说明人的口味是相近的。如果口味不同,根本就不是一个类,就像人喜欢吃饭,牛马喜欢吃草一样,那么易牙烹调的食物就应该是有人喜欢,有人不喜欢。但事实并非如此,易牙烹调的食物人人都喜欢,说明人的口味是相近的。那么,易牙为什么能做出人人都喜欢的食物呢?因为他比一般人更了解人的共同口味。当然,口味的差别也是存在的,比如北方人喜欢吃咸,南方人喜欢吃甜,但这也不能否定人的口味有相近的地方。所以南方的佛跳墙北方人也喜欢吃,北方的满汉全席南方人也向往,孟子也只是说"相似"而没有说"相同"。同样的道理,好听的音乐,大家都喜欢听,说明我们的听觉有相近的一面,所以师旷演奏的音乐大家都喜欢听——师旷是古代著名的乐师。美女帅哥大家都喜欢,像一些电影明星,已经超越了种族的界限,被不同种族的观众所崇拜和喜爱,这说明人的审美也是相近的。孟子举出了子都,子都应该是当时的一个大帅哥。既然我们的味觉、听觉、视觉都有相似的地方,"至于心,独无所同然乎?"(《孟子·告子上》)我们的心难道没有相同的部分?当然有。那么心相同的部分是什么呢?孟子说是"理也,义也"。这个"理""义"应该如何理解?孟子说过,"羞恶之心,义也",这是从道德意识上讲;我认为也可以从自然情感上来理解,由我的人情、人性推及他人的人情、人性,意识到我所喜欢的也是他人喜欢的、我所追求的也是他人想要得到的,由己推及他人,将个体的人情、人性上升为普遍的人情、人性,这就是理、义了。理、义有法则、准则的含义。所以《尊德义》说,"有知己而不知命者,无知命而不知己者"。"知己"还只是"察诸出",是对个体情感的观察和把握;"知命"则是推己及人,上升为普遍和必然了。所以"知己"还不一定"知命",但做到了"知命"就一定"知己"。

我们在《孟子》中可以看到类似的思想,所以我的解读是有根据的,并非主观发挥。例如,孟子劝梁惠王行仁政:"王如善之,则何为不行?"您如果觉得仁政非常好,为什么不去实行呢?惠王说:"寡人有疾,寡人好货。"不行,我这个人有缺点,我贪财。孟子马上就说,贪财有什么过错?周人的先祖公刘也喜欢财物,"王如好货,与百姓同之,于王何有?"(《孟子·梁惠王下》)"同"是共的意思,"同之"也就是共之。大王喜欢财物,如果进一步想到老百姓也喜欢财物,也希望发家致富,与天下百姓共同实现致富愿望,那么实现王道有什么困难呢？这就是推己及人。你喜欢财物，同时认识到天下人都喜欢财物，作为执政者，应该帮助天下人实现他们的愿望，满足他们获取财物的想法和愿望。梁惠王又说："寡人有疾，寡人好色。"不行，我还有缺点，我这人好色。孟子说，当年文王的祖先古公亶父也好色啊！他宠爱自己的妃子，《诗经》中都有记载，但是他能推己及人，做到了"内无怨女，外无旷夫"，没有嫁不出去的老姑娘，也没有娶不到媳妇的大龄男子。"王如好色，与百姓同之，于王何有？"（《孟子·梁惠王下》）大王如果好色，能认识到天下的人都好色，都有对爱情的渴望，进而也像古公亶父一样，做到"内无怨女，外无旷夫"，那么实现王道有什么困难呢？这仍是劝导梁惠王要推己及人。

我们注意到，孟子关于推己及人实际有两种表达形式，一种是推恻隐之心、不忍人之心，是对自己道德情感的扩充，用孟子的话讲就是"推恩"。例如，孟子讲小孩子要掉到井里，正常的人都会有"怵惕恻隐之心"（《孟子·公孙丑上》），这种恻隐之心往往是一刹那间的呈现、流露，而且是没有任何外在的功利目的。进一步将这种同情心推到所有的人，达之天下，这就是推恩。所以孟子说，"推恩足以保四海，不推恩无以保妻子"（《孟子·梁惠王上》）。对于这点，以往学者讨论比较多。但在孟子那里，除了推恩，还有一种推的形式，可以称为"推己"，就是推自己的好货、好色之心，实际是将心比心，承认他人感情、欲望的合理性，强调"与民同之"。这两种"推"当然有所不同，以往的研究只注意"推恩"，而忽略了"推己"，对孟子思想的了解是不全面的。只讲"推恩"，会流于道德的说教。但在早期儒家那里,道德说教一定要落实为百姓的物质利益。所以孟子说,要获得民心就要"所欲与之聚之,所恶勿施尔也"(《孟子·离娄上》)。老百姓喜欢的就满足他,不喜欢的不要强加给他。老百姓喜欢什么?当然是好货、好色啊!这是人的基本的欲望。作为执政者,首先要满足老百姓的基本需要。所以孟子对社会精英与普通大众的道德标准是不一样的。"无恒产而有恒心者,惟士为能"(《孟子·梁惠王上》),没有固定资产,但是有固定的志向,能够超越个人的利益去关注天下的福祉,这是对士人的要求。"若民,则无恒产,因无恒心"(《孟子·梁惠王上》),对老百姓则不必提太高的要求,老百姓关注的就是自己的生活,如果没有固定的财产,也就没有固定的志向,所以满足他们的物质生活更重要。

孟子的这一思想还有其独特的理由,就是个人的精神快乐。孟子曾问齐宣王:"独乐乐,与人乐乐,孰乐?"(《孟子·梁惠王下》)"独乐乐"的前一个"乐"用作动词,读 yào,喜好的意思;后一个"乐"读 lè,指快乐。这样就读为:"独乐(yào)乐(lè),与人乐(yào)乐(lè),孰乐(lè)?"也有学者主张把后一个"乐"读为 yuè,指音乐。这样就读为:"独乐(yào)乐(yuè),与人乐(yào)乐(yuè),孰乐(lè)?"这里我们选择第一种读法。一个人拥有某物的快乐,与他人一块儿拥有某物的快乐,哪一种更快乐?是一个人满足其欲望、实现其价值快乐呢?还是与天下人一起满足欲望、实现价值更快乐?宣王承认:"不若与人。"不如与他人一起拥有某物快乐。孟子又问:"与少乐(yào)乐,与众乐(yào)乐,孰乐?"跟少数人拥有某物的快乐,和与更多的人拥有某物的快乐,哪一种更快乐呢?"不若与众。"宣王很诚恳,承认后一种情况更快乐。看来这是一种普遍认识,只要稍稍具有理智的人都会承认和接受。所以一个人在满足自己物质需要的同时,也应推己及人,想到他人也有类似的需要,这既是一种境界,也是一种智慧。当你这样做的时候,你就会越来越快乐。相反,只想着自己的物质需要,完全不顾及他人,甚至为富不仁,你就会越来越不快乐。孟子所说的乐,主要是一种精神快乐,但这种乐来自欲望的满足,同时又经过了推己及人的升华过程,升华后的快乐已有了精神的内涵,物质、精神双重满足的快乐比单纯的物质满足的快乐更让人快乐。不过孟子虽然谈到"推恩"与"推己",但他更重视的还是"推恩",他的主要思想也是围绕"推恩"展开的。例如,其性善论就是要为"推恩"提供人性论的根据,其仁政说也是"推恩"的具体落实,所谓"有不忍人之心,斯有不忍人之政"。他谈到"推己"主要是出于规劝执政者的需要,是一般性的提及,而没有落实为制度的设计,这个工作主要是由荀子来完成的。所以我认为,在荀子那里"推己"应该占有更为重要的地位。

　　荀子对人性的预设与孟子不同,他不主张性善论,而是持性恶心善说,认为人性的内容主要有二:一是欲望,不加节制则导致恶;二是理智,好善恶恶,有追求秩序的愿望。前者是性,后者是心,所以我称之为性恶心善说。荀子说:"人生而有欲,欲而不得,则不能无求;求而无度量分界,则不能不争;争则乱,乱则穷。"(《荀子·礼论》)我们每个人都有欲望,欲望表现为对财物的追求,但欲望是无限的,财物则是有限的,这样人与人之间就出现了争夺,导致了混乱。这种争夺与混乱对于人类而言,当然是不好的,这个时候,"先王恶其乱也"。由于荀子描写的是前礼义的状态,这时还没有严格意义上的王,所谓"先王"只能是先知、先觉者,是某个聪明人。这个人出来说,我们彼此不要争夺了,来制定一个度量分界,也就是礼义、法度。订立礼义、法度的目的是什么呢?是"以养人之欲,给人之求"(《荀子·礼论》)。从表面上看,礼义、法度限制了我们的某些欲望,但实际上它们更好地满足了我们的欲望。因为人不能生活在一个无规则的社会中,社会必须要有规则,规则就意味着限制,但限制的目的只能是为了更好地满足人们的欲望和欲求。所以荀子说,"礼者,养也",礼是满足和提升人的欲望的。荀子认为礼是先王制作的,而先王之所以能启发人们制作礼义,显然是推己及人的缘故。推己及人不是来自欲望,而是理智的抉择。荀子认为人既有欲望的一面,也有理智的一面;既有性恶,也有心善——我说的心善是指心可以追求善、认识善、实践善,而不是说心已然是善的了。所以人们可以通过推己及人、制定礼义,摆脱混乱,走向秩序,实现孟子所说的"与百姓同之"。可见,在忠恕之道、推己及人上,孟荀有相通的地方。但二人思考问题的角度又有差别,孟子的推己及人是从不忍人之心出发的,推己是建立在推恩之上;荀子则是以理智心、从"明分使群"的角度来立论的,其思想包含了推己及人的维度,但又缺乏明确的表达。

这些年,我提出统合孟荀,主张用孟子来丰富荀子,用荀子来补充孟子,建构更为完备的儒家学说。由此我提出新道统、新四书,新四书指《论语》《礼记》《孟子》《荀子》,而让《大学》《中庸》返回《礼记》。新四书的核心问题就是统合孟荀,因为孟荀代表了儒学两个不同的发展方向,二者都是对儒学的丰富和发展,不可偏废,最好的选择是将二者结合起来。

回到文本,前面我们结合孔、孟、荀的思想对"忠恕"做了解读,指出忠恕的核心是推己及人。推己及人既包括"推恩",也包括"推己";既是一个伦理原则,也是一个政治原则。"推己"强调的是,你想要得到的,往往也是他人想要的;你不想被对待的,也是别人所不想的。所以你在满足自己愿望的同时,也要使别人能够实现其愿望;你不希望别人侵犯你的权益,你也不应侵犯他人的权益。这就是忠恕之道,由于是建立在推己及人之上,将其用在国家治理上,便是"以人治人"了。这样,《中庸》第十三章第一自然段的三个部分才能上下贯通。其中第一部分"道不远人"是说道不能远离人情、人性。但人情、人性怎么去理解、把握呢?当然是反求诸己,并推己及人,使其普遍化。所以第二部分又引《诗》云"伐柯伐柯,其则不远",说明治理民众,其标准在我们自身,以此说明"以人治人"。朱熹认为是以众人之情来治人是正确的,但是众人之情是如何来的,他没有讲,没有提及推己及人的过程,这样便与"执柯以伐柯"的引诗失去了关联。第三部分点出"忠恕",对前两部分做出总结,三个部分的内容最后统一在推己及人上。

《中庸》第十三章第二自然段与第一自然段关系不大,反而与第十二章"夫妇之愚,可以与知焉,及其至也,虽圣人亦有所不知焉"联系更密切些,所以单独分为一章应该更好。朱熹将其与上一段合为一章,自然有他的考虑。不过朱熹的分章不是绝对的,做适当的调整也是可以的。这里按我们的理解来解读。这一段说,"君子之道四,丘未能一焉:所求乎子以事父,未能也"。君子之道体现在四个方面,我孔丘每个方面都没有做到。作为儿子对父母尽孝,我没有做到。我想这绝不是孔子自谦。"未能也"不是说孔子不懂得向父母行孝,而是说君子之道也就是中庸之道,乃生活之常道,主要体现在事父、事君、事兄、与朋友交四个方面,虽是愚夫愚妇可知也,但要做到极致,做得恰到好处,圣人也难以做到。从这一点看,孔子感慨自己"未能也",当然是有感而发了。这是对"事父"而言,其他方面也是一样。"所求乎臣以事君,未能也;所求乎弟以事兄,未能也;所求乎朋友,先施之,未能也。"作为下属,对待我的上级,没有做得很好;作为弟弟,侍奉我的兄长,没有做得很好;对待朋友,应该先做到的,我也没有做到。那么,君子之道难以做到,是因为它超出了我们的能力所及,具有很大的难度吗?不是,君子之道也就是中庸之道,是生活的常道,是每个人每天都在遵行的。但为什么难以做到呢?《中庸》第四章说了,"道之不行也,我知之矣,知者过之,愚者不及也"。我们做不到不是因为中庸之道太特殊,而恰恰是因为其太平常,所以聪明的人往往过之,愚笨的人有所不及,都不能做到恰当、恰好。实践君子之道并不需要特别的行为,而只需"庸德之行,庸言之谨",实践平常的德行,谨慎平常的言语。因为其普通、平常,所以更应注意。"有所不足,不敢不勉","勉"是努力的意思,做得不够的地方不敢不努力。"有余不敢尽",做得过头的地方要有所保留,过犹不及嘛。这就是中庸之道。"言顾行,行顾言",说话的时候要考虑能否做到,行动的时候要考虑与言论是否相符。"君子胡不慥慥尔","慥慥"是努力的意思,君子为何不努力呢?这种努力就体现在对中庸之道的践行之中。

第十四章

君子素其位而行,不愿乎其外。素富贵,行乎富贵;素贫贱,行乎贫贱;素夷狄,行乎夷狄;素患难,行乎患难。君子无入而不自得焉。在上位,不陵下;在下位,不援上。正己而不求于人,则无怨。上不怨天,下不尤人。故君子居易以俟命,小人行险以徼幸。子曰:"射有似乎君子,失诸正鹄,反求诸其身。"

对于这一章的内容,我曾有所保留和批评。二十年前我写《郭店竹简与〈中庸〉公案》一文时,认为这段文字有一股平庸、保守的气息;现在这个看法要调整一下,我们对经典的阅读,随着生命的成长、阅历的丰富,理解也会有所不同。我现在更倾向于认为本章表达了一种人生的智慧,是在座的每一位都要学习和领悟的智慧,也就是中庸的智慧。上一讲我谈到,中庸在今天似乎成了一个负面的概念,如果我说某人中庸,他肯定不高兴,甚至回我一句:"你才中庸呢!"但是在孔子的时代,称一个人中庸实际是极高的赞誉。"子曰:中庸之为德也,其至矣乎,民鲜久矣。"(《论语·雍也》)可见在孔子的眼里,中庸是最高的德了。为什么会出现这种变化呢?就是因为我们对中庸的理解出现了偏差。就如这段文字,我曾觉得其保守、平庸,不欣赏也不接受,但它的真正含义又如何呢?我们来看文本。

"素其位"的"素",朱熹解释为"见在",但这个解释对于今人来说还是比较费解,大概是处在的意思吧。第十一章有"素隐行怪",那个"素"是空,"素隐"是没有理由的隐,是一种标新立异、不合情理的行为。"素其位"的"素"应该与其不是一个意思,从上下语境来看,"素"可以理解为动词,是处于、处在的意思,也可以理解为介词,是根据、依据的意思。所以我们读经典的时候,语境非常重要,要根据语境做出取舍,关键是要读通上下文义。"位"指所处的位置、环境。"君子素其位而行",指君子要依据所处的位置、环境选择其行为。"不愿乎其外","愿"是羡慕的意思,不好高骛远,不羡慕其地位、身份之外的东西。"素富贵,行乎富贵",这个"素"可以理解为处在,如果处于富贵之位,就做富贵之人应做之事。"素贫贱,行乎贫贱",如果处于贫贱的状况,就做贫贱之人应做之事。孟子说过,"穷则独善其身,达则兼善天下"。穷、达的境遇不同,行为的选择也不同。"素富贵,行乎富贵",就是"达则兼善天下",有一天身居高位,有条件实现我的理想了,这时候就要"博施于民而能济众"。"素贫贱,行乎贫贱",就是"穷则独善其身",如果没有机会施展抱负,甚至穷困落魄,不被人理解,这时候我更要坚守做人的底线。"素夷狄,行乎夷狄",如果处在"夷狄"的环境,就要做出与环境相符的事情。孟子说:"舜之居深山之中,与木石居,与鹿豕游,其所以异于深山之野人者几希。"舜当年流落深山之中,和不开化的野人没有什么差别。但这并不是不可以改变的,"及其闻一善言,见一善行,若决江河,沛然莫之能御也"(《孟子·尽心上》)。一旦有了机会、时机,他又会积极行善,回归于文明。"素患难,行乎患难",如果处于患难的环境,就要做该做的事情。有时候磨难不一定是坏事,孟子说:"天将降大任于是人也,必先苦其心志,劳其筋骨,饿其体肤,空乏其身,行拂乱其所为,所以动心忍性,曾益其所不能。"(《孟子·告子下》)磨难可能正是老天对你的考验,对你的磨砺,因为他要将大的责任托付给你,所以要让你处在患难之中,经此磨难以增加你的才干,历练你的心智。所以不论处于什么位置、环境,都应积极应对,做与位置、环境相符的事情。做到了这一点,就可以"无入而不自得焉",不论处在什么样的环境之中,君子都能安然自得。因为我具有了中庸的智慧,再来看人生,眼光就不一样了。

"在上位,不陵下;在下位,不援上。"处在高位,身为领导,对待下级不应盛气凌人;处于下位,身为群众,对待上级不应奉承阿谀。这些都是君子所不为也。为什么?因为位是在变化的,只不过我恰好处在这个位而已。"正己而不求于人,则无怨。"重要的是什么?是"正己",首先做好自己。不管是处在贫贱之位,还是富贵之位;不管是患难的处境,还是"夷狄"的处境；都没有关系,关键是"正己"。在《中庸》的语境中,"正己"就是要保持真诚。"诚者,天之道也；诚之者,人之道也。"处于什么样的位置,这不是个人可以控制、掌握的,可以看作是命；而"正己"则是个人可以做到的,以尽人事待天命的态度去面对所处的位,这样就会"上不怨天,下不尤人"了。所以说,"君子居易以俟命,小人行险以徼幸",君子在平易之中等待命运、时机的到来,小人却铤而走险、不惜违法乱纪来改变一时之命运。

"射有似乎君子,失诸正鹄,反求诸其身。"这是以射箭比喻修身、正己。儒家有六艺,其中之一就是射。古人非常重视射箭,最初的目的是打猎。当时人的力量有限,很多猛兽我们打不过,但是发明了弓箭以后,人的力量就增强了,可以射杀猛兽了。后来射箭又用于战争,成为军事武器。儒家重视射,除了打猎、军事目的,更将其与个人的修身联系起来。射箭与修身有什么关系呢？道理很简单。你与别人比赛射箭,如果没有射中,你会责怪别人吗？会抱怨别人技高一筹吗？不会。你一定是反求诸己,反思自己的动作是否标准,而不是去责怪别人为什么比我射得好。做人也是如此,"三人行,必有我师焉"(《论语·述而》),"见贤思齐焉,见不贤而内自省也"(《论语·里仁》),看到别人的长处,只能从自身找差距,而不是责怪别人。所以孔子说："君子无所争,必也射乎！揖让而升,下而饮,其争也君子。"(《论语·八佾》)君子不与人相争,如果相争一定是射箭。为什么？因为争的不是输赢,而是揖让的君子之风。孟子也曾说："仁者如射。射者正己而后发,发而不中,不怨胜己者,反求诸己而已矣。"(《孟子·公孙丑上》)这里的"正己"一语双关,既指端正射箭的姿势,也指君子的修身,所以射箭与修身是密切相关的。与人比赛射箭,射而不中,不会去责怪别人,而是反求诸己。做人也是如此,别人有超出我们的地方,或者我们有不足之处,不应去责怪、嫉妒他人,只能通过自我反省来完善。

以上是对第十四章的解读,与我二十年前的看法有所不同。本章的关键在于"位",强调要根据所处的地位、环境对行为做出调整,处于富贵则行富贵之事,处于贫贱则行贫贱之事,而不论处于何种地位、环境,都要正己、反求诸己。人处于何种地位,这属于命,不是个人可以控制的;修身、正己则属于人事的范围,是每个人都可以做到的。明白了这个道理,就应"居易以俟命",尽人事以待天命,这是《中庸》独特的人生智慧,而不应将其简单理解为保守、平庸。

第十五章

君子之道,辟如行远必自迩,辟如登高必自卑。《诗》曰:"妻子好合,如鼓瑟琴。兄弟既翕,和乐且耽。宜尔室家,乐尔妻帑。"子曰:"父母其顺矣乎。"

我们来看第十五章。"君子之道,辟如行远必自迩,辟如登高必自卑。""君子之道"也就是中庸之道,前面第十三章提出"道不远人",是从中庸的性质上说,此章则是从实践上说。

实践中庸之道,就好比我们到远处去,一定要从近处出发;我们到高处去,一定要从低处迈步。近处是哪里呢?《中庸》接着引《诗》说:"妻子好合,如鼓瑟琴。兄弟既翕,和乐且耽。宜尔室家,乐尔妻帑。"妻子儿女和睦,就像弹奏琴瑟一样。"翕"是和好的意思。兄弟关系融洽,和谐又快乐。"帑"指子女。使你的家庭美满,使你的妻儿幸福,做到这一点,"父母其顺矣乎",父母亲就称心如意了。可见所谓的近处就是指家庭,家庭美满,父母才能顺心。在《中庸》看来,即使你有很高的理想、目标,渴望做出一番轰轰烈烈的事情,但仍要从切身处、从家庭做起。值得注意的是,《中庸》突出家庭,似乎与《大学》的逻辑不太一样。《大学》讲"自天子以至于庶人,壹是皆以修身为本",其逻辑是修身、齐家、治国、平天下。但《中庸》提出"宜尔室家","父母其顺矣乎",似乎是以齐家为起点。其实《中庸》的"宜尔室家"也是通过修身、正己来实现,《中庸》与《大学》的思想仍是一致的,二者遵循同样的逻辑,构成儒家的基本主张和思想。这种思想既是儒家的,也是普世的,在其他的民族中,也可以看到类似的表达,只不过儒家更强调这一点而已。大家如果有机会去英国伦敦旅游,一定要去威斯敏斯特大教堂看看,这座举世闻名的教堂有一块名扬世界的墓碑。其实这只是一块很普通的墓碑,粗糙的花岗石质地,造型也很一般,同周围那些质地上乘、做工优良的国王、名人的墓碑比较起来,它显得微不足道,不值一提。但是,就是这样一块无名氏墓碑,吸引了世界各地的游客。每一个到过威斯敏斯特大教堂的人,他们可以不去拜谒那些曾经显赫一时的英国前国王们,可以不去拜谒诸如狄更斯、达尔文等世界名人们,却没有人不来拜谒这一块普通的墓碑。他们都被这块墓碑深深地震撼着,准确地说,他们被这块墓碑上的碑文深深地震撼着。在这块墓碑上,刻着这样一段话:

> 当我年轻的时候,我的想象力从没有受到过限制,我梦想改变这个世界。当我成熟以后,我发现我不能改变这个世界,我将目光缩短了些,决定只改变我的国家。当我进入暮年后,我发现我不能改变我的国家,我最后的愿望仅仅是改变一下我的家庭。但是,这也不可能了。当我躺在床上,行将就木时,我突然意识到如果一开始我仅仅去改变我自己,然后作为一个榜样,我可能改变我的家庭,在家人的帮助和鼓励下,我可能为国家做一些事情,然后谁知道呢?我甚至可能去改变这个世界。

这段朴素的文字,与《中庸》本章的思想有异曲同工之妙。一个人年轻的时候总是想着干出轰轰烈烈、万人瞩目的大事,幻想着要改变世界,但我们做事要一步一个脚印,循序渐进。人生的道理就是这样,说起来容易,真正理解却难,所以等到墓主人行将就木时,方体会到与儒家相似的道理。人生首先是要改变自己,然后去改变家庭,进一步服务国家乃至世界。这就是《大学》所讲的修身、齐家、治国、平天下,"物有本末,事有终始",在《中庸》中则表达为"君子之道,辟如行远必自迩,辟如登高必自卑"。所以,我们可以有远大的目标、崇高的理想，但要从切身处做起。首先要修身，进一步齐家，然后治国、平天下，这是儒家的基本理念，同时它又是普世的，是可以为不同民族接受和共有的。所以，要想撬起世界，最佳支点不是地球，不是国家、民族，也不是别人，只能是我们自己。

第十六章

子曰："鬼神之为德其盛矣乎。视之而弗见，听之而弗闻，体物而不可遗。使天下之人，齐明盛服，以承祭祀。洋洋乎！如在其上，如在其左右。《诗》曰：'神之格思，不可度思，矧可射思？'夫微之显，诚之不可掩，如此夫！"

曾经很长一段时间，我对《中庸》两章的内容不太接受，一个是第十四章"君子素其位而行"，另一个就是本章了。本章讲鬼神之德，又讲祭祀，阅读时总觉得隔了一层，所以往往一带而过，没有去体会、思考。现在的认识与以前不同了，我认为本章非常重要，涉及儒学的一个核心问题，也就是终极关怀的问题。任何文化都有超越性的终极信仰，而有信仰就会有信仰的对象。前面第十三章说道"君子之道四"，认为君子之道表现在四个方面：君臣、父子、朋友、兄弟，这是经验、现实的层面。其实还有第五个方面：人和神灵。人与神灵的关系是精神信仰的核心问题，中国古人敬天祭祖，这是我们传统的精神信仰。西方人常说中国人没有信仰，理由是中国人不进教堂，没有固定的宗教活动。但是中国人怎么会没有宗教活动呢？敬天祭祖就是嘛。敬天祭祖的对象是天和祖,具体讲也就是鬼神。这种鬼神最初当然就是人格化的神灵,具有生养万物、保佑子孙、赏善罚恶的功用,所以说"鬼神之为德其盛矣乎",这里的"德"是功效的意思。鬼神是无形的,所以"视之而弗见,听之而弗闻"。我们看不到鬼神,但是它"体物而不可遗"。"体"是亲爱的意思,也有人理解为育。鬼神关爱或生育万物,无所遗弃。"使天下之人,齐明盛服,以承祭祀。""齐"通"斋",是斋戒的意思。让天下的人,斋戒静心,穿着庄重的服装,来进行祭祀。

鬼神最初是指人格化的神灵,后来随着理性的觉醒,学者便从阴阳之气来解释鬼神。如唐代学者孔颖达注释本章说:"言鬼神之道,生养万物,无不周遍而不有所遗,言万物无不以鬼神之气生也。"认为鬼神是鬼神之气,具有生养万物的功用。宋代的二程说:"鬼神,天地之功用,而造化之迹也。"张载也说:"鬼神者,二气之良能也。"他们都将鬼神理解为阴阳之气的特殊功用。但不论是人格化的神灵,还是"二气之良能",都具有生育万物、抚育万物的作用和功能,故需要我们隆重地进行祭祀。

曾经有一段时间,我们把鬼神看作迷信,把祭祀看作糟粕,一概加以否定,这种做法是值得反思的。其实我们到了西方现代化的国家,就会发现他们对宗教活动是尊重和鼓励的。宗教不一定就是落后,不一定就是迷信,相反,一个民族如果没有宗教信仰,这倒是一件令人担心的事情。敬天祭祖就是中国人的传统宗教,不能将其简单否定了事。最近我一直在思考两个问题：我们这个民族，能不能有一套自己的宗教信仰？敬天祭祖的宗教传统，在今天还有没有生命力？还能不能再次复活？孔子说："祭如在，祭神如神在。"有学者认为这表明孔子对神灵的存在持怀疑的态度，只是假设、权当其存在。其实孔子虽然有理性的自觉，但还是真诚地相信神灵的存在，是以一种恭敬的态度去进行祭祀的。为什么要相信？因为信仰、祭祀对我们的心灵有一种转化的功能，对儒家的礼乐教化有积极的辅助作用。《礼记》中关于这方面的论述很多，"凡治人之道，莫急于礼"，治人之道，没有比礼仪更为重要的。"礼有五经，莫重于祭"，礼有五个方面，最重要的就是祭祀。"贤者之祭也，必受其福"，如果一个贤者经常祭祀，一定可以得到福报。"非世所谓福也。福者，备也"。古代"福"和"备"是一个音。"备者，百顺之名也，无所不顺者谓之备"。我说的福，不是世俗的福，比如升官发财，而是生活和顺，无所不顺，这就是备。"上则顺于鬼神，外则顺于君长，内则以孝于亲，如此之谓备。"上与鬼神，外与君长，内与家人，都和顺相处，这就是备。"祭者，所以追养继孝也。"为什么要祭祀？因为我们要感谢上天、先祖对我们的养育之恩，表达对他们的孝敬之情。"诚信之谓尽，尽之谓敬，敬尽然后可以事神明，此祭之道也。"祭的根本是诚信、恭敬，只有以诚信、恭敬之情才能祭祀、侍奉神灵。"祭之为物大矣，其兴物备矣，顺以备者也，其教之本与。"祭祀的作用很大啊，使各种事物都兴起，使各种事物都达到了和顺，所以祭祀是教化的根本。儒家讲教化，但没有了祭祀，教化就成了无源之水、无本之木，所以古人对于祭祀非常重视。但是我们今天对祭祀避而不谈,甚至视为迷信,这种观念有待转变。

回到文本,"洋洋乎!如在其上,如在其左右"。"洋洋",广也。鬼神无所不在,如在你之上,如在你左右。"《诗》曰:'神之格思,不可度思,矧可射思?'""格"是来、至的意思。"思"是语助词,无实义。"射",通"斁",懈怠。神的到来,是不可以揣度的,岂能懈怠呢?神是什么时候到来,我们并不知道,但神灵又是真实存在的,是最终会来的,这样我们就不敢有丝毫懈怠,而应时刻保持着诚敬。我们不妨想一想,假如你相信有一个神灵在时时观察、注意着你,你对人生的态度会不会出现一些根本的转变呢?有做坏事情的机会,你还会去做吗?

"夫微之显,诚之不可掩,如此夫!""微"指的是鬼神,鬼神视而不见,听而不闻,所以是"微"。但它又是真实的,是确实存在的,所以是"显"。"微之显"的"之"训"而"。下一句的"之"亦是。隐微而明显,真实而不可以掩盖。"如此夫",就是这样啊。第十六章讲鬼神之德,是《中庸》非常重要的一章。我以前读这章的时候理解不深,随意跳过去了。现在我才理解,它是《中庸》整篇非常重要的一章,是《中庸》教化思想的根本。《中庸》不仅讲现实的人伦日用,还有一个终极性的超越维度,有一个精神信仰的支撑。

下面我对"中庸"做一个总结。如何理解、把握中庸?我想概括为以下几个方面:

第一,无过不及,不能过也不能不及。第四章说:"道之不行也,我知之矣,知者过之,愚者不及也。"中庸之道为什么难以实行呢?我知道其中的原因了,知者也就是聪明的人往往过了一点,愚笨的人又差了一点,因而都做不到中庸。"道之不明也,我知之矣,贤者过之,不肖者不及也。"中庸之道为什么难以践行呢?有才能的人往往过了一点,没才能的人又差了那么一点。所以只有无过不及,才能做到中庸。

第二,执两用中。怎么来掌握这个中?从两个方面入手,取其中。子曰:"舜其大知也与!舜好问而好察迩言,隐恶而扬善,执其两端,用其中于民,其斯以为舜乎!"舜喜欢观察身边人的言论,"隐恶而扬善",别人有不好的事情,我不去打小报告;有好的事情,我尽量去宣传。掌握事物的两个方面,取其中,用于民众之中,这是舜之所以为舜也。舜懂得中庸,懂得执两用中。朱熹说:"两端,谓众论不同之极致。"也就是不同言论的两个方面,如我们今天所说的激进、保守派,二者的观点往往是对立的。作为决策者,就要对二者的观点进行调和、折中,排除极端的观点。徐复观先生说:政治家的任务就是在两端调节均衡,不是用一端去消灭或取代另一端,这就是中道,就是中的精神。中国正统的政治思想,总不外一个均字、平字。平与均就是从中而来的。执两用中的反面就是对立斗争、你死我活,造成悲剧。真正的政治家应懂得调和折中、执两用中。

第三,推己及人。"忠恕违道不远,施诸己而不愿,亦勿施于人。"忠恕与中庸是相通的,而忠恕就是推己及人。中庸之道可概括为三个原则:无过不及,执两用中,推己及人。中庸之道的精髓是什么？就是没有任何一种品格是绝对的。一个人清高，就要宽容，否则清高就变成了孤傲；一个人仁慈，就要果断，否则仁慈就变成了软弱；一个人强大，就要敬畏，否则强大容易生出暴力；一个人富有，就要节俭，否则富有就变成了奢靡；一个人博学，说话就要浅显，否则博学就变成了刁钻；一个人尊贵，就要谦卑，否则尊贵就变成了傲慢。所以说，"中庸之为德也，其至矣乎，民鲜久矣"。中庸是很高的智慧，但人们对其遗忘很久了。为什么？因为我们不懂得执其两端，富贵了往往就傲慢，博学了往往就显摆，从根本上违背了中庸之道。

为了更好地理解、把握中庸，我们还可以对中庸的思维方式进行概括。庞朴先生曾将中庸概括为四种常见的思维方式，最基本的形式就是把对立的两端直接结合起来，以此之过济彼不及，以此之长补彼所短，以达到一种最佳的中的状态。可表示为"A 而 B"的形式，如《尚书·皋陶谟》的"宽而栗，柔而立，愿而恭"。一个人宽厚、容易相处，这是优点，但应该庄重、严肃，否则会失去威严。既宽厚又庄重，这才是中庸的状态。与前者相关，还有"A 而不 B"的形式，强调的是泄 A 之过，勿使 A 走向极端。比如《尚书·尧典》的"刚而无虐，简而无傲"，"虐"是残害的意思，"刚而无虐"是说刚强是好的品质，但是不要过头，如果过头了，就会对他人造成伤害；"简"是率性、真实，"简而无傲"是说率性很好，但是不能傲慢，如果率性而有傲慢，就违背了中庸，会给他人留下不好的影响。中庸的第三种形式是"不 A 不 B"，要求不立足于对立双方的任何一边,强调的是无过无不及,如《尚书·洪范》的"无偏无陂""无偏无党""无反无侧"。既不要走向一个极端,也不要滑向另一个极端,而要取其中间,这才是中庸。中庸还有一种形式为"亦 A 亦 B",实际上是前面"不 A 不 B"的否定命题,旨在通过对立双方的互相补充来寻找达到中庸的状态。如《礼记·杂记下》说,"张而不弛,文武弗能也;弛而不张,文武弗为也;一张一弛,文武之道也"。只紧张,不松弛,文王、武王恐怕也做不到;只松弛,不紧张,文王、武王不屑于这样做。最好的方式是既紧张又松弛,该紧张就紧张,该松弛就松弛,这才是文武之道,也就是中庸之道。以上四种思维方式,有助于我们更好地去理解中庸,更好地去把握中庸,同时更好地在生活中去实践中庸。还是那句话,"中庸之为德也,其至矣乎,民鲜久矣"。

大德受命

——《中庸》第十七至二十章解读

杨海文 解读

《中庸》第十七章至第二十章有三个特点:第一是篇幅有点长。如果计空格,并包括标点符号,《中庸》有四千八百字,而这四章将近一千五百字。第二是人物有点多。《中庸》出现十一位人物,而这四章涉及八位,包括孔子、舜、文王、王季、武王、大王、周公、哀公,未出现的人物只有颜回、子路、尧。第三是思想有点特别。前面、后面讲哲学的东西比较多,而这四章主要是讲伦理政治问题;前面、后面属于形而上的哲学思辨,而这四章侧重礼乐文明的政教实践。"思想有点特别"这个特点决定了我们这次讲的主题是与伦理政治密切相关的。它可以用"大德受命"四个字概括,涉及古人如何从伦理政治方面进行治国理政,以及这些经验对于现代人生有哪些启迪。下面,我依次解读这四章。解读的方式就像孟子研究院2016年下半年做的"《孟子》七篇解读"一样,还是一句一句解读,适当加一些义理发挥,并对每一章做一个小结,最后对这四章做一个总评。

第十七章

子曰:"舜其大孝也与!德为圣人,尊为天子,富有四海之内,宗庙飨之,子孙保之。故大德必得其位,必得其禄,必得其名,必得其寿。故天之生物,必因其材而笃焉。故栽者培之,倾者覆之。《诗》曰:'嘉乐君子,宪宪令德。宜民宜人,受禄于天。保佑命之,自天申之。'故大德者必受命。"

《中庸》第十七章的开头是"子曰"二字,意思不言自明。孔子是《中庸》最重要的说话人。《中庸》有二十一个"子曰"(包括第二十章被朱熹当作衍文的第二个"子曰"),有一个"仲尼曰",孔子共有二十二次发言。

孔子说:"舜其大孝也与!"第六章讲过:"舜其大知也与!"《中庸》前面讲舜是最有智慧的人,这里讲舜是最有孝道的人。智慧与孝道有什么关系?为什么智慧与孝道得到《中庸》特别的彰显?这个问题值得我们思考。这里主要看舜为什么是最有孝道的人。

关于舜是大孝子,《尚书》《孟子》《史记》都有描述。舜的家庭很特别。他的父亲、继母、同父异母的弟弟象,这一家三口千方百计陷害舜,欲置舜于死地。舜生活在这个很不好的家里,但他是大孝子,时刻想着孝顺父母。《孟子》9·1(本篇所引《孟子》此种序号以杨伯峻《孟子译注》为据)有这样的说法:舜一心一意想当孝子。所有的事情如果不是建立在孝顺父母的基础上,他都不开心。天下之人喜欢他,他不开心;娶了尧的两个女儿做妻子,他不开心;富有天下,他不开心;尊为天子,他不开心。只有得到父母的喜欢,他才开心。孟子说:"大孝终身慕父母。五十而慕者,予于大舜见之矣。"(《孟子》9·1)大孝,就是我要一生一世孝顺自己的父母。到五十岁还孝顺父母,孟子只在舜的身上看到了。

以上是对"舜其大孝也与"的解读。这句话与下文的"德为圣人"有什么关系呢?只有大孝子才具备成为圣人的基本条件。所以,从"大孝也与"到"德为圣人",这里有转折的意味。《中庸》接下来的文字似乎偏离了孝的主题,但实际上没有。如果不以孝为基础,"德为圣人"就转折不下来。

"德为圣人",舜在道德上是圣人;"尊为天子",舜在地位上是天子;"富有四海之内",舜拥有四海之内的财富;"宗庙飨之,子孙保之",宗庙里面祭祀他,子子孙孙怀念他。这几句话讲的是:舜的孝道有很多体现,这些体现的结果就是"大德"。因为孝道,舜成为道德上的圣人,成了大德。

在孔子看来,"故大德必得其位,必得其禄,必得其名,必得其寿"。有大德的人一定会得到他的地位,一定会得到他的财富,一定会得到他的名声,一定会得到他的长寿。也就是说,大德者必定得到四样东西:地位、财富、名声、长寿。这四者是有一定关系的,我们可以调动自己的人文体验好好把握这种关系。

孔子为什么特别讲到"故大德……必得其寿"呢?寿,就是寿命、长寿。《论语》6·23(本篇所引《论语》此种序号以杨伯峻《论语译注》为据)说:"知者乐,仁者寿。"智者是快乐的,仁者是长寿的。舜是大孝子,道德修养极高,他到底有多长寿呢?先看尧,有人说尧活了一百一十七岁,也有人说他活了一百一十六岁。再看舜,朱熹作《中庸章句》,说舜活了一百一十岁。百岁以上属于长寿,大德者"必得其寿",孔子觉得这是相当肯定的事情。我们知道,"七十三、八十四,阎王不叫自己去"。孔子活了七十三岁,孟子活了八十四岁,这都是长寿的表现。古人活到七十岁,是很少见的,所以这是长寿。

大德者必然得到地位、财富、名声、长寿,这是从人事方面来讲。讲完这些,孔子把话题接引到了自然哲学方面。他说:"故天之生物,必因其材而笃焉。"天生养了万事万物,同时根据它们不同的资质,而让它们各得其所。"必因其材而笃焉"的这个"笃",朱子解释说,就是它本来已经很好了,再把它加厚一点。我认为"笃"就是各得其所。"必因其材而笃焉",通俗地说,就是"天生我材必有用"。

顺着这句话,孔子讲道:"故栽者培之,倾者覆之。"栽培、倾覆是这里的两个关键词。这句话比较难解。我们先来看看朱子的解释。朱子有一个基本的哲学理念,就是气。这个气是生命之气,它有这些特点:第一,有生命之气、无生命之气,这是两种状态;第二,生命之气多、生命之气少,这也是两种状态。我们把这四种状态进行叠加,就会看到:有生命之气,而且生命之气很强,这个时候万物得以成长;生命之气很少,甚至没有生命之气,这个时候万物走向凋零。这是朱子所谓

"气至而滋息为培,气反而游散则覆"的解释。

按照这一解释,我们把"栽者培之,倾者覆之"翻译为:能够成材的,就栽培它;成不了材的,就淘汰它。这种翻译让我们想起达尔文主义的观点——"物竞天择,适者生存",康有为的《中庸注》称作"物竞天择,优胜劣败"。人们一般认为这种自然哲学的解释符合自然界发展的客观规律。但是,如果这样解释,我们的心里总是有一种特别悲凉的感觉。因为说到万物生长,能够成材的我们就栽培它,成不了材的我们就淘汰它,这种说法好像太残忍了。

我想在自然哲学的解释之外,加进人道主义的解释,并从三个方面展开。第一是从生存的角度展开。生存的角度是说:你发展得好,我要栽培你、培育你;你发展得不好,我要给你一碗饭吃。生存的角度也是最低的限度。第二是从发展的角度展开。发展的角度是说:你一帆风顺、顺风顺水,我为你锦上添花;你陷入困境、一筹莫展,我为你雪中送炭。这都是为了你的发展。第三是从境界的角度展开。生存的角度是最低的,发展的角度是中间的,境界的角度是最高的。

境界的角度是说"栽者培之,倾者覆之"涉及人生的两极:一个是生,一个是死。面对生死问题,我们应当有什么样的境界追求呢?对于生要有追求,对于死要有追求,这种追求落实到境界上,最好的表达是印度大诗人、哲学家泰戈尔(1861—1941)说的"使生如夏花之绚烂,死如秋叶之静美"。所以,"栽者培之",我们的生要如夏花之绚烂;"倾者覆之",我们的死要如秋叶之静美。从人道主义角度解释这句话,我们把侧重点放在"倾覆"上面。为什么要放在这里？因为我们每个人都有基本的生存要求、基本的发展要求和基本的境界要求。我们既要想到栽培，也要想到倾覆。从我个人的人生经验出发，更是从大部分人的人生体验出发，我们要特别强调"倾覆"这两个字，以及如何重新理解它的含义。

《中庸》没有引过其他经典，只引过《诗经》，而且引了十五次。孔子讲完"故栽者培之，倾者覆之"，接着引了《诗经》："嘉乐君子，宪宪令德。宜民宜人，受禄于天。保佑命之，自天申之。""嘉乐君子"，就是高雅快乐的君子。"宪宪"的意思是很明显、很显著，"宪宪令德"是高雅快乐的君子有着美好的品德。这个高雅快乐、有美好品德的君子，该做一些什么？上天会如何栽培他呢？那就是"宜民宜人，受禄于天"：他能够让老百姓安居乐业，得到大福利，所以他自己也能享受上天恩赐的福禄。上天厚待这样的君子，我们该对他做一些什么呢？那就是"保佑命之，自天申之"：我们要保佑他承担自身的历史责任，这是来自上天的指令。孔子引《诗经》，还是从栽培的角度讲。

第十七章的最后是孔子说的："故大德者必受命。"大德者是最有道德的人。"受命"到底是什么意思？按照传统的解释，就是"受天命为天子"。最有道德的人一定要接受天命，成为治国理政的最高统治者。这个解释合乎《中庸》的发展脉络，因为第二十八章讲到天子该做的就是议礼、制度、考文。"非天子，不议礼，不制度，不考文。"如果不是天子，就不能议礼，不能制度，不能考文。子思又谈到德与位的关系："虽有其位，苟无其德，不敢作礼乐焉；虽有其德，苟无其位，亦不敢作礼乐焉。"你虽然有天子之位，但如果没有道德，那你就不能制作礼乐；反之亦然。德与位一定要匹配起来。有大德者必须而且必然接受最大的天命，成为治国理政的最高统治者。

"故大德者必受命"，孔子为什么要这么说？春秋时代，礼乐文明已经遭到大面积的破坏。天下那些诸侯光有其位，但他们的道德品质不行。所以孔子特别强调：有最高道德的人一定要有最高的地位与之相配，否则社会治理就会出现大问题。

对于《中庸》第十七章，我们要特别关注两个问题：一个是孝与德的关系问题。为什么古人把道德品质与是不是孝顺密切联系在一块儿？它值得我们拿切身的人生体验予以反省。另一个是德与位的关系问题。你的道德与你的地位到底有什么关系？这也值得我们深入思考。"大德者必受命"，拥有最高道德的人必须而且必然成为治国理政的最高统治者，这是孔子的理念。从世界人类文明的早期看，很多民族都有类似的思想。比如古希腊的苏格拉底（前469—前399）、柏拉图（前427—前347）讲"哲学王"，认为哲学家要成为王，就与这个理念异曲同工。

我们既要好好揣摩孝与德、德与位的关系，还要看到这一章有两个字提了很多次：一个字是"故"，出现四次；另一个字是"必"，出现了六次。孔子为什么会用这么肯定的语气讲伦理政治问题呢？！

第十八章

子曰:"无忧者,其惟文王乎!以王季为父,以武王为子,父作之,子述之。武王缵大王、王季、文王之绪,壹戎衣而有天下,身不失天下之显名,尊为天子,富有四海之内,宗庙飨之,子孙保之。武王末受命。周公成文、武之德,追王大王、王季,上祀先公以天子之礼。斯礼也,达乎诸侯、大夫,及士、庶人。父为大夫,子为士;葬以大夫,祭以士。父为士,子为大夫;葬以士,祭以大夫。期之丧,达乎大夫;三年之丧,达乎天子;父母之丧,无贵贱一也。"

《中庸》第十八章的开头是"子曰"。孔子说:"无忧者,其惟文王乎!"文王指周文王,天下无忧无虑的人恐怕只有文王。下面讲"以王季为父,以武王为子",王季是他的父亲,武王是他的儿子。对于王季与后面讲的大王(读作"太王"),很多人比较很陌生。我先介绍一下:文王的爷爷是大王,父亲是王季,儿子是武王、周公,而周公是武王的弟弟,这就是他们一家四代人的关系。中国传统文化讲究一代接一代的传承谱系,由此可见一斑。

文王为什么无忧无虑?因为他有王季这样的父亲,有武王这样的儿子。我们都有父亲,很多人还有儿子,为什么做不到无忧无虑?为什么无忧者"其惟文王乎",而不是我们?下面一句话"父作之,子述之",就是其中的原因。

周朝是如何建立起来的?这要追溯到文王的父亲王季,

自然也包括他的爷爷大王。他们在陕西的一些地方打下一片江山,建了几个根据地,周朝才慢慢由小变大。所以,"父作之"的"作",是说王季这个父亲打江山、建根据地,为周朝的发展指引了方向。"子述之"的"述",怎么解释呢?《论语》7·1说:"述而不作,信而好古,窃比于我老彭。"无中生有谓之作,作是创造性制作;继往开来谓之述,述是继承性发展。照这样的理解,"父作之",就是王季这个父亲奠定了基业、指明了方向;"子述之",就是武王这个儿子能够把祖先创下的基业发扬光大。

关于述与作的关系,更进一步说,作就是自己讲、讲自己,述就是照着讲、照着别人讲。我们今天讲《中庸》,既是照着别人讲,也是自己接着讲。接着讲要比照着讲高一个层次。照着讲是照本宣科,接着讲是继往开来。所以,述与作的关系,也解释了我们与传统文化究竟是什么关系,我们这代人与前人创下的基业究竟是什么关系。对于前人创下的基业,我们要守业。但是,前人栽树了,我们后人不能只是乘凉,更要继往开来、发扬光大。

文王之后是武王。孔子说"武王缵大王、王季、文王之绪",武王继承了大王、王季、文王的事业。这里明显可以看出大王、王季、文王、武王是四代人的关系。武王怎么继承他们的事业呢?就是"壹戎衣而有天下",身披战袍,枪里来刀里去,打打杀杀,拥有了天下。按照当时的观点,如果说打打杀杀就有了天下,别人对你的评价是不太好的。在孔子看来,武王虽然"壹戎衣而有天下",但"身不失天下之显名",他并没有失去良好的名声。武王之为武,是靠武力打的天下。武王虽然靠武力取得天下,但同样在天下人那里留下了好名声。

接下来的"尊为天子,富有四海之内,宗庙飨之,子孙保之",与第十七章的表述是一样的,意思是:被尊为天子,拥有整个天下的财富,宗庙里面祭祀他,子孙后代怀念他。这讲的是武王。后面的一句就难理解了,它是"武王末受命"。按照传统的解释,"受命"是受天命为天子。那么,"武王末受命",究竟是说武王没有受天命为天子,还是别的意思呢?问题的关键在于这个"末"字怎么解。

"末"这个字确实有点突兀,让这一章变得很难理解。有人认为应该把"末"改为"未",就是"武王未受命",武王没有受天命为天子。有的学者就这样解释,但我觉得不太成立。《中庸》第二十八章讲到"非天子,不议礼,不制度,不考文",这里的"受命"肯定还是受命为天子。这个"末"字究竟如何解释?朱子说:"末,犹老也。""末"的意思就是晚年。武王到了晚年才接受天命,他统治天下的时间不是很长。武王晚年同样受命了,而不仅仅只是文王受命。当然,武王是不是在其有生之年接受了天命,这是一个经常讨论而且分歧很大的问题。我们这里先按最常见的解释进行解读。

前面讲了文王、武王,现在讲周公。"周公成文、武之德",周公进一步继承文王、武王的事业,把它发扬光大。"追王大王、王季"是说:大王、王季只是一些小诸侯,他们没有自称为王;到了周公的时候,他把他的爷爷、太爷爷追封为王。"追",就是追认他的太爷爷大王、他的爷爷王季也是王。"上祀先公以天子之礼"是说：我让我的爷爷、太爷爷变成了王，我也要像祭祀文王、武王一样，以天子之礼祭祀历代祖先。这个"追"字是从时间的角度往上推，慎终追远，溯本追源，让历史上的祖先进入到自己的思想世界。

下面讲："斯礼也，达乎诸侯、大夫，及士、庶人。""周公成文、武之德，追王大王、王季，上祀先公以天子之礼"，又把这个礼推广到诸侯、大夫那里，推广到士与平民百姓那里。"达"是推广到、推行于。它是从空间的角度往外推，由近及远，推己及人，让现实中的臣民进入到自己的实践世界。

这个礼有什么具体内涵呢？孔子举例说："父为大夫，子为士；葬以大夫，祭以士。父为士，子为大夫；葬以士，祭以大夫。"父亲是大夫，儿子是士；父亲死了，儿子要用大夫的礼节安葬父亲，用士的礼节祭祀父亲。父亲是士，儿子是大夫；父亲死了，儿子要用士的礼节安葬父亲，用大夫的礼节祭祀父亲。怎么理解这段话？孔子对于生死很关心，《论语》2·5说："生，事之以礼；死，葬之以礼，祭之以礼。"《中庸》这里也讲到葬礼与祭礼。父亲是士，我是大夫，父亲死了，我以什么样的礼节安葬、祭祀父亲呢？一方面，因为父亲生前是士，我只能以士的礼节安葬他。比如棺材多大，里面配置什么样的陪葬物，只能依据士的标准。另一方面，因为我现在是大夫，所以要按照儿子的身份祭祀父亲。

讲到这里，我想起《孟子·梁惠王下》的一段记载：鲁平公想见孟子，但他受到小人的唆使，最后没有见孟子。孟子问他的学生：是什么样的理由让鲁平公没有见我呢？他的学生说：有一个小人对鲁平公说，你葬你父亲的礼节与葬你母亲的礼节不一样，葬你母亲的礼节要远远高于葬你父亲的礼节。孟子说：这怎么不行呢？我父亲死的时候，我是士；我母亲死的时候，我是大夫。所以，我葬我父亲，是以士礼葬的；葬我母亲，是以大夫之礼葬的。摆三个鼎，摆五个鼎，分别对应于士、大夫这样的身份。《孟子》2·16的这种说法潜在地表明，孟子很可能并不是早年就失去了父亲。因为"前以士，后以大夫"，明确说孟子已经是士；而孟子三岁的时候肯定是不可能成为士的，必须到一定的年龄才能成为士。

再回到《中庸》第十八章。它谈了儿子如何为父亲办葬礼、祭礼之后，又谈到一年之丧、三年之丧。这里的丧礼，相对复杂一点。

孔子说："期之丧，达乎大夫。"期(jī)是指一年，"达乎大夫"是说一年之丧从平民一直推广到大夫。一年之丧是为哪些人服丧呢？以我为中心，我有兄弟姐妹，我父亲、母亲有兄弟姐妹。所谓一年之丧，就是我的兄弟姐妹过世了，我父亲、母亲的兄弟姐妹过世了，我要服丧，服丧的时间是一年。我为我的兄弟姐妹服丧，为我父亲、母亲的兄弟姐妹服丧，这里的"我"是指平民、士、大夫。为什么诸侯、天子不为自己的兄弟姐妹、叔伯老舅、七大姑八大姨服丧呢？这是因为诸侯、天子的地位比大夫、士、平民高多了。古代礼制讲究亲亲、尊尊、贤贤的原则。诸侯、天子不为自己的兄弟姐妹、叔伯老舅、七大姑八大姨服丧，体现了尊尊的原则。这一点要特别注意。

孔子接着说："三年之丧，达乎天子。"三年之丧是服丧三年的时间,平民、士、大夫、诸侯、天子都必须服丧。三年之丧有哪些服丧对象呢?以我为中心,我有父母,我父亲有他的父母,我母亲有她的父母。我的父母过世了,我父亲的父母过世了,我母亲的父母过世了,在这种情况下,无论平民百姓、士、大夫,还是诸侯、天子,都必须为他们服三年之丧。兄弟姐妹、叔伯老舅、七大姑八大姨过世了,从平民到大夫都要服丧,时间是一年。这是讲旁系亲属。我的父母,我的祖父母,我的外祖父母,这是我的直系亲属,要服三年之丧。从老百姓一直到天子都要服三年之丧,这就是"三年之丧,达乎天子"。

这一章的最后一句话是:"父母之丧,无贵贱一也。"为父母服丧,无论地位高、低,天下人都一样。这句话有什么特殊含义呢?三年之丧其实已经包含父母之丧。这里把父母之丧单独拉出来,体现了父母在人的伦理生活当中独一无二的意义,所以要特别表达。父亲、母亲死了,不管你地位高低,不管你是什么人,都必须服三年之丧,这是天下都一样的道理。

对于《中庸》第十八章,我们要特别注意德与礼的关系。德是道德品质,它与礼仪制度到底是什么关系呢?礼为什么具体体现在葬礼、祭礼、丧礼上面呢?随着城市化、现代化进程的不断展开,葬礼、祭礼、丧礼越来越难看到了,但它们是古人生活的重要组成部分。另外,这一章把周公抬了出来,也是《中庸》第一次提到周公。中华民族历史悠久,素称礼仪之邦。一直往前追,就是因为周公制作了礼乐,把礼乐文明变成了一套体系,维系了中国传统文化源源不断的发展。周公在中国历史上最大的意义是制作礼乐。

第十九章

子曰:"武王、周公,其达孝矣乎!夫孝者,善继人之志,善述人之事者也。春秋修其祖庙,陈其宗器,设其裳衣,荐其时食。宗庙之礼,所以序昭穆也;序爵,所以辨贵贱也;序事,所以辨贤也;旅酬下为上,所以逮贱也;燕毛,所以序齿也。践其位,行其礼,奏其乐,敬其所尊,爱其所亲,事死如事生,事亡如事存,孝之至也。郊社之礼,所以事上帝也;宗庙之礼,所以祀乎其先也。明乎郊社之礼、禘尝之义,治国其如示诸掌乎?"

《中庸》第十九章是从武王、周公讲起的,开头仍是讲孝。"子曰:'武王、周公,其达孝矣乎!'"孔子说:人们都认为武王、周公是天下最孝的人。这个孝与舜的那个孝又不一样。舜的孝是面对自己的父母。舜的父母对舜不好,但舜尽心尽力讨得父母的喜欢,那是舜的孝。武王、周公的孝是什么呢?是把前人的事业发扬光大,建立了周朝的天下。"夫孝者,善继人之志,善述人之事者也。"所谓孝,就是善于继承祖先的志向,善于光大祖先的事业。

作为一个孝子,一定要把祖先的志向继承下来,把祖先的事业光大上去。正如《论语》1·11记载孔子的话说,"父在,观其志",父亲在的时候,要看他有什么样的志向;"父没,观其行",父亲过世了,要好好想一想他这一辈子到底做了哪些事情;"三年无改于父之道,可谓孝矣","三年"不是讲具体的三年,而是指一直不改变他做人做事的原则与方法,这就是尽孝。

武王、周公,特别是周公,如何继承祖先的志向、光大祖先的事业呢?这里涉及一套很复杂的礼仪制度,我们只能用通俗、简明的语言做出解读。

"春秋修其祖庙",是说每年的春天、秋天,要好好修整祖庙。祖庙作为一项制度,在中国传统伦理政治文化中占有极重的分量。级别不同,拥有祖庙的多少也是不同的。比如,天子是七座庙,诸侯是五座庙,大夫是三座庙。"春秋修其祖庙",就是要把祖庙好好修一修。

"陈其宗器",是说祖庙里面有老祖宗留下的很多重要遗物,我们要好好陈列它们。周朝有哪些宗器呢?周朝的庙里保留了老祖宗用过的哪些东西呢?打个比喻:我的太爷爷用过一根拐杖,那根拐杖帮我太爷爷打败过侵犯我家的豪强土匪,所以那根拐杖在我家的历史上不同凡响,我家的祠堂里面就保留了那根拐杖。这就叫作"宗器"。至于周朝的宗器,朱子举了四件:一是赤刀,一把刀;二是大训;三是天球;四是河图,它很有名,河图、洛书对于整个中国文化影响很大。这就是宗器。

"设其裳衣",是说对于祖宗穿过的衣服、留下的衣服,要摆出来,诚心看一看。

"荐其时食",是说祖庙里面要经常供奉四时当令的食品,例如"春行羔、豚、膳、膏、香"(《中庸章句》)这类东西。

"春秋修其祖庙,陈其宗器,设其裳衣,荐其时食",是为先人必须做的事情。它是讲"继志",而下面是讲"述事"。

"宗庙之礼,所以序昭穆也",是说宗庙的礼节是为了把辈分关系搞清楚。"昭穆"是什么意思呢？它是祖庙里面区分一代一代人之间关系的一项制度,简单地说就是父子关系如何在庙里排灵位,就是以第一代为中心,左边摆父亲的灵位,右边摆儿子的灵位。昭穆的最高规格是以第一代为中心,左昭右穆,左父右子,左边二代、四代、六代,右边三代、五代、七代。

"序爵,所以辨贵贱也",是说排列爵位是为了辨别身份的贵贱。为什么要对人们的爵位排序呢？因为爵位是体现高低贵贱的重要标准。如果你只是士,你的爵位就没有大夫高,没有诸侯高,更没有天子高。"序爵"的目的是区分人与人之间的贵贱。

"序事,所以辨贤也",是说安排祭祀中的职事是为了判断子孙的才能。庙里进行祭祀,需要很多人当职事,职事的责任有轻重之分。就像现在的学会一样,有人当理事,有人当常务理事,而常务理事比理事更显示一个人的能力。祖庙进行祭祀,要由同一家族的人负责祭祀方面的事务。这项事务由谁承担,比如"尸"由哪个小孩担任,都要经过长老的商议。为什么挑中了他,而没有挑中你？就是因为他比较贤,比较有能力。

祭祀完毕,通常要吃冷猪头肉,把祭祀用过的猪肉切成一块块,分给前来参加祭祀的所有人。祭祀之后还有喝酒的宴会。喝酒有哪些规矩呢？

"旅酬下为上,所以逮贱也",是说众人轮流举杯,晚辈向长辈敬酒,是为了显示祖先的恩惠遍及地位低贱者。"旅"的意思是人多,"酬"的意思是酬谢,"旅酬"的意思是大家轮流举杯喝酒,"下为上"的意思是晚辈敬长辈,这是"旅酬下为上"。晚辈为什么要向长辈敬酒呢？"所以逮贱也",是为了让祖先留下来的恩惠普及地位卑微的后人。因为晚辈也能敬酒,所以祖先的恩惠是见者有份、人人有份。无论地位高的、在上面的,还是地位低的、在下面的,都能享受、沐浴到祖先的恩惠。

"燕毛,所以序齿也",是说祭祀后的宴饮,依照头发的黑白就座,是为了区分长幼次序。"燕""宴"两个字是相通的,就是开宴会。"毛"是头发。"燕毛"是什么意思呢？举行宴会,设了很多座位,座位怎么排呢？你是一头白发,就坐上面的位置；你是一头黑发,就坐下面的位置。"燕毛"就是举行宴会的时候,按照来宾是白头发还是黑头发排座位。这样排座位忽略了辈分,但体现了另一个原则——敬老。如果按照辈分,有人辈分很高,可他只是两三岁的小孩；有人辈分很低,即使已经八十多岁,也得叫两三岁的小孩为爷爷。前面的"宗庙之礼,所以序昭穆也",是讲辈分。到了宴会的时候,不按辈分,按照长幼,体现的是敬老的原则。

孔子讲完"继志""述事",下面讲"明义"。

孔子说:"践其位,行其礼,奏其乐,敬其所尊,爱其所亲,事死如事生,事亡如事存,孝之至也。"这五个"其"字,都是指先王。"践其位",是把先王的灵位摆好,以便供奉。"行其礼",是行先王行过的那些礼节。"奏其乐",是奏先王听过的那些音乐。"敬其所尊",是尊敬先王所尊敬的那些人物。"爱其所亲",是亲爱先王所亲爱的那些人物。"敬其所尊,爱其所亲",就是尊敬、亲爱。先王尊敬过的人,我们同样要尊敬;先王亲爱过的人,我们同样要亲爱。"事死如事生,事亡如事存",出现"生死""存亡",生与死相对应,存与亡相对应。死、亡有什么区别呢?现在说的"死亡"是复合词,"死""亡"没有区别。但是,古代说刚刚断气了,是死;棺材已经下葬,安葬在土里,是亡。所以,"事死如事生"是说我们伺候刚刚死去的人,要像他还活着那样;"事亡如事存"是说我们伺候已经下葬的人,要像他还在世那样。做到了以上这些,就是"孝之至也",是大孝的体现,是孝道的极致。

孔子又说:"郊社之礼,所以事上帝也;宗庙之礼,所以祀乎其先也。""上帝"这个词在古代的《诗经》《尚书》里经常出现,并不只是西方的概念。郊社之礼是什么礼呢?郊是祭天,社是祭地,郊社就是祭天祭地。祭天、祭地是古代帝王最隆重的祭祀礼仪,冬至这一天到南郊祭天,夏至那一天到北郊祭地,祭天、祭地与冬至、夏至密切相关。祭天祭地的郊社之礼是为了好好侍候上帝,上帝就是天。宗庙之礼是宗庙里的礼节,是为了祭祀我们的先王,祭祀我们的祖先。

这一章的最后说:"明乎郊社之礼、禘尝之义,治国其如示诸掌乎?"如果知道了郊社的礼节、禘尝的道理,治理天下国家就像看手掌上的东西一样,不费吹灰之力,看得清清楚楚。这里比较难解的是禘尝之义。禘、尝是古代帝王的祭祖大礼,禘是春天举行的,尝是秋天举行的。《论语》讲过禘礼。读

《论语》3·11,有人问孔子:禘礼是什么意思?孔子回答:我也不知道。当今之士,要是有人知道禘礼到底是怎么回事,那他治理整个天下,就像看这里的东西一样容易。然后孔子伸出了自己的手掌。《中庸》讲"治国其如示诸掌乎",与《论语》这段对话一模一样。假如明白了祭天祭地的礼节,明白了祭祀祖先的道理,那么,治理天下国家易如反掌,就像把手掌翻过来那样轻而易举。

《中庸》第十九章同样从伦理政治的角度谈到孝与礼到底是什么关系。它由"武王、周公,其达孝矣乎"起兴,讲了宗庙之礼,讲了郊社之礼,还讲了"明乎郊社之礼、禘尝之义,治国其如示诸掌乎",把礼、义并列起来。礼义与治国有着十分密切的关系。中国古代以孝治国、以礼治国、以德治国,也就是以孝治天下、以礼治天下、以德治天下。以礼乐文明治理天下国家,这里有很明显的体现。

第二十章

《中庸》第二十章是全文三十三章中最长的一章。《中庸》将近五千字(计空格,并包括标点符号),而这一章有一千字,相当于一篇千字文。朱子的解释只是一大段,没有分段落,读起来很费劲。为了便于大家的理解,我把这一章分成九个段落,第一个段落叫作20·1,以此类推,第九个段落叫作20·9。很多人认为这一章不好理解,因为它的结构看起来很分散。其实这一章也是很有逻辑的。

这里作一个比喻，让大家记住它到底讲了什么。延安时期有一支部队叫"三五九旅"，大家都知道《南泥湾》唱的"又战斗来又生产，三五九旅是模范"。首先，记住三五九旅，《中庸》第二十章的主要内容也是"三五九"：三，是三达德，三种道德品质；五，是五达道，五种伦理关系；九，是九经，九种治国方略。其次，记住三五九旅是"一支"部队，《中庸》第二十章经常强调一个关键词，就是"一"，是"三五九"得以统一起来的根据。我这几年每次从广州来济宁，坐的航班都是CZ3519。有点巧合的是，这里讲《中庸》第二十章，它的主要内容是"一三五九"。为什么把"一三五九"提出来？就是建立比喻与联想，让大家记得住、记得牢。

《中庸》第二十章也是讲治国理政，涉及伦理政治的很多个方面。这一章并不是结构上不完整，而是有一个相对完整的结构。

20·1 哀公问政。子曰："文、武之政，布在方策。其人存，则其政举；其人亡，则其政息。人道敏政，地道敏树。夫政也者，蒲卢也。故为政在人，取人以身，修身以道，修道以仁。仁者人也，亲亲为大；义者宜也，尊贤为大。亲亲之杀，尊贤之等，礼所生也。在下位不获乎上，民不可得而治矣。故君子不可以不修身。思修身，不可以不事亲；思事亲，不可以不知人；思知人，不可以不知天。"

20·1的开头是"哀公问政"。如果从《中庸》里面为"哀公问政"找上联,它就是"子路问强"。《中庸》第十章讲:"子路问强。子曰:'南方之强与?北方之强与?抑而强与?'"

鲁哀公问什么是政治。孔子说:"文、武之政,布在方策。"文王、武王做过的政事,已经记载在那些方板、竹简上面。换句话说,文王、武王做过哪些政事,历史文献已有记载了。"人亡政息"是大家知道的成语。这里的"其人存,则其政举;其人亡,则其政息"是说,有文王、武王这样的人存在,政治事务做起来就简简单单;没有文王、武王这样的人存在,政治事务就做不起来。孔子接着将人道与地道做了区分,就是"人道敏政,地道敏树"。人之道,是让政事尽快落实;地之道,是让树木尽快成材。

下面一句"夫政也者,蒲卢也",简单的解释是政事就像蒲卢一样。蒲卢是什么呢?看起来是一种植物。可是,人们一开始并没有把蒲卢当作植物。东汉的郑玄把它解释为动物,这种动物叫作蜾(guǒ)蠃(luǒ)。蜾蠃是什么呢?是蜜蜂,一种土蜜蜂。到了北宋,沈括写《梦溪笔谈》,把它解释为蒲苇,像芦苇一样的植物。朱子作《中庸章句》,认同沈括的说法,把蒲卢解释为蒲苇。蒲苇有什么特点呢?它对生存环境的要求不高,长得很快。长得快是蒲苇的显著特点,"人道敏政"是说人之道希望好的政事尽快变成现实,所以朱子把蒲卢解释为蒲苇。

蒲苇除了长得快,还有另一个特点,就是有韧性。有首诗的开头是"孔雀东南飞,五里一徘徊",这首诗是《古诗为焦仲卿妻作》。焦仲卿的老婆还用"君当作磐石,妾当作蒲苇。蒲苇纫如丝,磐石无转移"比喻夫妻关系:夫君好比牢牢立在那里的大石头,我这个妻子好比蒲苇;蒲苇像丝一样有韧性,磐石就会坚定不移。可见,把蒲卢解释为蒲苇,既是因为蒲苇生长得很快,又是因为《古诗为焦仲卿妻作》说它有韧性。

再往下看。"故为政在人",所以做政治的关键在于选好人才;"取人以身",选好人才的关键在于修养自己。这里是说作为君王,你要选好人才,关键在于自己立身要正。最高统治者要修养自己,这是古代的基本观念。比如《孟子》7·5讲:"天下之本在国,国之本在家,家之本在身。"天下国家最大的根本在于自身,在于我们自己。《孟子》7·20讲,"君仁,莫不仁;君义,莫不义;君正,莫不正",君王是仁义、正派的,天下所有人都会是仁义、正派的;"一正君而国定矣",君王端正好自己,天下人都能端正好自己。"取人以身"的"身"是指君王自己。"修身以道",修养自己必须遵循大道;"修道以仁",遵循大道就是树立仁爱之心。

下面转到了仁。"仁者人也",仁是人与人之间的相亲相爱。人与人之间最大的相亲相爱是什么呢?就是"亲亲为大",爱自己的父母是所有伦理关系里面最大的一种。"义者宜也",义是人与人之间一定要把关系处理恰当。最能体现这些关系处理得恰当的,就是治国理政者把那些有能力的人提拔起来,让他们各得其所,有用武之地,所以"尊贤为大"。

孔子接着说:"亲亲之杀,尊贤之等,礼所生也。""杀"在古代的含义是等级,"亲亲之杀"的"杀"与"尊贤之等"的"等"都是表示等级。我爱我所有的亲人,但我对父母、兄弟姐妹、堂表亲等这些亲人是有亲疏、远近之分的。这是"亲亲之杀"。"尊贤之等"是说我尊敬那些有能力的人,让他们在不同位置上发挥自己的作用,其实也有等级之分。能力越强的,地位越高;能力越低的,地位越低。分出这些等级后,礼也就产生了。从礼乐文明看,礼的特点是区分贵贱、尊卑有序,乐的特点是和和气气、和乐一家。这是"礼所生也"。

"在下位不获乎上,民不可得而治矣。"下级得不到上级的信任,老百姓就得不到治理。这句话是重复的,因为它在后面还会出现。《中庸》是子思写的。据朱熹《中庸章句》,《中庸》第二十章前面一大部分是从《孔子家语·哀公问政》中抄出来的。子思抄的时候,有些东西没有删干净,所以,这一章有重文,还有衍文。

孔子说,"故君子不可以不修身",说一千道一万,君子一定要修养自己;"思修身,不可以不事亲",要修养自己,一定要孝敬亲人;"思事亲,不可以不知人",要孝敬亲人,一定要了解别人;"思知人,不可以不知天",要了解别人,一定要晓得天理到底是什么。有人认为《中庸》第二十章的逻辑性不强。其实,它的逻辑性马上会体现出来。20·1 的结语是"不可以不知天",而 20·2 一开头谈到天,这就是逻辑性的体现。

20·2 天下之达道五,所以行之者三。曰君臣也,父子也,夫妇也,昆弟也,朋友之交也,五者天下之达道也。知、仁、勇三者,天下之达德也。所以行之者一也。或生而知之,或学而知之,或困而知之,及其知之,一也;或安而行之,或利而行

之,或勉强而行之,及其成功,一也。

"天下之达道五",这个"天"与上面的"天"联起来了,通行于天下的伦理关系有五项。"所以行之者三",让这五种伦理关系得以落实的有三种道德品质。五种伦理关系是什么呢?"曰君臣也,父子也,夫妇也,昆弟也,朋友之交也",就是君臣、父子、夫妇、兄弟、朋友。"五者天下之达道也",这五种关系是普天之下都通行的伦理关系,我们一般把它叫作五伦。但是,更完整地表达五伦的还是《孟子》5·4说的"圣人有忧之,使契为司徒,教以人伦:父子有亲,君臣有义,夫妇有别,长幼有叙,朋友有信"。《中庸》的排序是把君臣放在前面,孟子的排序是把父母放在前面,两者的区分需要注意。三种道德品质是什么呢?"知、仁、勇三者,天下之达德也",知、仁、勇是通行于天下的三种道德品质。

《中庸》这里讲了"三"与"五":三达德、五达道。《孟子》那里讲了"五"与"四":五伦、四德。形象地说,《中庸》是"三个五",《孟子》是"四个五"。怎么记住这个区分?我们知道,历史上孟子比子思的地位要高。孔子是至圣,孟子是亚圣,所以有孔孟之道。孟子的运气为什么比子思好呢?因为《中庸》只讲了"三个五",而孟子讲了"四个五"。就像打麻将一样,子思抓了三个五万,是碰下来的;而孟子抓了四个五万,是杠了一手得到的。当然,这是以通俗的方式讲子思与孟子的差异。

"所以行之者一也"这句话较难理解。不管是五达道还是三达德,不管是五种伦理关系还是三种道德品质,它们之所以能够实行,道理只有一个。这个道理是什么呢？就是下面要讲的"诚"。只有一心一意、真实无妄,你才能落实知、仁、勇三种道德品质,才能在君臣、父子、夫妇、兄弟、朋友之间建立良好的伦理关系。

但是,每个人生来是不一样的。《中庸》从两个方面展开:一个是知的方面,一个是行的方面。"或生而知之,或学而知之,或困而知之",有人生下来就知道三达德、五达道,有人通过学习才知道,有人经历很多磨难后才慢慢明白。"及其知之,一也",等到他们明白三达德、五达道的重要意义,方法都是一样的,是通过一心一意、真实无妄得到的。"或安而行之,或利而行之,或勉强而行之",有人是自觉自愿地做事,有人是权衡利弊之后去做,有人是勉勉强强去做。"及其成功,一也",等到他们最后做成了,道理只有一个,就是他们都是一心一意、真实无妄的。

孔子讲过:"生而知之者,上也;学而知之者,次也;困而学之,又其次也;困而不学,民斯为下矣。"(《论语》16·9)有人即使在困境当中也不学习,这种人是最不好的。《中庸》没有讲"困而不学",也没有讲"勉强而不行"。

20·3 子曰:"好学近乎知,力行近乎仁,知耻近乎勇。知斯三者,则知所以修身;知所以修身,则知所以治人;知所以治人,则知所以治天下国家矣。"

这个"子曰",朱子《中庸章句》认为是衍文。因为子思从《孔子家语》抄这篇文章,删得不太干净,所以多了"子曰"两个字。

《中庸》说,"好学近乎知",喜欢学习就接近于知;"力行近乎仁",实实在在去做就接近于仁;"知耻近乎勇",知道羞耻就接近于勇。这与20·2讲三达德是一脉相承的。"知斯三者,则知所以修身",知道以上三个方面,就知道怎么修养自己;"知所以修身,则知所以治人",知道怎么修养自己,就知道怎么治理别人;"知所以治人,则知所以治天下国家矣",知道怎么治理别人,就知道怎么治理天下国家。

这里落到天下国家,表明20·4将谈论这方面的事情。正如朱子《中庸章句》所说:"天下国家,则尽乎人矣。言此以结上文修身之意,起下文九经之端也。""九经之端",大意是九经的起始。朱子《中庸章句》第二十章七次使用"九经之……"的表述结构(不包括"……九经之属"),两次见于吕大临(1040—1092)的引文,另五次是朱子的归纳总结,可见朱子力图用逻辑的方式架构自己对于《中庸》的理解与阐释。

20·4 凡为天下国家有九经,曰:修身也,尊贤也,亲亲也,敬大臣也,体群臣也,子庶民也,来百工也,柔远人也,怀诸侯也。修身则道立,尊贤则不惑,亲亲则诸父昆弟不怨,敬大臣则不眩,体群臣则士之报礼重,子庶民则百姓劝,来百工则财用足,柔远人则四方归之,怀诸侯则天下畏之。

"凡为天下国家有九经",凡是治理天下国家有九条基本原则。"九经"是什么呢?就是"修身也,尊贤也,亲亲也,敬大臣也,体群臣也,子庶民也,来百工也,柔远人也,怀诸侯也"。它们是朱子《中庸章句》说的"九经之目",也就是九经的名称。

"修身",是修养自己。《中庸章句》引吕大临说修身是"九经之本",亦即九经的根本。"尊贤",是尊重贤人。"亲亲",是亲爱自己的父母。"敬大臣",是尊敬那些最有分量的官员。"体群臣",是将心比心地体恤一般的官员。朱子《中庸章句》说:"体,谓设以身处其地而察其心也。""子庶民",是把老百姓当儿子看。儒家有"为民父母"的思想,所以"子庶民"就是爱民如子。"来百工",是把各行各业的能工巧匠招揽到自己的国家。"柔远人",是优待远方的来客。"有朋自远方来,不亦乐乎"(《论语》1·1),就是"柔远人"。"怀诸侯",是安抚各路诸侯。

吕大临把以上九个方面称作"九经之序",九经的排序是很有逻辑的。正如吕大临的《礼记解·中庸》所说:

> 经者,百世所不变也。九经之用,皆本于德怀,无一物不在所抚,而刑有不与焉。修身,九经之本。必亲师友,然后修身之道进,故次之以尊贤。道之所进,莫先于家,故次之以亲亲。由亲亲以及朝廷,故敬大臣,体群臣。由朝廷以及其国,故子庶民,来百工。由其国以及天下,故柔远人,怀诸侯。此九经之序。视群臣犹吾四体,视庶

民犹吾子,此视臣视民之别。

朱注引过这段话,但中华书局整理本没有把"视群臣犹吾四体,视百姓犹吾子,此视臣视民之别也"放进引号里面,这是我们要特别注意的。

九经有什么效果呢?

第一,"修身则道立",是说修养自己,就会挺立大道,由此树立正确的方向。

第二,"尊贤则不惑",是说尊重有能力的人,思想上就不会有困惑。朱子《中庸章句》说:"不惑,谓不疑于理。"

第三,"亲亲则诸父昆弟不怨",是说我亲爱我的父母,伯父、叔父以及其他兄弟就不会埋怨我。"诸父"是指父亲的兄弟,自己的伯父、叔父。

第四,"敬大臣则不眩",是说尊敬朝中那些重量级的大臣,做事情就不会手足无措。朱子《中庸章句》说:"不眩,谓不迷于事。敬大臣则信任专,而小臣不得以间之,故临事而不眩也。"

第五,"体群臣则士之报礼重",是说就品德优劣而言,大臣与小臣相对应;就爵位高低而言,大臣与群臣相对应。将心比心地体恤一般的官员,那些士人就会滴水之恩涌泉相报。我敬他一分,他会敬我十分,回报更加丰厚。

第六,"子庶民则百姓劝",是说爱民如子,老百姓就能安安心心、心悦诚服。

第七,"来百工则财用足",是说让三百六十行的能工巧匠都来谋生,我们国家的经济实力就会越来越强大。

第八,"柔远人则四方归之",是说优待从远方来的客人,他们会把我们国家的好名声传出去,四面八方的人都会投奔而来。

第九,"怀诸侯则天下畏之",是说把各路诸侯安抚好了,天下人都会敬畏你。

以上是朱子说的"九经之效",是说九经的效果。

20·5 齐明盛服,非礼不动,所以修身也;去谗远色,贱货而贵德,所以劝贤也;尊其位,重其禄,同其好恶,所以劝亲亲也;官盛任使,所以劝大臣也;忠信重禄,所以劝士也;时使薄敛,所以劝百姓也;日省月试,既禀称事,所以劝百工也;送往迎来,嘉善而矜不能,所以柔远人也;继绝世,举废国,治乱持危,朝聘以时,厚往而薄来,所以怀诸侯也。凡为天下国家有九经,所以行之者一也。

九经如何具体落实呢?下面是朱子说的"九经之事",是说九经的做法。

第一,"齐明盛服,非礼不动,所以修身也"。"齐",音zhāi,古同"斋"。"齐明"是内心干干净净,就像吃斋一样。"盛服"是仪表整洁。张爱玲(1920—1995)的《更衣记》有一句话说:"我们各人住在各人的衣服里。"我们每个人都住在自己的衣服里面。衣服是人与禽兽相区分的重大标志,同时是每个人体现自我精神、自我品格的重要标志。内心安静,仪表整洁,不符合礼的事情坚决不做,这是修身、修养自己的方式。

第二,"去谗远色,贱货而贵德,所以劝贤也"。"去谗",是把那些小人从朝廷里面赶出去。"远色",是远离那些美色,不受美色的诱惑。"贱货而贵德",是对物质的东西看轻、再看轻,而对道德的东西看重、再看重。这是劝贤、勉励贤者的方式。

第三,"尊其位,重其禄,同其好恶,所以劝亲亲也"。"尊其位",是让亲人的地位尊贵起来。"重其禄",是让亲人的俸禄丰厚起来。"同其好恶",是原则上对于亲人的好恶予以肯定。这是劝亲亲、勉励亲人的方式。

第四,"官盛任使,所以劝大臣也"。大臣是朝廷里面道德威望最高、执行力最强的人。朝廷要运转,国家要治理,最离不开的就是大臣。大臣的人数不会很多。要为这些大臣配备足够多的下级官员,这是"官盛"的意思。大臣下面的办事人员一定要多,要达到相当的数量。大臣想办事,才能找到相应的官员去做,这是"任使"的意思。这是劝大臣、勉励大臣的方式。

第五,"忠信重禄,所以劝士也"。对于一般的官员,"忠信"是充分相信他们,"重禄"是给他们丰厚的待遇。这是劝士、勉励士人的方式。

第六,"时使薄敛,所以劝百姓也"。"薄敛"好理解,就是轻徭薄赋,少收一点赋税。"时使"是什么意思呢?古代经常抓老百姓做事,比如修长城、治大江大河。如果做这些事的时间与春天播种的时间、夏秋收割的时间相冲突,怎么办?春天不能不播种,收割季节不能不收割。所以,朝廷抽调劳力去当壮丁,一定不要违背农业生产的作息时间,这就是"时使"。不违背农业生产的作息时间抽他们的壮丁,同时少收他们的赋税,这是劝百姓、勉励老百姓的方式。

第七,"日省月试,既禀称事,所以劝百工也"。"日省月试",是古代的考评制度。"日省",是天天检查;"月试",是月月考试。"既禀称事"比较难理解。"既",读xì,意思是我把东西拿给别人。"禀",是"仓廪实而知礼节"的仓廪,相当于粮仓。"既禀",是我从粮仓里面拿出粮食给别人。"称事",是统计你到底做了多少事。"既禀称事",按照现在的说法,就是计件付酬、按劳取酬。整句话的意思是:我天天检查你的工作,月月考评你的业绩;你做了多少事,我就从仓里拿多少粮食给你。这是劝百工、勉励三百六十行的方式。

第八,"送往迎来,嘉善而矜不能,所以柔远人也"。"送往迎来"是说:你走的时候,我热烈欢送;你来的时候,我热情欢迎。"嘉善而矜不能"是说:你做得好,我表扬你;你有困难,我帮助你。这是柔远人、优待远方来客的方式。

第九,"继绝世,举废国,治乱持危,朝聘以时,厚往而薄来,所以怀诸侯也"。安抚诸侯的工作量最大。古代的战争特别多,有的国家一不小心就被灭掉了。不要让那些灭国的世家大族断子绝孙,要让他们的后代延续下来,这是"继绝世"。对于那些走向衰落的国家,我们要好好扶持,这是"举废国"。"继绝世,举废国"这几个字,《论语》20·1也谈过。

"治乱持危",是说发生叛乱,我们要平定它;出现危险,我们要解决它。《礼记·王制》说:"诸侯之于天子也,比年一小聘,三年一大聘,五年一朝。"朝、聘都是讲诸侯怎么对待天子:朝是诸侯亲自去见天子,每隔五年去见一次;聘是诸侯派自己的特使去见天子,每年一小聘,三年一大聘。"朝聘以时",是说诸侯见天子,要按规矩办。诸侯朝聘天子,会送一些礼。诸侯走的时候,天子也会给他送一些礼。"厚往而薄来",是说你来见我,带一点点礼物就可以了;但你走的时候,我会大包小包给你送很多礼。这是怀诸侯、安抚诸侯的方式。

讲完九经该怎么做,《中庸》的总结是:"凡为天下国家有九经,所以行之者一也。"凡是治理天下国家有九条基本原则,它们得以实行的道理都是一样的。20·2讲过"所以行之者一也",这里也讲了,又出现了"一"。朱子《中庸章句》说:"一者,诚也。一有不诚,则是九者皆为虚文矣,此九经之实也。"九经所以得到实行的道理都是一样的,这个道理就是一心一意、真实无妄。它是"九经之实",是九经的本质。《中庸》第二十章的主要内容是"三五九",它们又由"一"统率,所以叫作"一三五九"。

20·6 凡事豫则立,不豫则废。言前定则不跲,事前定则不困,行前定则不疚,道前定则不穷。

20·5的结尾讲"凡为天下国家有九经",注意这个"凡"字,因为20·6的起首正是这个字。读《中庸》,"凡事豫则立,不豫则废",这是我们最熟悉、最朗朗上口的一句话。"豫"是什么意思呢?就是事前有准备。整句话的意思是:做任何事情,事前有准备,就会成功;事前没有准备,就会失败。

下面有四个"前定",意思也是豫,事前有准备。对于"凡事豫则立",《中庸》从四个方面进行解释:

第一,"言前定则不跲"。跲(jiá),原义是走路不稳,老是被绊倒。说话如果事前有准备,准备好了要讲什么,讲的时候就不会磕巴,就会很流畅。

第二,"事前定则不困"。事前准备好做什么事,就不会百无聊赖、手足无措、陷入困惑。

第三,"行前定则不疚"。行动前计划好该怎么做,你在做的过程中就不会手忙脚乱、漏洞百出、到处是毛病。"事前定"是事前准备做什么事,"行前定"是行动前准备该怎么做,这两者是有区别的。

第四,"道前定则不穷"。这个"道",有人说是大道理,有人说是走路。我觉得这里解释为走路比较好。意思是:事前知道路该怎么走,就不会迷失方向、走投无路。扩展开来,在人生的每个节点上,我们应当确定自己的路怎么走;否则,走到十字路口,我们就会迷失自己的方向。

20·7 在下位不获乎上,民不可得而治矣。获乎上有道:不信乎朋友,不获乎上矣。信乎朋友有道:不顺乎亲,不信乎朋友矣。顺乎亲有道:反诸身不诚,不顺乎亲矣。诚身有道:不明乎善,不诚乎身矣。

哪些人在"凡事豫则立,不豫则废"方面做得不好呢?《中庸》举的例子是:"在下位不获乎上,民不可得而治矣。"20·1出现过这句话,属于子思重复抄的文字,这里才是它应有的位置。意思是:下级得不到上级的信任,老百姓肯定得不到治理。

怎么获得上级的信任呢?"获乎上有道:不信乎朋友,不获乎上矣。"让上级相信你,是有方法的。这个方法是让朋友相信你,否则你将得不到上级的信任。这句话也可以这样表达:"获乎上有道,信乎朋友也;不信乎朋友,不获乎上矣。"《中庸》在表述这层含义的时候,省略了"信乎朋友也"几个字。相应地,下文有可能出现的"顺乎亲也""反诸身而诚也""明乎善也"几句也都省略了。

怎么让朋友信任你呢?"信乎朋友有道:不顺乎亲,不信乎朋友矣。"让你的朋友信任你,是有方法的。这个方法是孝顺你的父母,否则你将得不到朋友的信任。你连你的亲人都不孝顺,你能够对你的朋友好吗?

怎么孝顺自己的父母呢?"顺乎亲有道:反诸身不诚,不顺乎亲矣。"孝顺父母,是有方法的。这个方法是认识到自己还没有真正做到真实无妄,你也不可能孝顺好父母。"诚"是《中庸》最为举足轻重的关键词,这里略做解释。诚,它是真的,不是假的;它是实的,不是虚的;它是自然而然的,不是夸张做作的。朱子《中庸章句》把"诚"解释为真实无妄,是极有道理的。

怎么让自己真实无妄呢?"诚身有道:不明乎善,不诚乎身矣。"让自己真实无妄,是有方法的。这个方法是你不知道善是什么,你就不能让自己真实无妄。朱子《中庸章句》说:"不明乎善,谓未能察于人心天命之本然,而真知至善之所在也。"这里的善是善良、良知,是讲我们的人性是本善的。孟子说的善、信、美、大、圣、神六种美好品质(《孟子》14·25),均能被"明乎善"统摄。

20·7的意思是:下级要获得上级的信任,必须得到朋友的信任;要得到朋友的信任,必须孝顺父母;要孝顺父母,必须修养自己;要修养自己,必须明白善到底是什么,明白良知到底在哪里。这与《礼记·大学》讲的"大学之道,在明明德,在亲民,在止于至善"、《孟子》13·4说的"万物皆备于我矣。反身而诚,乐莫大焉。强恕而行,求仁莫近焉"是密切相关的。

20·8 诚者,天之道也;诚之者,人之道也。诚者不勉而中,不思而得,从容中道,圣人也。诚之者,择善而固执之者也。

《中庸》第二十章共有九个段落。这次解读安排我讲前面七节,而最后两节由孔德立教授讲解。为了讲得更系统一些,我对这两节也略做解读。

20·8的大意是:真实无妄,是上天的法则;追求真实无妄,是做人的法则。所谓真实无妄,不用勉强就能做好,不用思考就能得到,自然而然就符合中庸之道,这样的人是圣人。所谓追求真实无妄,就是选择良善,而且执着地实践。朱子《中庸章句》解释这一节说:

此承上文诚身而言。诚者,真实无妄之谓,天理之本然也。诚之者,未能真实无妄,而欲其真实无妄之谓,人事之当然也。圣人之德,浑然天理,真实无妄,不待思勉而从容中道,则亦天之道也。未至于圣,则不能无人欲之私,而其为德不能皆实。故未能不思而得,则必择善,然后可以明善;未能不勉而中,则必固执,然后可以诚身,此则所谓人之道也。不思而得,生知也。不勉而中,安行也。择善,学知以下之事。固执,利行以下之事也。

20·7讲了诚,20·8就马上讲诚,这是《中庸》富有逻辑性的体现。真实无妄是天之道,追求真实无妄是人之道,这是思孟学派对于"诚"的经典表达。

《孟子》7·12说:

居下位而不获于上,民不可得而治也。获于上有道:不信于友,弗获于上矣。信于友有道:事亲弗悦,弗信于友矣。悦亲有道:反身不诚,不悦于亲矣。诚身有道:不明乎善,不诚其身矣。是故诚者,天之道也;思诚者,人之道也。至诚而不动者,未之有也;不诚,未有能动者也。

它与《中庸》20·7、20·8在文字上的高度一致,鲜明地体现了思孟学派的一脉相承。

20·9 博学之,审问之,慎思之,明辨之,笃行之。有弗学,

学之弗能弗措也；有弗问，问之弗知弗措也；有弗思，思之弗得弗措也；有弗辨，辨之弗明弗措也；有弗行，行之弗笃弗措也。人一能之，己百之；人十能之，己千之。果能此道矣，虽愚必明，虽柔必强。

20·9 的大意是：广泛地学习它，详细地询问它，周密地思考它，清晰地辨别它，切实地实行它。要么不学习，学习了而没有学会，绝不罢休；要么不询问，询问了而没有懂得，绝不罢休；要么不思考，思考了而没有收获，绝不罢休；要么不辨别，辨别了而没有搞清楚，绝不罢休；要么不实行，实行了而没有成效，绝不罢休。别人一次就能做到，我做一百次；别人十次就能做到，我做一千次。果真能够这样做，愚笨者必定聪明起来，柔弱者必定刚强起来。

这里讲到学、问、思、辨、行。"博学、审问、慎思、明辨、笃行"也是中山大学的校训，可见《中庸》这一思想对现代大学精神、当代中国文化的影响深切著明。对于这五个方面，要么不做，要做就一定要做好。比如，"有弗学，学之弗能弗措也"，你要么不学，如果学的话，一定要学会，否则就不要去学。后面四个方面，同样如此。

20·9 的最后说："人一能之，己百之；人十能之，己千之。果能此道矣，虽愚必明，虽柔必强。"别人一次就做好了，但我做一百次；别人十次就做好了，但我做一千次。圣人达到善的境界，达到诚的境界，可能一次就做成了。我不是圣人，但我要通向圣人之境，所以我要花上一百倍的功夫去做。假如每个人都能这样做,"虽愚必明",再愚笨也会变得聪明;"虽柔必强",再柔弱也会变得坚强。李贽(1527—1602)的《四书评·中庸》说:"故知大圣大贤,决不作空头话也。"诚哉斯言!

《中庸》第二十章主要讲述了"一三五九"的关系。所谓"三五九","三"是知、仁、勇,三种道德品质;"五"是君臣、父子、夫妇、兄弟、朋友,五种伦理关系;"九"是修身、尊贤、亲亲、敬大臣、体群臣、子庶民、来百工、柔远人、怀诸侯,九种治国方略。"一"怎么理解?它首先落实到普遍的我,再具体落实到作为治国理政最高统治者的我。我是治国理政的最高统治者,我怎么做到一?就是诚,真实无妄。修养自己的关键在于一,在于诚,在于真实无妄。修身立其诚,才能把"三五九"全部带动起来。这是《中庸》第二十章的基本思想。

《中庸》第二十章的篇幅很长,内涵十分丰富。就内涵而言,它一方面对三达德(三种道德品质)、五达道(五种伦理关系),尤其是对九经(九种治国方略)这些伦理政治思想进行了详细的解说;另一方面从哲学思辨角度,认定三达德、五达道、九经均由"一"统摄,进而以"诚"释"一",真实无妄是一、诚的本体界定。就篇幅而言,它是一篇千字文,相当于《中庸》全文的五分之一。我们将它分成九个段落,目的在于进一步释放这一章丰富多彩的传统文化精髓,敞开这一章步步推进的逻辑表述结构。

朱子《中庸章句》为这一章写的章指说:

> 此引孔子之言,以继大舜、文、武、周公之绪,明其所

传之一致,举而措之,亦犹是耳。盖包费隐、兼小大,以终十二章之意。章内语诚始详,而所谓诚者,实此篇之枢纽也。

《中庸》从首章到第二十章,大体是子思复述孔子的话,照着孔子讲;从第二十一章到最后一章,才是子思接着孔子讲,讲自己的思想。"诚"是子思最重要的思想创见,而它是第二十章的枢纽。由此可见,《中庸》第二十章在全文三十三章中发挥了起承转合的巨大作用。

小结:"大德受命"的现代解释

与前面、后面相比,《中庸》第十七章至第二十章主要讲伦理政治思想,内容有点特别。但是,也正因为谈了伦理政治思想,这四章特别重要,它们让抽象的哲学思辨在治国理政上面得到具体的落实。所以,这四章是与整个《中庸》连为一体的,第二十章尤其是承上启下的关键部分。

对于"大德受命",朱子的解释是有最高道德的人受天命为天子,接受天命成为帝王。这是传统政治哲学的精义,包含深刻的哲理。我们今天怎么看"大德受命",如何进行现代转化呢?以前的"大德受命"只讲帝王,今天则要面向所有人。"大德受命"的现代意义,就是每一个人都要修养自己,都要治国平天下。用孟子的话说,一方面,"天将降大任于是人也,必先苦其心志,劳其筋骨,饿其体肤,空乏其身,行拂乱其所为,所以动心忍性,曾益其所不能"(《孟子》12·15),艰难困苦,玉汝于成,我们要培养大德;另一方面,"夫天未欲平治天下也;如欲平治天下,当今之世,舍我其谁也"(《孟子》4·13),我们要受命,有历史担当感。我们今天应当在这一意义上理解"大德受命"。

每个人都要进行良好的道德修养,培养方方面面的能力,把道德修养、科学知识、人文关怀运用于治国理政,运用于伦理道德实践,这是对"大德受命"的现代解释。我们生于这个伟大的时代,这个时代需要我们伟大的参与。因为我们伟大的参与,我们这个时代必定是伟大的!

诚明之道

——《中庸》第二十一至二十六章解读

孔德立 解读

第二十章"哀公问政"是《中庸》全篇的转折点。二十章之前有诸多引文,二十章之后是子思集中论"诚"与圣人之道的内容。这一讲要讲的第二十一至二十六章是集中论"诚"的内容。

"诚"是中国文化传统中的重要概念。在中国哲学思想语境中,"诚"是最具中国独特文化内涵的标识之一。前不久,南京大学党委书记张异宾教授,也是我在南京大学攻读博士学位时讲授"西方马克思主义理论与思潮"的老师。张老师在给2018届南大毕业生的寄语中说:

> 真诚,奠基着你们为人、为学;平实,建构着你们的处世、做事;儒雅,塑形着你们的生活呈现的样态;担当,支撑着你们勇猛的不屈存在。这种我诚故我在的南大精神,将伴随你们一生的努力、曲折和成功。

张老师把南大精神表述为"我诚故我在",并以真诚、平实为基础,阐发了儒雅与担当的精神,深情地说:"南大学子生命中最重要的坚守,是穿透低俗物欲,自明和从容地走自己独特的生活道路。""自明"与"从容"恰是"诚"的表现形式。在开讲之前,我推荐给各位朋友南京大学张异宾教授的2018届毕业寄语。这篇寄语蕴含"诚"的精神,本身就具有思想的穿透力,穿透时代,余音绕梁,指引未来。

思想何以具有穿透力?是因为思想对于我们的生活具有精神的指引作用。哪种思想具有这种指引作用?符合人性、洽于天道的思想,才深得吾心,才具有这种指引作用与穿透力!中国人的文质彬彬的君子形象、知书达礼的教养、知行合一的为人处事之道,无不贯穿着一个"诚"字。可以说,"不诚无物"。

我们首先看第二十章论"诚"的内容,共六句话:

(1)诚者,天之道也;诚之者,人之道也。诚者不勉而中,不思而得,从容中道,圣人也。

(2)诚之者,择善而固执之者也。

(3)博学之,审问之,慎思之,明辨之,笃行之。

(4)有弗学,学之弗能弗措也;有弗问,问之弗知弗措也;有弗思,思之弗得弗措也;有弗辨,辨之弗明弗措也;有弗行,行之弗笃弗措也。

(5)人一能之,己百之;人十能之,己千之。

(6)果能此道矣,虽愚必明,虽柔必强。

这段话的上一句是"不明乎善,不诚乎身矣"。再往上推,明善是为了诚身,诚身是为了顺亲,顺亲是为了信朋友,信朋友是为了居于下位的人获上,获上是为了治民。很明显,这段内容论述了从"明善"到具备"治民"资格的过程,也就是如何达到"修己",从而具备"安人"修为的过程。明善即修己,治民即安民。那么,问题的起点在哪里?在于明善。如何"明善"?从下文来看,明善就是"诚之"的过程,由"诚之"而"明善"正是一个人完成修身的过程,即"诚明之道"。

《大学》的八条目中,第三个条目是"诚意","诚意"之前是"格物""致知"。"物格而后知至,知至而后意诚",没有格物、致知的工夫,"意"不会自然而"诚"。"格物"是"致知"的前提,"致知"是"诚意"的基础。《大学》与《中庸》此"诚"的方式是相同的,只是侧重点不一样。《大学》侧重于从实践讲,《中庸》更强调理论阐释。但是,两者都认为要有一个不断提升的过程。

什么是诚?诚就是实,诚就是不虚、不假、不妄。诚就是事物的本来状态,真实状态。诚是没有经过粉饰,没有虚的成分,没有夸大的内容,是真实本来的样子。孔子讲的"不伐善",就是不夸大功劳。不夸大,不说大话就是"诚"的表现。这听起来有点像老子讲的自然之道。实际上,儒家讲的"诚"确如道家讲的"道"的意味。

"诚者,天之道也;诚之者,人之道也。诚者不勉而中,不思而得,从容中道,圣人也。诚之者,择善而固执之者也。"朱熹注解说:

> 诚者,真实无妄之谓,天理之本然也。诚之者,未能真实无妄,而欲其真实无妄之谓,人事之当然也。圣人之德,浑然天理,真实无妄,不待思勉而从容中道,则亦天之道也。未至于圣,则不能无人欲之私,而其为德不能皆实。故未能不思而得,则必择善,然后可以明善。

"诚"与"诚之"分别被寄予了"天道"与"人道"的特征。"诚"与天道、天理相合,是纯粹的、完美的、真实的事物本然状态。圣人合于天道,故圣人做事从容不迫、不偏不倚、恰到好处,圣人被寄予了"诚"的特征。

圣人与普通人的区别在于,圣人聪明睿智,为普通人所不能及,《中庸》第三十一章论述了圣人之道,我们这里不展开。我赞同《孟子》书中的讲法,圣人也是人,是人里面的出类拔萃者,圣人需要经过修身的过程,才可以达到圣人之境。不过,由于圣人先天具有的聪明睿智、坚韧毅力,使得常人无法企及。也就是说,圣人的先天潜质比常人好,又比常人好学、有毅力,所以圣人才可以达到至圣至诚的境界。一旦达到,圣人就可以游刃有余,悟得天理。

这里,可能会有人提出异议,圣人不就是天才吗?为了教化的需要,儒家需要塑造圣人作为先觉先知,作为万民的表率。但是,也请各位注意,孔子不承认自己是圣人,好像真正的儒家从来不说自己是圣人。儒家一般会往前追溯一个榜样或典范,指示当下与未来。这种做法也是世界上任何伟大的教化思想与宗教所具有的共同的特征。我个人认为,儒家更高明。儒家塑造一个圣人出来,又不说自己是圣人,与众人一起修身,一起努力,共同走诚明之道。所以,儒家文献,包括《中庸》在内,其着力点都在于使常人如何接近"圣",成为"圣人"。

既然我们大家都是常人,就会有人欲之私;有人欲之私,就与天理指示的道路发生偏差,做事就会"不实""不诚"。我们常说,"不实诚","不实在"。为什么会不实诚?不正是因为有一己之私吗?

一己之私的表现是什么?贪欲。正常的人欲,饮食、男女、饱暖的需要,都是天理,不是人欲,超过正常需求的范围的索取才是人欲。有的人贪欲钱财,有的人贪欲权力,有的人贪欲功名,有的人贪欲美色。只要有贪欲之私,就违反了天理之公,背离了天道之诚。因此,要回归到人的本性,回归天道指示的诚明,就要克服人欲,接近天理。人欲退一步,天理就进一步。从这一点上说,天理与人欲是相对立的。

《孟子》七篇中对于这部分内容有不少论述。比如,孟子说:"仁,人心也;义,人路也。舍其路而弗由,放其心而不知求,哀哉!人有鸡犬放则知求之,有放心而不知求。学问之道无他,求其放心而已矣。"(《孟子·告子上》)孟子感叹说,鸡与狗丢了,人们知道去找回来,仁义丢了却不知道去找回来!所以孟子说:"万物皆备于我矣,反身而诚,乐莫大焉。"(《孟子·尽心上》)《中庸》第二十章的"反诸身不诚,不顺乎亲"与《孟子》的"反身而诚,乐莫大焉",其意一也。"反诸身不诚,不顺乎亲",倒过来就是"反身而诚,顺乎亲",孟子说君子

"三乐",其中"一乐"是"父母俱存,兄弟无故"。"父母俱存",君子才可以"顺乎亲"。《中庸》与《孟子》此处都是以"孝"讲"诚"。因为孝是最真实的情感,是最诚挚的情感,所以,"诚"是"孝"的基础。

从"不诚"到"诚",是"择善而固执之"的过程。择善,需要基本的价值判断,要知道什么能做,什么不能做。孟子把这种价值判断与选择称为"是非之心"生发出来的"智"。选择是第一步,接下来还要内化为心中的自觉,并能坚守。这个过程就是"博学之,审问之,慎思之,明辨之,笃行之"的过程。

博学、审问、慎思、明辨、笃行分为两个阶段,其中博学、审问、慎思、明辨属于"择善"阶段,"笃行"是"固执"的过程。我们经常说"学问"与"思辨"这两个词,读了《中庸》,我们才知道,《中庸》告诉我们,学问、思辨不是两个词,而是四个,每个字都是一个修身的阶段,都蕴含着丰富的内涵。

博学,广博涉猎,知识面要打开,眼界要打开,心胸也要打开,不能带着成见去学,而要兼容并包。就此而言,儒学从先秦时期就是开放的知识体系。审问,就是不盲从,要考究清楚,要有质疑的精神。慎思,是讲对所学的知识要慎重思考,沉静下来思考,往深处思考,如此才可以把外在的"知"转化为内在的"识"。明辨,是要清楚地进行归纳、定位,从而运用到行动上。

博学是主体接触客观知识,审问与慎思是主体认识客体的过程,明辨是主体认识客体的结果。至此,修身初具成效。但是,人欲之私面临的诱惑太大,通往成功的修身之路上,有不断反复的过程。所以,有了一点成绩之后,要转化为行动,要一直坚守下去,笃行的过程就是坚守、固守的过程,就是"固执之"。如此,才可以明得诚者之道,才可以达到"不勉而中,不思而得,从容中道"的境界。我国著名历史学家吕思勉先生(1884—1957),生前为华东师范大学历史学教授,学术界把钱穆、陈垣、陈寅恪、吕思勉四位先生并称为"现代中国四大史学家"。思勉先生,字诚之。他的名与字即源于《中庸》第二十章。

这个学、问、思、辨、行的过程是从孔子到子思一以贯之的修身理论。孔子当年面临的贵族礼仪秩序的崩坏,正是由于贵族不学礼、不守礼、不敬礼、不能笃行而造成的。因此,重建礼仪之道的起点是学礼,然后是理解礼的内涵、遵守礼的规矩、坚守礼的精神。从《论语》来看,这种以"学"为起点,以"笃行"为坚守的儒家修身之路已经开启了,只是限于《论语》文本的表述,显得这个理论不系统。我们今天从《中庸》"博学之,审问之,慎思之,明辨之,笃行之"的论述,可以清晰地看出来,到了子思的时代,这种理论的建构已经完成。正是由于这种理论建构的完成,我们再读《孟子》的时候才会感觉到,孟子不必用太多的篇幅去论证为善的过程了。因为这个问题已经解决了。

由于人们的修身道路上会有各种困难。困难既来自外在,又来自内在的自我。特别是来自内在自我的抵触,是最难战胜的。因为这种困难的特征是释放内心的欲望,凸显自我,获得满足与利益。这种欲望与修"诚"的道路背道而驰。"反身而诚"的最大障碍源于自我内心的私欲。无论是学、问、思、辨,还是行,各阶段都存在这种困难。因此,接下来要继续对这个过程进行反复强调。

《中庸》说:"有弗学,学之弗能弗措也;有弗问,问之弗知弗措也;有弗思,思之弗得弗措也;有弗辨,辨之弗明弗措也;有弗行,行之弗笃弗措也。"

此处的"弗"字是"不"的同源字。意思是,不学则已,学就要学成,不能不安放好。以此类推,不问则已,问就要问明白;不思则已,思就要思周详;不辨则已,辨就要辨明晰,理清楚;不行则已,行就要持之以恒,不能中途而废。

在修身的道路上,人的才智不同,禀赋不同,性格不同,悟道所付出的努力必然不同。聪明的人或者条件资源好的人,可以轻松地实现目标;愚钝的人则可能要付出数十倍数百倍的努力。此即所谓"人一能之,己百之;人十能之,己千之",别人付出一分努力,你自己要付出百分;别人付出十分,你就要付出千分。"果能此道矣,虽愚必明,虽柔必强",如果懂得了这个道理,即使愚钝的人也会明白,即使柔弱的人也会刚强。

朱熹引吕大临曰:"君子所以学者,为能变化气质而已。德胜气质,则愚者可进于明,柔者可进于强。不能胜之,则虽有志于学,亦愚不能明,柔不能立而已矣。"君子为学,是为了改变气质。吕大临讲得特别有道理。我们一般认为,为学是为了学知识,但是如果知识不能转化为内在的教养,知识只是外在的,还不属于你。知识改变命运,这句话影响了很多人。

但是，任何事情过头了就会出问题，唯知识论大盛，就会促使大家单纯追求知识。所谓的成绩好、学习好，都是指知识积累多。但是，知识掌握多的人未必就是君子。《光明日报》曾发表过我的一篇文章，是讲青年学生读书的问题。文中谈到，有的人书读了不少，但未必称得上读书人。中国文化语境中的读书人，是温文尔雅、文质彬彬、知书达礼的君子。但是，如果把知识与行为割裂开，把物欲与精神割裂开，人就不是诚的，社会就不是善的。特别是不诚的人具有一定的位置，就会做出不善的事。因为，选拔他们的标准、衡量他们成功的标志不是符合天道、天理的诚，而是与诚背道而驰的虚与假。他们的学只是改变了知识积累的规模，比如词汇量增多、计算能力增强等，这些都不是能改变气质的手段。因此，从这个意义上说，单纯知识的积累没有改变气质，愚还是愚，不明还是不明。

人们认可的符合天理的标准是无恶之善，人性的差异是昏明强弱的性格与气质。吕大临曰："诚之者，所以反其同而变其异也。夫以不美之质，求变而美，非百倍其功，不足以致之。""诚之"的过程就是把不美的气质变为相同的美的气质。这个过程是艰辛的，所以要付出百倍的努力才可以实现。

我在给学生上课时经常说，我们今天面临的修身的困境比古代人大得多。在资本主义兴起之前，传统社会中的人们面对的诱惑比今天的少，我们今天想要改变气质，与古人相比，更加困难。古代的人们没有这么强大的物欲冲击，尚且需要"反身而诚"，付出百倍的努力，才可以修身，何况今人呢？当潜藏于人们心底的欲望在资本力量诱惑下被激发出来的时候,沉潜的修身就变得日益困难。西方文化的源头是古代希腊与罗马的文化。他们的文化是激发人兴奋的酒神文化,以释放与激情为特色。在资本主义兴起后,特别是进入现代以来,西方也面临德性伦理的危机问题。美国学者麦金太尔在《德性之后》一书中揭示了这个问题。但是,学者是学者,思想家是思想家,社会还是按照大多数人的潮流往前走。比如这段时间,俄罗斯世界杯进行得如火如荼,中国球迷调侃说,除了中国球队没有去俄国,其他都去了。但是,大家有没有想过这个问题,为什么中国球队进不去世界杯?为什么世界杯会具有这么大的吸引力?为什么影响全世界的大型体育比赛、商业论坛、学术大会大多是西方国家发起与主导的,标准与平台都是西方搭建起来的?甚至是家谱——中国特有的文化传统的优势好像也面临挑战,世界上最大的家谱图书馆在美国的盐湖城。

我的思考是,资本主义的运营方式是不断激发人的欲望,不断制作新的规则,容纳更多的人进来,然后,大家在这个平台上获得利益。这种文化追求的不是温文尔雅,不是内敛,而是激情四射与张扬。所以,就此而言,在当前中西文化交融互鉴的时代背景下,我们学习传统文化与思想,特别是让年轻人学习与西方迥然不同的,甚至是气质相反的思想与文化,其困难是可想而知的。因此,我们必须从传统文本中抽出可以支撑我们精神与生活的思想内容,让年轻人感受到传统的价值、《中庸》的思想魅力在今天还在,并且要讲出这种思想魅力在哪里。

以上我们讲的《中庸》第二十章论"诚"的部分,在视为道德的涵养、知识的积累的同时,还可以理解为,一个人不是社会,社会是大多数人的社会。既然社会不是一人的社会,人要懂得这个道理,要学习这种规则并尊重这种规则,不同的人遵守相同的运行规则,就是"诚"之道。人们也只有在遵守共同规则的时候,才可以保证每个人独特的气质,指引每个人的生活。

接下来,我们看第二十一章。

第二十一章

自诚明,谓之性;自明诚,谓之教。诚则明矣,明则诚矣。

这一章,是总结第二十章,并开启下面的讨论。这一章讲两点:由诚而明与由明而诚。"自"是由、通过的意思。"诚"是实实在在的天性与天道。"明"是显明、显现,与《大学》的"明明德"的第一个"明"字意思是一致的。由诚而明,是天赋之本性,是自然而然的结果。由明而诚,是人道教化、修身的结果。"自诚明"对应《中庸》首章的"率性之谓道","自明诚"对应"修道之谓教"。朱熹注曰:"先明乎善,而后能实其善者,贤人之学。由教而入者也,人道也。诚则无不明矣,明则可以至于诚矣。"此章进一步总结上一章论诚明之道,特别是总结"博学之,审问之,慎思之,明辨之,笃行之""择善而固执之"的由明而诚的人道教化之路。

接下来是第二十二章。

第二十二章

唯天下至诚,为能尽其性;能尽其性,则能尽人之性;能尽人之性,则能尽物之性;能尽物之性,则可以赞天地之化育;可以赞天地之化育,则可以与天地参矣。

这一章从天道意义上谈"诚"。大意是:只有至诚的圣人才可以把先天的本性(善性)发挥到极致,丝毫无人欲之私。在圣人天理之性的引导与教化下,人们的先天本性得以彰显,自由自在地发挥其功用。在这种和谐的关系中,万物的物性亦无不明、无不尽地展现出来,按照其本来的规律生长。可见,圣人的至诚赞助了天地自然的变化与发育。从这个意义上来说,圣人与天地的功效相同,与天地同在,并立为三。

这段话论述了至诚的圣人对于他人,对于万物的作用是巨大的。天地提供人们与万物自然的需要,至诚的圣人则有引导与教化之功。因为至诚,其无私之全性尽展现为天理,为他人、万物服务,因此,绝对的无私、绝对的奉献就与天地是一样的。只有天地,没有圣人,谁来引导?因此,赞天地之化育,非圣人不可。曲阜孔庙大成门有雍正皇帝题写的对联:"先觉先知为万古伦常立极,至诚至圣与两间功化同流。"下联的"至诚"与"两间"正出于《中庸》第二十二章。"两间",即天地之间。

我们再看第二十三章。

第二十三章

其次致曲,曲能有诚。诚则形,形则著,著则明,明则动,动则变,变则化。唯天下至诚为能化。

这一章从人道的意义来谈"诚"。此章阐释"诚明之道"的第二个层次。第一个层次是上一章所论的圣人至诚,能尽人之性,尽物之性。但是实际上,圣人只是极少数,大多数或绝大多数不是至诚之人,因此,不具有圣人的无私与尽性。这就是圣人之下的"其次"的那部分人,朱熹曰"通大贤以下凡诚有未至者"。这部分人低于圣人而高于常人,因此,有其弊端与偏私,但是不多。朱熹注曰:"盖人之性无不同,而气则有异,故惟圣人能举其性之全体而尽之。其次则必自其善端发见之偏,而悉推致之,以各造其极也。""致",推致。"曲",一偏。只要找到偏私与弊端的根源,深究下去推到极致,通达天理,则可悟得人欲之私与天理之公的差异,从而自觉遵天理而行。经过诚、形、著、明、动、变,可以达到"唯天下至诚为能化"。

人生活在社会中,不可能不受外界的影响,这样就会遮蔽本来的人性之全。因而,人性之初,就与从容中道的"至诚"存在差距,在"诚明"的道路上,就必然有曲折回旋的过程。这是正常的轨迹,也是人生的常态。《中庸》此处,对于这部分潜质仅次于圣人的贤人"自诚明"的论述,对于儒家修身论的意义更为重要。因为很多人都会经历这样的阶段。上一章讲"唯天下至诚,为能尽其性",此章讲"唯天下至诚为能化","积而至于能化,则其至诚之妙,亦不异于圣人矣"。修身达到一定阶段,特别是达到化的阶段,就实现了至诚的目标,无私无蔽,自然与圣人无异了。

第二十二、二十三章论自诚而明的两种模式,接下来的二十四、二十五、二十六章集中论述诚明的功用与表现形式。

第二十四章

至诚之道,可以前知。国家将兴,必有祯祥;国家将亡,必有妖孽。见乎蓍龟,动乎四体。祸福将至:善,必先知之;不善,必先知之。故至诚如神。

这一章,又是从天道意义上论"诚"。大意是:至诚之道,可以预知未来。国家将要兴盛,必然有祯祥出现;国家将要灭亡,必然有妖孽出现。从占卜与国家的威仪可以显现出来。无论是善带来的福与不善带来的祸,都可以提前知道。所以,至诚如神。

此章接着上一章的"唯天下至诚为能化"往下讲至诚的功用。既然至诚可以洞察事物的变化,当然可以根据事态的发展提前做出判断。通过国家的政令、民众的反映,或者是否有奸臣当道,可以判断国家兴衰成败的走向。至于熟练运用蓍草与卜龟进行测算,是古代圣贤君子的必备技能。这一章看起来有神秘主义色彩,但是在古代社会中,这是被认可的神道设教的正当行为,有些预测还是很有道理的。之所以料事如神,则是因为掌握了大量信息资源,既有深厚的知识储备,又有掌握全局的能力,还有洞悉变化的视野。仔细想想,我们对于局部,对于我们所在单位的未来,通过规章制度的变化、人事布局的安排、基层的反映与运行的实际效果,也可以判断大致的走向,虽然我们不是圣人。但是,如果是至诚至圣的人,判断出来一个单位、国家与天下的大势不也是可以理解的吗?!

第二十五章

诚者自成也,而道自道也。诚者物之终始,不诚无物。是故君子诚之为贵。诚者非自成己而已也,所以成物也。成己,仁也;成物,知也。性之德也,合外内之道也,故时措之宜也。

这一章又回到人道教化的路子上论述"诚"的功用。大意是:诚者物之所以自成,道者人之所当自行。天下之物,必有存在的道理,如果合理性不在了,物也就不存在了。理本于人心,人之不诚,即理之不存,因此,不诚无物。人心一有不实,虽然有所为,也如同没有,所以君子必以诚为贵。人心如有不实,道也走不通了。虽然说,诚可以成就自己,也自然及物,人之道寄予物之中。成就自我是仁,成就他物是智。仁与智是自我本性的两面,无内外之别。得于己,必然现于物,人性之德,正是体现在己与物的内外之道,己与物时时安排妥当,各得其宜,相得益彰。

这一章,把"诚"成就自我与外物结合起来,是"诚"功用的自然外延。第二十二章讲至诚可以尽物之性,尽物之性就是成物。君子推己及人,修己安人,修身以诚,成就自我至诚之境的社会职责就是外展为成就他人,使万物各得其所。

所以,诚不能止步于成己,修己还要安人。儒家的做人必然延伸为做事,"知"必然要转化为"行"。只有内外之道圆融,己物一体,才可以说是至诚。再次,说明"诚"无一丝一毫的私欲,否则,不会成物,内外圆融。《易传》讲"天地大德曰生",大德就是至诚,成就天地万物之生存繁衍就是最大的德,最大的诚。只成己,就是私;有私,就不可能诚;不诚,也就无物。这个理论圆融贯通。合内外之道,统己物之体,是人性与万物合其德,人性挺立天地之间的实现路径。

我们经常说,帮助别人,成就自己。还有就是,由于有时候不诚的现象多于诚的现象,使得我们对自我的诚明之道丧失了信心。其实,诚明,首先是自我的诚明,不要依赖他人。自我之诚的一个检验标准是成物。在现实中,如何理解成物?我认为,尽心尽力把事情办好就是成物,就是明智的做法。偷懒耍滑,是小聪明,是不聪明的做法。事情没办好,既没有功劳,也没有自我的成就,更谈不上提升,所以,不成物,也不能继续提升自己。事情做错了,不敢承认是自我的错,更有甚者,陷害他人,这是愚蠢的做法。因为,违反了"诚"的原则,即不实,不实的东西肯定会暴露。大家想想,生活中有多少事是这样的。所以说,"不诚无物",即不成己,又没有成物,既不仁,又不智。

我们再强调一下,"诚"是自成,如果没有主观的意识、明善的基本素养,是达不到"诚"的。某高校因为在举办毕业典礼时,区别优秀毕业生与非优秀毕业生而被推到舆论的前沿。毕业生有没有资格参加毕业典礼?什么样的学生有资格参加毕业典礼?按照道理这件事该怎么办?为什么现在有人会把好事办得很糟?因为没有从实际出发,违反了"诚"的原则。此之所谓"不诚无物"。

第二十六章

故至诚无息。不息则久,久则征,征则悠远,悠远则博厚,博厚则高明。博厚,所以载物也;高明,所以覆物也;悠久,所以成物也。博厚配地,高明配天,悠久无疆。如此者,不见而章,不动而变,无为而成。天地之道,可一言而尽也:其为物不贰,则其生物不测。天地之道,博也,厚也,高也,明也,悠也,久也。今夫天,斯昭昭之多,及其无穷也,日月星辰系焉,万物覆焉。今夫地,一撮土之多,及其广厚,载华岳而不重,振河海而不泄,万物载焉。今夫山,一卷石之多,及其广大,草木生之,禽兽居之,宝藏兴焉。今夫水,一勺之多,及其不测,鼋鼍、蛟龙、鱼鳖生焉,货财殖焉。《诗》云:"维天之命,於穆不已。"盖曰天之所以为天也。"於乎不显,文王之德之纯。"盖曰文王之所以为文也,纯亦不已。

这一章是这一讲最长的一段,是讲诚的天道功用。大意是:至诚作为天地之至理会一直存在于万物之中,其功用得到不断的检验。存在其中的诚越久,表现于外的检验就越无穷,广博而深厚,高大而光明。悠久致高厚,高厚又悠久。天地之间,万物自生自化。天地之道,可一言而尽,不过曰诚而已。不贰,所以诚也。诚故不息,生物之多,有莫知其所以然也。天地之诚,各其所盛,才有生物之功。此章所论至诚的普遍性,分别从天、地、时上讲。地,博厚,所以可载物;天,高明,所以覆物;时,悠久,所以成物。天、地、时,合而言之,宇宙也。无论时间还是空间,无不充满至诚之理。天地覆物、载物,是无私之大德;万物赖时间而生长,亦是无私之大德。正是因为天地与时间的至诚,才有了生命的存在与万物的繁荣。最后,引《诗》申明文王正是承天道之纯者,至诚无息者,以显示儒者之圣人合于天道,照应儒家教化之典范,亦表明至诚之道可以实现。

综上,这一讲我们讲的《中庸》的诚明之道,是告诉我们从实际出发,不欺、不瞒、不虚、不假的为人处事的态度、方法与原则。从人性的本源出发,人们应该遵守"诚"的指引,获得"诚"的启示,以"博学之,审问之,慎思之,明辨之,笃行之"的做法,"择善而固执之",以此"明诚"。又因为我们不是圣人,最多属于"其次致曲"的一类,所以我们要直面前进中的曲折与困难,甚至是反复。但是,只要我们悟得诚明之道,并且不断努力,就会距离"至诚"之境越来越近。虽然我们有可能达不到"至诚如神"的境界,但是最起码可以"成己成物",

因为这是我们人之为人的基础。

儒家文化的厚重与高远尽在至诚,至诚可以与天地参,可以与天地功化同流。如张横渠所言,"为天地立心,为生民立命,为往圣继绝学,为万世开太平",盖至诚者所为也!

最后,用一句话与诸位共勉:知止,方能止于至善、至诚无息。

圣人之道

——《中庸》第二十七至三十章解读

肖永明 解读

在之前的几讲中,已有多位老师就《中庸》的概况、历史地位、内涵等方面做了非常详尽的介绍。在此我先把《中庸》的历史地位简要地梳理一下。众所周知,《中庸》本来是《小戴礼记》当中的第三十一篇。它和《大学》一样,都是从《小戴礼记》中独立出来的,《大学》是其中的第四十二篇。《中庸》在汉魏时期并没有受到学者特别的关注,这种情况大致持续到了唐代,著名的儒家学者韩愈和他的弟子李翱开始特别强调《中庸》的重要性,将其作为创立儒家心性之学,以对抗佛道之学的非常重要的思想依据和文本依据。

到了宋代,当时的统治者和学者都对《大学》《中庸》极为推崇。比如,宋代的第四个皇帝宋仁宗就已经把《中庸》从《礼记》中抽离出来,将单独成篇的《中庸》赐予新科进士。这是一个有导向性、有特别意义的举动,证明了

《中庸》地位的逐渐升格。同时我们也看到,当时许多著名的学者在向皇帝进行经筵讲习的过程中,《中庸》已成为他们非常重要的进讲内容。所谓的"经筵讲习"是指当时的一些大儒去给皇帝讲经,给皇帝讲授修身、齐家、治国、平天下的道理。在这个讲习过程当中,大家非常熟悉的《大学》《中庸》《论语》《孟子》《易经》等儒家的核心经典都是经筵进讲的重要内容,处于非常核心的位置。

在中国学术发展史上,宋明理学占有很重要的位置,而理学家们尤其重视《中庸》。在他们看起来,《中庸》记载了儒家圣圣相传之道,按照朱熹的说法,即《中庸》是"孔门传授心法"。北宋时期,像范仲淹、胡瑗、欧阳修等著名的儒家学者,都对《中庸》有比较深的研究,留下了相关的著作或者论断。而稍后的王安石、司马光、苏轼也都对《中庸》进行解说,对《中庸》的思想进行了比较深入的阐发。尤其是被称为"北宋五子"的周敦颐、邵雍、张载、程颢、程颐,他们从理学的角度对《中庸》的内涵进行阐发,对《中庸》的思想作了富有创新性的发挥。

到了南宋时期,作为宋代理学集大成者的朱熹,更将《中庸》从《礼记》中彻底抽离出来,并作了《中庸或问》《中庸章句》,对《中庸》进行了非常深入和细致的阐述。尤其是他把《中庸》《大学》《论语》《孟子》合编为"四书",并为之作注解,写成了《四书章句集注》一书。《四书章句集注》在中国思想史、文化史上有非常高的地位。自宋代以后,特别是元代中期以后,一直到 20 世纪初,这部书在科举考试、书院教育、各级官学教育当中,都是一个非常核心的读本。至此,《中庸》从《礼记》中彻底独立出来,成为与"五经"地位相称的儒家经典。

在南宋以来的传统中国,《中庸》是学者士人乃至凡夫俗子都耳熟能详的经典。而随着社会的变革、时代的演进,相较于古人,我们对经典的熟悉程度已大不如前,对经典所承载的文化意蕴更难有深入的体认。因此,我们在研读《中庸》等经典文本时,不妨借鉴前人的一些心得与看法。在此,我们以宋代学者胡瑗和朱熹为例进行说明。

胡瑗是北宋时期著名的教育家、思想家,同时他在宋代理学产生的过程中发挥了重要作用,他是宋代理学的先行者,开理学风气之先,与孙复、石介一起被尊称为"宋初三先生"。范仲淹曾聘请胡瑗做过苏州府学和湖州的教授。胡瑗在苏、湖二地推行了一套有名的教学方法,被称为"苏湖教法"。他主张实行分科教学,立"经义"和"治事"两斋。前者主要学习"六经",注重人的心性修养;后者研究致用之学。欧阳修称赞胡瑗的教学成果说:"其教学之法最备,行之数年,东南之士莫不以仁义礼乐为学。"

胡瑗作为宋初著名的教育家、思想家,在向宋仁宗讨论儒学之道时曾说:"圣人之道,有体,有用,有文。"从胡瑗的本义来看,他认为儒家圣贤所传承的"道"包含"体""用""文"三个层次。"体"即"道"的本体,是一种本原的实在、存有。"用"是指"道"的发用,是在现实生活当中的落实、运用和影响。"文"即"道"的文字或文献组成形式,也就是我们今天所看到的种种儒学典籍。三个层次有轻重之分，以道体最尊，以用为实，以文为载体。然而，我们作为千载以下的现代人，最初接触的"圣人之道"，往往是以经典文本的形式呈现在我们面前，即"文"的层次。借由对文本的阅读、理解，将文本当中的内容与自身的生活经验相结合、相印证、相发明，我们才能逐渐体会到经典的"用处"；通过经年累月的沉潜，我们才能渐渐体认到"道体"这一最高的层次。因此，我们阅读《中庸》，首先应该熟悉文本、理解文本的内涵，进而在生活中去运用、体会从经典中所得的道理，如此沉潜往复，以至于这些道理都内化于我们的心中，实现一种道我合一的境界，做到像孔子所说的"从心所欲不逾矩"。

朱熹在教学中也多次与学生谈到自己如何阅读《中庸》。《朱子语类》对此有大量的记载。如朱熹在和弟子追溯自己研读《中庸》的经历时说：

> 某旧年读《中庸》，都心烦，看不得，且是不知是谁做。若以为子思做，又却时复有个"子曰"字，更没理会处。盖某僻性，读书须先理会得这样分晓了，方去涵泳它义理。后来读得熟后，方见得是子思参取夫子之说，著为此书（即《中庸章句》）。自是沉潜反覆，逐渐得其旨趣。

通过这段论述，我们可以看到，朱熹早年在研读《中庸》之时，也有过许多的曲折，慢慢对《中庸》的作者、历史、分篇、训诂等有了浓厚的兴趣，并长年用力于此。随着工夫的深入与学力的增长，朱熹逐渐能够理解《中庸》所蕴含的深刻义理，最终经过体认反复，沉浸其中，能够将自身的治学修身与义理体认熔为一炉。胡瑗与朱熹两位学者对《中庸》阅读的一些体会，足以为我们今天研读《中庸》提供有用的经验。

《中庸》与《大学》《论语》相似，文本内容被划分为许多章节，章节之间虽有独立，其中却蕴藏着古圣先贤一以贯之的道理。第二十七至三十章虽然为《中庸》的一部分，而其中牵涉到《中庸》的义理诠解与思想价值等核心问题。我们今天在研读《中庸》第二十七至三十章时也采用与胡瑗、朱熹相近的方法，即先从《中庸》的文本入手，厘清文义，辨明章旨，在疏通大义的基础之上对《中庸》的现代价值进行审视。我们将以现代人的视角来审视《中庸》的思想价值，用我们自身的经验去体察《中庸》之道，以期对我们个人品德学识的养成以及社会风尚的革新乃至中华文化的复兴提供一些有益的参考。

第二十七章

大哉圣人之道！洋洋乎！发育万物，峻极于天。优优大哉！礼仪三百，威仪三千。待其人而后行。故曰苟不至德，至道不凝焉。故君子尊德性而道问学，致广大而尽精微，极高明而道中庸，温故而知新，敦厚以崇礼。是故居上不骄，为下不倍,国有道其言足以兴,国无道其默足以容。《诗》曰"既明且哲,以保其身",其此之谓与!

本章可分为四部分解读。首先看第一部分:

> 大哉圣人之道!洋洋乎!发育万物,峻极于天。优优大哉!礼仪三百,威仪三千。

"大哉"是赞叹、赞美之辞。我们在《周易》乾卦以及《论语》所载孔子对尧的称赞中可以看到类似的用法。如《周易》乾卦称"大哉乾元,万物资始";孔子在赞美尧的时候则说"大哉尧之为君"。在此则是对"圣人之道"的赞咏。接着从"发育万物,峻极于天"和"礼仪三百,威仪三千"两个角度来说明,为什么"圣人之道"值得赞美以及"圣人之道"是如何的伟大。

"洋洋"是流动充满的意思。"发育万物"是说圣人之道流动并充满整个天地之间,万物虽多,却都由这"道"发育成长,无物不有,万事万物之中都体现着"圣人之道"。"峻"是高大的意思。在我们的观念里,天是至高无上的。"峻极于天"是说天虽至高,但圣人之道至大而无外,犹如天一样无不覆盖。这是对"圣人之道"的一种描述,强调的是圣人之道充塞于天地之间;这是从大处说圣人之道至大无外,无物不有,无所不在。

"圣人之道",就大处而言,见于天地万物化育之中;就其小处而言,则贯穿于我们日常生活的礼仪规范等细节之中;是说"圣人之道"与我们的日常生活密切相关,体现在日常生活的礼仪规范之中。这里谈到的"礼仪三百,威仪三千",事实上就认为"圣人之道"集中体现于"礼"之中。

那么"礼"究竟为何?我们知道,中国古代是一个特别强调"礼"的社会,我们称我们的古代文明是礼乐文明。表面上,"礼"就是一些具体的规范、规则、原则,好像是我们人为去制订的一些规矩。但在古人的观念中,"礼"源于天道,是天道的一种体现,而不是我们人随意制定的。像《尚书·皋陶谟》篇载:

> 天工人其代之:天叙有典,敕我五典五惇哉!天秩有礼,自我五礼有庸哉!

在中国政治思想发展的早期,大都将君王统治权力归结于天,认为君王得天命而享有王权,即把君王治理人间、统治天下的政权合法性归结于天。因此"天工人其代之"说的就是人君代天理政,代表上天来治理人间社会,管理天下,人间君王的职责就是代天行政。而所谓的"天秩有礼"就是说规范世俗世界的礼仪规范,同样是来源于天的,是天道的体现。我们需要认识到,《中庸》本是《礼记》中的一篇,它本身就具有解释"礼"的作用,而它对"礼"的一个基本认识就是"礼"是有天道依据的,而非世俗的个人随意制作的。

对于"礼仪三百"和"威仪三千",朱熹认为前者是指冠礼、婚礼、丧礼、祭礼这些比较大的礼仪;而"威仪三千"则指一些更加细致的礼仪规定,如对我们日常生活中的服饰、言行、坐立行站等举止细节的规定。在中国传统社会中,"礼"的功能诚然十分强大。从个人方面来说,"礼"确立了一个人基本的行为规范和立身处世的基本原则。孔子就说"不学礼,无以立",孟子也说"礼门义路",认为礼是我们进入社会的一个门径,是最基本的途径。从社会层面而言,"礼"也具有强大的社会功能,它对社会秩序的维持具有举足轻重的作用。所以在古代社会里,"礼"规定了个人的立身处世、社会的和谐运转的基本逻辑;不管是个人的生活,还是整个社会秩序的维持,都离不开"礼"。《中庸》在此是以三百、三千之数强调礼仪规范的详细、繁复。从大的国家邦交到百姓生活的日用伦常,无不渗透着礼仪的相关规范与精神。从大的礼仪而言,有三百之多;而以小的礼节规范而言,更有三千之数;不管是三百还是三千,都是"道"的体现。所以说"道"渗透在我们日常生活的每一个细节当中,"道之入于至小而无间也"。

《中庸》第二十七章的前三句首先赞叹"圣人之道"的伟大,认为它峻极于天,至大无外。天地万物的成长,它都能够去涵括;它能够覆盖天下的万事万物,充塞于天地之间。同时从小处来说,日常生活的言行举止、待人接物,这些礼仪规范都是"道"的体现,都蕴含着"道"。所以这三句从两个方面来说明"圣人之道"至大无外、至小无间的特性。

第二部分：

> 待其人而后行。故曰苟不至德，至道不凝焉。

前三句将"圣人之道"从至大和至小两个层面论述之后，接着强调人的重要性，即"待其人而后行"。事实上，这些具体的礼仪规范需要人根据天地万物的规则去制定，同时对礼的践行也离不开人，所以说人在此过程中发挥着非常重要的作用。因此，《中庸》接下来便对人提出了一定的要求，认为"苟不至德，至道不凝"，就是说如果没有崇高的德行，也就不可能凝聚极高的道。

对于"至德"和"至道"的理解，我们可以参考朱熹的解释。所谓的"道"，朱熹将其解释为"路"，"人物各循其性之自然，则其日用事物之间，莫不各有当行之路，是则所谓道也"，"道者，日用事物当行之理"。简单而言，"道"也就是万事万物应当如此的道理。而所谓"德"者，"得"也，也就是实得于己的"道"即为"德"，即个人作为主体所掌握、理解的那部分"道"，就是个人的"德"。"道"是普遍的、公共的，而"德"则是个人所理解、掌握的那部分"道"，我们通常所说的"道德"实际上也是这样的意思。"道"具有客观性，是万事万物都应当如此，但我们个人对"道"的理解、掌握是有差异的。所以《中庸》在此说，如果没有崇高的德行，就不能够凝聚极高的道，这是对个人所提出的极高的要求，同时也是对德行完满的圣人的呼唤。

因此，如果我们个人的德不是一种"至德"，表面上似乎理解、把握了"道"，但很难达到坚凝贞固的境地，则难以保证所得的"道"不会失去。不能真正凝聚极高的道，又如何能充分发挥道发育万物的功效呢？显然，《中庸》在此是对人的德性进行强调。因此，《中庸》接着要回答的就是个人如何才能实现"至德"的境界。《中庸》此章给出的回答是："尊德性而道问学，致广大而尽精微，极高明而道中庸，温故而知新，敦厚以崇礼。"朱熹对这五句话评价极高，认为其首尾呼应、大小相知，是"圣贤所示入德之方"。

第三部分：

> 故君子尊德性而道问学，致广大而尽精微，极高明而道中庸，温故而知新，敦厚以崇礼。

朱熹在《中庸章句》中解释"尊德性而道问学"时说："尊德性，所以存心而极乎道体之大也。道问学，所以致知而尽乎道体之细也。二者修德凝道之大端也。"就《朱子语类》可见，朱熹的学生问他什么是"尊"，朱熹回答说，"只是把做一件物事，尊崇抬起它"。朱熹在《中庸章句》中则将"尊"释为"恭敬奉持"，简而言之也就是尊崇重视的意思。对于"德性"，朱熹做了一个非常理学化的解释，将其释作"吾所受于天之正理"。"道问学"的"道"可释为由、行；"问学"则是询问讲学。"尊德性而道问学"涉及两个方面：一方面是要尊崇、重视自我的德性，即从上天那里所禀受的正理；另一方面是要想达到恭敬奉持从天那里所受的正理，使其没有丝毫的放失，还须讲究下学工夫，通过询问、讲学的方式去达到这样的目的，要对古今事物之理都不能有丝毫的忽略。

"致广大"是说我们人的认识能力、心胸如何才能广大无边，没有一丝一毫的个人私意去蒙蔽它；是说我们要有广大的心量，把自己的胸怀推到一个广阔无边的境地，而那种只符合个人意愿的想法一丝一毫也不能有，我们所具有的想法都是具有普遍性的，能够得到广泛认同的。"尽精微"是说我们在分析事物之理时能够达到最精细微妙的程度，把事物分析得非常透彻，而无毫厘差错。

"极高明"事实上说的是人的精神境界问题，是说人的精神境界达到一个非常高的地步，就能够没有一丝一毫的人欲之私，能够超乎万物之表，而不为万物所累，这就是一种"高明"的境界。而"中庸"是相对于"高明"而言，是就行事、处事上说。"道中庸"是说我们行事恰到好处，中规中矩，谨慎细致，无过不及，中而平常，在每个细节上都能做到恰到好处，这就是"道中庸"。像朱熹后学、元代理学家许衡就认为，"人心本自高明，君子不以一毫私欲自累，以推极吾心之高明，而于处事又必由那中庸处，不使有过与不及之谬"（许衡《中庸直解》），这就是"极高明而道中庸"。

"温故而知新"亦见于《论语·为政》篇："子曰：'温故而知新，可以为师矣。'"历代学者对"温故而知新"的理解多有不同。最为常见的是从教学层面进行理解，把"温"释为温习,"故"释为已知的知识。"温故而知新"就是说通过温习旧的知识而能够有所新得。比如朱熹就秉持这种理解。在朱熹的理解中,"温故"的目的在于"知新",而且他十分重视"知新",强调"日知其所未知",他指出,"温故然后有以知新,而温故又不可不知新"。此外,"温故"与"知新"还包含了读书的态度、方法的内涵。朱熹强调说读书在于"熟读精思":"大抵观书先须熟读,使其言皆若出于吾之口;继以精思,使其意皆若出于吾之心,然后可以有得尔。"此外,还有从德行、道德角度来理解"温故知新"的,即通过自己不断修养,把自己先天已有的这种光明的德性彰显出来,不为后天的各种情感、认识所蒙蔽,这就是"温故",也就是把"故"理解为我们生而已有的善的德性。还有一种解释就是把"故"当作历史,是说通过对历史的了解,把握其中的规律,然后可以为我们的现在、未来提供某些经验教训,即以史为鉴的意思。

"敦厚以崇礼","敦"是笃实的意思,"厚"是资质朴实。"敦厚"指的是人的德性,"崇礼"是说我们尊崇外在规范,是说一个人既敦厚笃实而又能崇尚礼仪。

就这五者的关系而言,朱熹认为,在这五句之中,"尊德性而道问学"是纲,统领其余四句:

> "尊德性而道问学"一句是纲领。此五句,上截皆是大纲工夫,下截皆是细密工夫。"尊德性",故能"致广大、极高明、温故、敦厚"。"温故"是温习此,"敦厚"是笃

实此。"道问学",故能"尽精微、道中庸、知新、崇礼"。

自"尊德性"而下,虽是五句,却是一句总四句;虽是十件,却两件统八件。

朱熹认为,"尊德性"是"所以存心而极乎道体之大也",而"道问学"是"所以致知而尽乎道体之细也"。可见,"尊德性"主要指存心的工夫,而"道问学"则是致知的工夫。不仅如此,朱熹还把"致广大""极高明""温故""敦厚"四者理解为"不以一毫私意自蔽,不以一毫私欲自累,涵泳乎其所已知,敦笃乎其所已能,此皆存心之属也"。把"尽精微""道中庸""知新""崇礼"四者理解为"析理则不使有毫厘之差,处事则不使有过不及之谬,理义则日知其所未知,节文则日谨其所未谨,此皆致知之属也"。即把"尊德性而道问学"以下的四句八件分属于"存心"和"致知",而且"存心"与"致知"之间亦有交相发明的关系,"非存心无以致知,而存心者又不可以不致知"。因此,如何"尊德性而道问学",实际上也就落实到"存心"与"致知"的工夫上来了。

第四部分:

是故居上不骄,为下不倍,国有道其言足以兴,国无道其默足以容。《诗》曰"既明且哲,以保其身",其此之谓与!

这句话是说如果能够践行以上五者,就能够修德凝道,于道之大小精粗无不尽。质言之,对于事物当行之则就能了然于心。所以居上位者必能谨守其身,而无骄纵蛮横之心;处下位者,自然能忠爱其上,而无背叛之心。不骄不倍,上下咸宜,这就是中庸之道。

"国有道其言足以兴,国无道其默足以容",当国家有道之时,可以出仕,将自己的思想主张表达出来,去彰显自己的价值,使自己的思想有益于国家;当国家混乱黑暗之时,则可以隐退,默而不言,足以避免灾祸,保全其身。这与《论语》中孔子所申述的一些处世原则是一致的。如《论语·述而》篇载:"子谓颜渊曰:'用之则行,舍之则藏,惟我与尔有是夫!'"《论语·泰伯》篇载:"子曰:'笃信好学,守死善道。危邦不入,乱邦不居。天下有道则见,无道则隐。邦有道,贫且贱焉,耻也;邦无道,富且贵焉,耻也。'"

子思最后引《诗经·大雅·烝民》篇"既明且哲,以保其身"一句来证明自己的思想。我们可以发现,在儒家经典中有很多引用《诗经》来印证自己观点的情况。根据学者们的研究,像《大学》《中庸》这些经典里所用的诗,与其在《诗经》中的本义有时是一致的,有时是不同的,很多时候都只是取《诗经》当中某首诗的一节放在自己的文本之中,来证明自己的观点,往往是脱离了原诗的语言环境,使得诗义发生了变化。

子思在此引用《诗经》此句是为了说明人之所以能够保身,在于其之能"明且哲"。"明"是明于理,"哲"是察于事,是说一个人如果能够明晓天下万事万物的道理,又能仔细观察各种事件,自然能顺理而行,见机而作,免于灾祸。这是圣人教人进退出处之道,也是中庸之道的体现。此章最后反复论述的"居上不骄,为下不倍",无不是强调要保持一种中庸之道。接下来的两章便对此做了进一步的阐述与发挥。

第二十八章

子曰:"愚而好自用,贱而好自专,生乎今之世反古之道。如此者,灾及其身者也。"非天子,不议礼,不制度,不考文。今天下车同轨,书同文,行同伦。虽有其位,苟无其德,不敢作礼乐焉;虽有其德,苟无其位,亦不敢作礼乐焉。子曰:"吾说夏礼,杞不足征也。吾学殷礼,有宋存焉。吾学周礼,今用之,吾从周。"

这一章可以分为三部分。第一部分:

> 子曰:"愚而好自用,贱而好自专,生乎今之世反古之道。如此者,灾及其身者也。"

这段话的大意是,孔子说:"愚笨的人却偏要自以为是,卑贱的人偏要自作主张,生在当前的时代却偏要返回古时的路上去。像这样的人,灾难就会降临到他的身上。"对于"愚"字,有多种解读,历来在这方面也多有争议。如《论语·阳货》记载孔子说"唯上知与下愚不移",这个"愚"即指智慧、智力而言。但《中庸》中说"果能此道矣,虽愚必明",又说"既明且哲""诚则明矣,明则诚矣",这些"明"是指本性的回归与显扬,相应地,"愚"便不是指智慧的低下,而是指人的本性被后天的、外在的物欲所蒙蔽。有学者解释此章时说"愚者性微物显",便是从这一角度立说的。相较而言,"贱"的意思,主要是就政治地位而言。"愚"是无智,"贱"是无位,无智、无位的人生活在当下的时代,却偏要回到古代的道路,那么最终结果只能是招致灾祸而已。事实上,据此我们也能看到,孔子是很强调与时俱进的。因此我们也不能一味认为儒家思想很保守,我们应该摒弃这种对儒家思想的误解。

第二部分:

非天子,不议礼,不制度,不考文。今天下车同轨,书同文,行同伦。虽有其位,苟无其德,不敢作礼乐焉;虽有其德,苟无其位,亦不敢作礼乐焉。

所谓的"议礼",朱熹解释"礼"是"亲疏贵贱相接之体",即人们交往过程中如何考量自身的身份与所处的场合,决定采用何种礼仪。"礼"是个很复杂的体系,具有不同的身份或面临不同的场合,所使用的礼仪、遵循的规则都是不一样的。因此,我们在与人交往的过程中要给自己一个恰当的定位,才能够采用最适合自己的"礼"。

"制"作动词,表示制作;"度",当是泛指品制、度数,包括服制、律法、度量衡等内容。"考文","文"是指字书的点画形象,或以为是文字书法的统一,或谓规范公文的书写,两说皆可通。子思认为,议论礼法、厘定制度、考正文字,都是天子的责任,不是天子的人去从事这三种事情,便是僭越之举。这与《论语·颜渊》中孔子所言"君君,臣臣,父父,子子"的理想是一贯的,强调每个人应该承担起自己的身份所对应的责任。儒者在从事政治时不仅注重实务,更强调需要合适的身份、名分。

强调天子才能制礼作乐,是从儒家义理的价值规范来立论。相应地,"今天下车同轨,书同文,行同伦"则是从当时的社会现实或社会理想而说的。为什么说是"社会现实"或"社会理想"呢?

一方面,清代中后期以来,伴随着疑古之学的兴起,中国学者如崔述,日本学者如武内义雄,认为"车同轨""书同文""行同伦"代表着大一统的政治局面,应该是秦汉时期的学者所添入,而非战国初期的子思所能提出。换言之,《中庸》的这段话,是秦始皇焚书坑儒之后,汉初儒者为了搜集幸存之书,在编次古籍中增入了自己的理解,反映了汉初大一统的社会现实。另一方面,也有学者认为,虽然"车同轨"这一类的情况被视为秦汉相较于春秋战国的特点,但并不能否认子思等学者存在着"车同轨""行同伦"的政治理想。其实,学者对《中庸》这段话的讨论与争议,牵涉到了《中庸》的年代问题,姑且在此不做深究,沿用"子思作《中庸》"的说法,将此段论述视作子思等孔门后学的政治理想之一。所以子思认为,只有德行与地位兼备,理想与现实相符,儒家制礼作乐的目标才能得以开展与实现。

第三部分:

> 子曰:"吾说夏礼,杞不足征也。吾学殷礼,有宋存焉。吾学周礼,今用之,吾从周。"

在第二十八章末,子思再一次引述了孔子的话,实际上是化用了《论语·八佾》篇的两处记载。其中一处是孔子叙述对夏商周三代礼制的看法,孔子说:"夏礼,吾能言之,杞不足征也;殷礼,吾能言之,宋不足征也。文献不足故也。足,则吾能征之矣。"另一处是孔子称颂周代礼制,称:"周监于二代,郁郁乎文哉!吾从周。"在《论语》的对照之下,我们可以更好地理解《中庸》的文义:夏、殷之礼因为文献的缺失、贤人的失传,而礼文详节已难以得知;周礼为当时(周代)天下臣民遵用,但是孔子虽有圣人之德,却未有天子之位,所以他不会去制礼作乐,进而主张推行周礼以治理天下,这与前文所述"苟无其位,亦不敢作礼乐"的态度是一致的。

第二十九章

王天下有三重焉,其寡过矣乎!上焉者,虽善无征,无征不信,不信民弗从。下焉者,虽善不尊,不尊不信,不信民弗从。故君子之道,本诸身,征诸庶民,考诸三王而不缪,建诸天地而不悖,质诸鬼神而无疑,百世以俟圣人而不惑。质诸鬼神而无疑,知天也;百世以俟圣人而不惑,知人也。是故君子动而世为天下道,行而世为天下法,言而世为天下则。远之则有望,近之则不厌。《诗》曰:"在彼无恶,在此无射。庶几夙夜,以永终誉。"君子未有不如此而蚤有誉于天下者也。

本章可以分为三部分。第一部分:

> 王天下有三重焉,其寡过矣乎!上焉者,虽善无征,无征不信,不信民弗从。下焉者,虽善不尊,不尊不信,不信民弗从。

"王天下",即将王道推行于天下,这是自孟子以来儒家学者特别推崇的政治理想之一。孟子辨义理,别王霸,描述了儒家王道推衍、政治清明、民生富庶的理想蓝图。但子思阐释"王天下"的内容与孟子稍有不同。孟子阐述"王道"重在说明君主的道德修养、百姓的安居乐业两方面,而子思在此说"王天下有三重","三重"即第二十八章中所说的"议礼""制度""考文"三件重要的事情,都是礼法度数,属于政治制度的范畴。子思认为,如果天子做好了这三件事情,便可以"寡过",即减少过失。

接着子思提到了"上焉者""下焉者"这两个概念,前代的解说基本上有两种倾向:一是将"上""下"视为政治地位的高低;另一种则是视为历史上的先后,即"上"表示夏商之制,

"下"表示以孔子为代表的周制。两说皆可通。一方面可以理解为上古制度虽然完善,若没有经过验证,难以令人信服,百姓也不会遵从;现行制度虽然完备,推行制度的人纵然有德行可称述,却没有尊贵的地位,那么百姓也无法遵从。另一方面,则是从政治地位上的高低去论述,说明德行必须要与地位相匹配,这与上一章所讲制礼作乐的条件是一贯的。

第二部分:

> 故君子之道,本诸身,征诸庶民,考诸三王而不缪,建诸天地而不悖,质诸鬼神而无疑,百世以俟圣人而不惑。质诸鬼神而无疑,知天也;百世以俟圣人而不惑,知人也。

上文讲到品德与地位的匹配,是说明为政的一般原则。那么,子思在此对君子之道的内涵、地位、意义、作用等问题进行了深刻的阐述,成为后世儒者治学、修身、为政以至平天下的准则。"君子之道",就《中庸》此处的字义来说,应该理解为"君王天子之道",因为《中庸》此处论述的似乎是居于最高统治地位的天子的问题。在汉唐时期,许多学者在解释这个"君子"的时候也都将其理解为"君王天子"。然而对于后世至于现代的人而言,更倾向于将"君子"理解为秉持儒学信仰、具备崇高道德和治世才能的人。因为仅将"君子"作"君王天子"解未免狭隘,消解了《中庸》此语的普遍意义。

所谓"本诸身"是说君子所信奉、推行的"道"是以自身的道德修养为根本的,就像《大学》中也说"自天子以至于庶人,壹是皆以修身为本",所以"本诸身"强调的是君子本身要有很高的道德修养。而"征诸庶民"是说君子之道的推行还要在百姓那里得到验证,也就是说,君子除了有极高的道德修养,还要具备治国、平天下的能力,能够将天下治理得井然有序,让自身所信奉、推行的"道"在天下百姓那里得到验证。

此外,这段文字还从其他的角度来论述"君子之道"。首先,"考诸三王而不缪""百世以俟圣人而不惑"是从历史演进的角度进行说明。一方面是说,这个君子之道与夏商周三代圣王的事迹是契合的,是一脉相承的;另一方面是说,即使在数百年之后有圣人复出,也同样会认可这个道,不会对其表示疑惑。其次,"建诸天地而不悖""质诸鬼神而无疑"则是从宇宙生成的角度来论述"君子之道"。也就是说,"君子之道"与天地运行的规律是相和谐、一致的,可以接受鬼神的质问。这是从宇宙生成的角度说明"君子之道"的正确性与有效性。此处对"君子之道"的论述,与《易·乾卦·文言》中的一些说法十分接近:"夫大人者,与天地合其德,与日月合其明,与四时合其序,与鬼神合其吉凶,先天而天弗违,后天而奉天时。天且弗违,而况于人乎?况于鬼神乎?"此处所表彰的"大人",与《中庸》所讲"圣人""君子"都是指代儒家理想中的圣王。

第三部分:

是故君子动而世为天下道,行而世为天下法,言而世为天下则。远之则有望,近之则不厌。《诗》曰:"在彼无恶,在此无射。庶几夙夜,以永终誉。"君子未有不如此而蚤有誉于天下者也。

正是因为"君子之道"贯通天人,承继前哲,君子的举动能成为天下先导,行为能成为天下法度,言语能成为天下的准则。距离君子远的人常有仰望之情,距离君子近的人也没有厌倦之意。前文是从天地、鬼神、历史的宏观维度论述"君子之道"的崇高,那么此处则重在说明"君子之道"对社会发展的实际影响。《诗经·周颂·振鹭》本来是表彰微子之德,此处引述,引申为抱持君子之道的人。诗的意思是:在他国无人怨恨他,在此处也没人厌烦他,几乎是从早到晚操劳,使众人永远赞誉。君子没有不如此而早早得到天下人赞誉的。引述《诗经》,以诗为证,意在劝诫,说明落实君子之道的关键,不仅在于体认道理的高超奥妙,更在于后天的勤勉与力行。

第三十章

仲尼祖述尧舜,宪章文武;上律天时,下袭水土。辟如天地之无不持载,无不覆帱,辟如四时之错行,如日月之代明。万物并育而不相害,道并行而不相悖,小德川流,大德敦化,此天地之所以为大也。

我们首先看第一句：

> 仲尼祖述尧舜，宪章文武；上律天时，下袭水土。

尧舜是上古的圣王，距离孔子的时代已有上千年，孔子如何能祖述尧舜呢？按照朱熹的说法，"祖述"是远宗其道的意思，即远远地宗奉他的一个价值理念。对于孔子而言，文武之事相较于尧舜来说要近得多，因此"宪章文武"是近守文武之法。事实上，子思的这种总结与孔子的为学态度是相契合的。孔子曾自述自己为学的态度说："述而不作，信而好古。"我们自然要辩证地看待这一问题，一方面孔子删《诗》《书》，定礼乐，赞《周易》，修《春秋》，的确都是对已有的礼乐文明的传承；但是另一方面，孔子是在整体吸收了古代的礼乐文明基础上进行了非常大的创新，他不仅仅是"述而不作"，而是寓"作"于"述"之中；此外，孔子不管是远宗尧舜之道还是近守文武之法，都不仅仅是一个宗守的问题，而是在宗守中有创新。《中庸》在这里，主要强调的是孔子与尧舜、文武这些圣人之间一脉相承的关系，确立孔子在儒家道统中的地位。

"律"是效法的意思。"天时"指的是春夏秋冬四季往返交替的自然运行规律。所以"上律天时"是说要效法天地运行的规律。"袭"是因袭的意思。"下袭水土"是因为水土之中也蕴含一定的道理、规律。比如地有东西南北之四方，地之高者为山岳，地之低者为川泽，等等，各种自然现象中蕴含着自然一定之理。"上律天时,下袭水土",是说孔子法自然之运,能够将自然之道运于人事之中,是对孔子的高度赞誉。

第二句:

> 辟如天地之无不持载,无不覆帱,辟如四时之错行,如日月之代明。

在《中庸》的前几章中,都还是泛论圣、至圣、诚等,直到此章则明确称"仲尼"。

尧舜、文武之道,统会于孔子,孔子是集大成者。此一节申明夫子之德与天地相似,反复赞咏圣人与天地为一,是说孔子之德广博深厚,如地能收藏万物一般;他的德行高达光明,如天之覆盖万物一般。孔子之德悠久广大,又如四时之气交错运行无有差错,又如日月往来轮替,无穷无尽,生生不息。这都是一种譬喻,是举例说明圣人之德如天地无不持载,无不覆帱,是说圣人之德与天地同大。

第三句:

> 万物并育而不相害,道并行而不相悖,小德川流,大德敦化,此天地之所以为大也。

这一句,描述了一种道德流行、充沛天地的理想境况。子思认为,天地之道,从万事万物的具体发生与变化来看,都蕴藏着"道",万物都各止其所,生生不息。"小德"是指"德"体现在"小"处,即具体发用。"小德川流"就是小德体现在具体事物之中,就如同江河流淌不息,脉络分明。从天地万物的全体来看,便可知道德作为宇宙万物生发变化的根本动力,敦厚盛大,发用无穷。宋明理学中经常讨论的一个问题就是"理一分殊"的问题,就是说世间万事万物各有它自己的理,但万事万物之理又都是统一的天理的体现,实则又是一理,这实际上就是大德与小德的关系。

此章纵论儒家道德思想的作用与地位,称颂孔子的地位,实质上是将孔子视作儒家道统传承的核心人物,并从宇宙的生发、万物的运作、历史的传承等维度对孔子在儒家道统传承中的关键地位、核心作用予以佐证,事实上对儒家道统思想产生了重要的影响。

通过《中庸》第二十七到三十章对圣人形象的描述,我们可以发现,儒家所表彰的圣人,不仅具有崇高的德性,同时也具有相应的社会地位;不仅能够传承儒家的思想文化,还具有解决现实社会、政治问题的能力。道德、治事、知识三者共同构成了儒家理想中的圣人完满形象。我们通过对这几章的理解或者是《中庸》全篇的理解可以发现,《中庸》其实就是在详细论述了中庸之道的形上依据基础之上,在天人合一的框架之中,指出人的修养进路和方式,并为儒者指出最高的人生价值和最理想的人生境界——圣人。

在考察社会演变时,我们经常会强调古代与现代的差异,突出现代的进步所在。事实上,不同时期的社会状况千差万别,但是主导社会变化、个人发展的道理、规律有其一致性。圣人之所以为圣人,是因为他们能透过纷繁复杂的世界万象洞察、穿透其本质,领悟、把握宇宙间的真理。尽管时异世殊,《中庸》作为儒家的重要经典,其内涵广博而精微。朱熹就认为《中庸》一篇"其味无穷,皆实学也。善读者玩索而有得焉,则终身用之,有不能尽者矣"。尽管我们身处不同的时代、面临不同的问题,但是《中庸》一篇对修身的重视、对社会的现实关怀、对理想治世的追求,都能给予我们启发,成为我们今日安身立命、建设精神家园的思想资源。

(一)个人道德修养方面

《中庸》第二十七章说君子"尊德性而道问学",这是传统学术史中乃至今日时常被讨论的一句话。大体来看,"尊德性"可视为道德的修养,"道问学"可视为知识的传承与创新。我们今日身处知识爆炸的时代,知识的力量已毋庸置疑;和知识同等重要,甚至更为根本的一个方面,是德性,"尊德性"的作用却有待我们更进一步认识。朱熹认为"道问学"与"尊德性"两者"交相滋益、互相发明",同时也说学者当"以尊德性为本""以尊德性为主",实则道德的修养与知识的学成是密不可分的。

特别需要提及的是,传统书院的教育非常注重品德修养,不仅要在经典中学习道德标准,还要将这些思想信念贯穿于为人、待物、处事之中。相比于传统书院,现代教育更偏重知识的传授,对于"成人之道"的关注有待加强。事实上,只有品德优良、人格完整、心智健全的学生,才符合"人才"的标准,也才能为社会做出贡献。

(二)社会规范方面

在社会之中,无论个人所处的角色为何,都须遵循相应的规则与要求。《中庸》第二十八、二十九章都在阐发"居上不骄""为下不倍"的道理,又说天子制礼作乐的必然性与合理性,实际上是为儒家制礼作乐提供一个限定的条件,强调儒家礼乐文明的重要作用。换言之,礼乐是儒家最重要的标示,也是社会规范最核心的要素。如果秉持一己之私,对礼乐等社会规范进行改订,很可能会破坏历史传统,引起社会失序。《中庸》本来就是为了解释礼制礼节而发,"礼"的具体内涵也十分多元,不同的社会角色对"礼"的理解会有不同的侧重。正是因为身份、地位等方面的差异,不同的角度在"礼"的范畴之下,准确定位自己的身份、遵守伦常准则,个人与社会才能得到有序发展。当然,礼乐本身是因时因地损益变化的,《中庸》主张不能简单复古,却也说明个人遵从礼法习俗的重要性。作为个人而言,当能力、智慧、道德与地位具备时,对礼乐进行革新改进,其实也应该是儒家思想的题中之义。

(三)社会责任方面

儒学是一种"内圣外王"之学,"内圣"主要就个人的德性修养而言,"外王"则主要涉及社会现实政治方面,是主体内在道德外化而成的一种事功方面的成就。我们都知道,《大学》就讲格物致知、诚意正心、修身齐家、治国平天下,为儒者指出了一条从内在道德修养到外在实践的路。而《中庸》也说,"君子动而世为天下道,行而世为天下法,言而世为天下则",同时又说"诚者非自成己而已也,所以成物也",所谓的"成己"就是首先自己要达到"诚"的境界,要回到我们原初本有的善性,这是就个人的德性修养而言。但是,我们不能仅仅局限于个人的德性修养,使自己成为一个道德高尚的人之后还要"成物","成物"也就是强调我们对他人、对社会乃至对天下的一种责任感。我们也可以看到,在中国历史上受到儒家知识熏陶而对社会表现出高度责任感的人比比皆是。宋代范仲淹的"先天下之忧而忧,后天下之乐而乐",张载的"为天地立心,为生民立命,为往圣继绝学,为万世开太平",直至明代东林书院的"风声雨声读书声,声声入耳;家事国事天下事,事事关心",再到明清之际顾炎武的"天下兴亡,匹夫有责",都表现出强烈的家国情怀。这种强烈的家国情怀、社会责任感,与经典对历代学者的熏陶、塑造是密不可分的。

(四)文化传承方面

朱熹认为《中庸》一篇是"孔门传授心法",是圣圣相传之道。《中庸》第三十章论述了孔子祖述尧舜、宪章文武的历史地位,实际上是建构儒家道统谱系的重要一环。南宋时期,朱熹在新的历史背景之下,提出了尧、舜、禹、汤、文、武、周公、孔、孟、周敦颐、二程这样一条道统谱系,确立了儒家价值文化的核心,对南宋以来的民族文化形成深具影响。道统说对于提升儒者的主体意识、文化责任感具有重要意义。在此以岳麓书院的两位山长为例,对这种文化责任感、强烈的道统意识进行说明。一位是南宋大儒张栻,他在南宋乾道三年(1167)所作的《岳麓书院记》中就提出,岳麓书院的办学宗旨是"传斯道而济斯民",其中的传道就是说要思考如何才能传承儒家文化。另一位是清代的山长旷敏本,岳麓书院讲堂内至今悬挂着一副他所作的对联,下联为"君亲恩何以酬、民物命何以立、圣贤道何以传,登赫曦台上,衡云湘水,斯文定有攸归",同样也指出儒生须思考"圣贤道何以传"的问题。《中庸》既然是儒家的传道之书,是"孔门传授心法",当我们阅读《中庸》时,总会激发我们去思考儒家文化的内核(道)是什么以及我们如何才能以传道为己任。当下我们正处于全面复兴中华优秀传统文化之际,重新理解与体认《中庸》,化言为用,对于理解儒家文化的内涵、自觉担负文化传承等方面都有积极意义。

(五)天人和谐方面

当下我们十分强调保护生态环境的重要性。我们因过分追求经济发展而破坏了环境,这就违背了中庸之道。而我们当下提出要恢复生态、保护环境,应该说也就是一个"致中和"的过程,在追求一种"中道",即如何在经济发展与环境保护之间取得二者的和谐。《中庸》首章就说,"致中和,天地位焉,万物育焉",就包含了一种追求人与自然和谐的目标在里面。朱熹曾说过:"若不能致中和,则山崩川竭者有矣,天地安得而位!胎夭失所者有矣,万物安得而育!"就是说,如果不能达到"中和"的境界,可能会导致一系列不好的后果。而朱熹所说的正是我们今天所面临的一些问题，比如，矿产资源过度开发而导致山体崩塌、地面塌陷，水资源过度利用而导致河流枯竭，大肆猎杀、砍伐而导致某些动植物资源濒临灭绝，等等，这些都是我们没有做到"致中和"、没有把握好"中庸之道"的后果。

至圣至诚

——《中庸》第三十一至三十三章解读

翟奎凤 解读

第三十一章

唯天下至圣,为能聪明睿知,足以有临也;宽裕温柔,足以有容也;发强刚毅,足以有执也;齐庄中正,足以有敬也;文理密察,足以有别也。溥博渊泉,而时出之。溥博如天,渊泉如渊。见而民莫不敬,言而民莫不信,行而民莫不说。是以声名洋溢乎中国,施及蛮貊;舟车所至,人力所通;天之所覆,地之所载,日月所照,霜露所队;凡有血气者,莫不尊亲,故曰配天。

这是《中庸》第三十一章的原文,阐释"至圣"。

可以看到这里有五个"足以"并列:"聪明睿知,足以有临也";"宽裕温柔,足以有容也";"发强刚毅,足以有执也";"齐庄中正,足以有敬也";"文理密察,足以有别也"。有些学者认为这五句话分别与"五行"相对应,各代表一种德行。"聪明睿知"与圣相对,朱熹曾说"聪明睿知,生知之质",即圣人是"生而知之者";"宽裕温柔"与仁相应;"发强刚毅"与义相应;"齐庄中正"则与礼相对。朱熹认为此四者"乃仁义礼知之德",分别对应仁义礼智四德。(卫湜《中庸集说》卷十三)

北宋的游酢,二程四大弟子之一,亦云,"自'唯天下至圣'以下:聪明睿知,圣德也;宽裕温柔,仁德也;发强刚毅,义德也;齐庄中正,礼德也;文理密察,知德也"(卫湜《中庸集说》卷十三),将这五个方面与五行相对。当然这里所讲的"五行"并非指金木水火土,而是"圣仁义礼知"五者,这在出土文献里也有说到。

"聪明睿知,足以有临也",先秦典籍里有不少关于"聪明睿知"并列出现的一些段落。如《周易·系辞上》曰:

> 子曰:夫易何为者也?夫易开物成务,冒天下之道,如斯而已者也。是故圣人以通天下之志,以定天下之业,以断天下之疑。是故蓍之德圆而神,卦之德方以知,六爻之义易以贡。圣人以此洗心退藏于密,吉凶与民同患。神以知来,知以藏往,其孰能与于此哉!古之聪明睿知、神武而不杀者夫?

这里提到"聪明睿知",认为只有古代聪明睿知的圣人才能做到"神以知来,知以藏往"。《战国策》亦有云"中国者,聪明睿知之所居也",生长在中国这片土地上的人民是天生的聪明睿知,聪明睿知为"中国者"一种天生的属性。

关于聪明睿知,《孔子家语·三恕》也说道:

> 孔子观于鲁桓公之庙,有欹器焉。夫子问于守庙者曰:"此谓何器?"对曰:"此盖为宥坐之器。"孔子曰:"吾闻宥坐之器,虚则欹,中则正,满则覆。明君以为至诚,故常置之于坐侧。"顾谓弟子曰:"试注水焉。"乃注之水,中则正,满则覆。夫子喟然叹曰:"呜呼!夫物恶有满而不覆哉?"子路进曰:"敢问持满有道乎?"子曰:"聪明睿智,守之以愚;功被天下,守之以让;勇力振世,守之以怯;富有四海,守之以谦。此所谓损之又损之之道也。"

这里"聪明睿知"与保持谦虚相连,是孔子由"欹器注水"所发出的感慨。事物从初始阶段向全盛阶段发展壮大比较容易,但永远保持一种盈满的态势,是很难的。所以孔子云"守之以愚",要大智若愚,不可恃才傲物。

在古代典籍里,关于聪明睿知有多方面的表达,但都不外乎将聪明睿知与圣、与天相连,如《韩非子·解老》云"聪明睿智,天也",聪明睿知作为一种品质,是圣或天具备的特性。这与前面提到"聪明睿知,足以有临也"对应圣德是相呼应的。

《周易》第十九卦为临卦,可与"聪明睿知,足以有临也"

相互照应与诠释。"临"字,朱子说"谓居上而临下也",就是从上往下看。临卦大象传说:"泽上有地,临;君子以教思无穷,容保民无疆。""君子"指最高统治者或有官位者,针对教化百姓、保育天下而言。其六五爻云:"知临,大君之宜,吉。"这个"知""临",可以解读为《中庸》里的"聪明睿知"与"足以有临"。聪明睿知不仅是圣人之德,更是君主治理天下的一种品质。

"宽裕温柔,足以有容也",北宋大儒胡瑗曾说,"宽裕则不暴,温柔则不猛,故可涵容天下之人"(卫湜《中庸集说》卷十三),宽裕不暴,温柔不猛,如此可包容天下之人。古代典籍里关于宽裕也有很多记载,强调宽裕作为一种德行,是儒家修养的一种品德。《礼记·儒行》里说:"儒有博学而不穷,笃行而不倦;幽居而不淫,上通而不困;礼之以和为贵,忠信之美,优游之法,举贤而容众,毁方而瓦合。其宽裕有如此者。"这是讲宽裕作为德行的一种,是全方位的修养。

"宽裕"作为品德,在《荀子·致士》里也有出现:"临事接民,而以义变应,宽裕而多容,恭敬以先之,政之始也。然后中和察断以辅之,政之隆也。"在这里可以说就是治官之道了。为政之始,要宽裕多容,以恭敬为先。这是《荀子》里所说的宽裕。

除了《荀子》,《韩诗外传》卷三对其也有记载:

> 子路曰:"损之有道乎?"孔子曰:"德行宽裕者,守之以恭;土地广大者,守之以俭;禄位尊盛者,守之以卑;人

众兵强者,守之以畏;聪明睿智者,守之以愚;博闻强记者,守之以浅。夫是之谓抑而损之。"

子路向孔子请教,怎么才能够保持一种盈满的状态,永不失败,孔子以"德行宽裕者,守之以恭"答复子路。其实这段文字跟上面《孔子家语》里的故事相似,但有些出入。在《孔子家语》里"聪明睿智,守之以愚"在前,而这里是"德行宽裕者,守之以恭"在前。这里孔子的答语可以补充《中庸》"宽裕"的德行。宽裕,即宽容、包容,但宽裕往往易失之以恭,变得随意。这时宽裕和恭敬若能保持一种张力,或者持恭敬之姿,则对宽裕有所纠正。

《韩诗外传》卷三里还讲了一个关于宽裕的故事,这个故事讲周公劝诫他儿子。如下:

成王封伯禽于鲁,周公诫之曰:"往矣!子其无以鲁国骄士。吾文王之子,武王之弟,成王之叔父也,又相天下,吾于天下亦不轻矣。然一沐三握发,一饭三吐哺,犹恐失天下之士。吾闻德行宽裕,守之以恭者荣;土地广大,守之以俭者安;禄位尊盛,守之以卑者贵;人众兵强,守之以畏者胜;聪明睿智,守之以愚者善;博闻强记,守之以浅者智。夫此六者,皆谦德也。夫贵为天子,富有四海,由此德也;不谦而失天下,亡其身者,桀纣是也;可不慎欤!故《易》有一道,大足以守天下,中足以守其国家,小足以守其身,谦之谓也。夫天道亏盈而益谦,地道变盈而流谦,鬼神害盈而福谦,人道恶盈而好谦。是以衣成则必缺衽,宫成则必缺隅,屋成则必加措,示不成者,天道然也。《易》曰:'谦亨,君子有终吉。'《诗》曰:'汤降不迟,圣敬日跻。'诚之哉!子其无以鲁国骄士也。"

成王封周公的儿子伯禽于鲁国,周公劝诫其儿子做人要谦虚,不要因为做了鲁国的国君变得骄傲自满,在知识分子面前要保持谦虚和恭敬,"吾闻德行宽裕,守之以恭者荣"。值得注意的是,前引《韩诗外传》孔子与子路的对话里说"德行宽裕者,守之以恭",此处周公劝诫伯禽的话里多了一个"荣"字,"德行宽裕,守之以恭者荣",强调了宽裕守恭带来的影响——荣,较之前者更深入。这里也提到聪明睿智,《孔子家语》里说"聪明睿智,守之以愚",这里多了一个"善"字,"聪明睿智,守之以愚者善",就是说聪明守愚能够善始善终,或者说能够善终,描述了其行为的影响。这是结合一些故事和记载来讲宽裕,虽然偶有出入,但不管怎么说,可以相互补充,促进理解。

古代典籍里讲温柔的也非常多,《礼记·经解》说"温柔敦厚,《诗》教也",将温柔和敦厚联在一起而言,"温柔敦厚而不愚,则深于《诗》者也",强调《诗经》带来的教化是温柔、温文尔雅的样子。《孔子家语》里说:"君子之音,温柔居中,以养生育之气。"儒家的君子修养"温良恭俭让",温是排在第一位的,儒者早期给人的形象也是温柔和善的。仁义礼智四德,在古代与春夏秋冬四季相对应。仁,生生之德,对应春季,可养生育之气。如此"君子之音,温柔居中,以养生育之气"便好理解了,这与前面提到的"宽裕温柔,足以有容"讲仁德也是相互呼应的。

下面讲"发强刚毅,足以有执也"。孔颖达注疏《礼记》说"发,起也",北宋胡瑗说"发"为奋发,比较来说,"发"理解为"奋"更好。"发强"用今天的话语可以理解为奋发图强。孔颖达说,"执,犹断也。言孔子发起志意,坚强刚毅,足以断决事物也",将"执"释为决断,即碰到事情能很快明辨。北宋大儒王安石说"执"乃"择善而固执之"之谓也,胡瑗也说"临事固执而不回",相较来说,"执"理解成固执比较好。《中庸》说:"诚者不勉而中,不思而得,从容中道,圣人也。诚之者,择善而固执之者也。"因固执不会轻言放弃,不达目的不罢休的坚持不懈和执着该是这里所讲的"发强刚毅,足以有执也"。

古代典籍里讲刚毅较多,前面提到儒家的修养之一温柔,其实刚毅是对温柔的一种补充。温柔太软弱,没有力量或意志力,刚毅更多是强调一种意志力。《论语》说"刚毅、木讷,近仁",《礼记·儒行》篇说"儒有可亲而不可劫也,可近而不可迫也,可杀而不可辱也。其居处不淫,其饮食不溽,其过失可微辨而不可面数也。其刚毅有如此者",这是儒家所讲的刚毅。

"齐庄中正,足以有敬也",这是讲礼德。这里的"齐"通"斋",是古代的斋戒,指祭祀前整洁身心。胡瑗说:"齐,洁也。庄,端庄也。中正,则不诡,足以保其敬之道。"宋儒林光朝对此也说:"齐,一其志也;庄,俨然,人望而畏之也;中,立而不倚也;正,则无邪也。四者,所以敬其身也。"(卫湜《中庸集说》卷十三)祭祀要非常恭敬,祭祀前要整洁身心,做到内心纯净无杂。

关于"齐庄中正"这一德行,《礼记》也有强调。如《祭义》篇云:

> 孝子将祭祀,必有齐庄之心以虑事,以具服物,以修宫室,以治百事。及祭之日,颜色必温,行必恐,如惧不及爱然。其奠之也,容貌必温,身必诎,如语焉而未之然。

这是讲祭祀时,孝子以"齐庄"之心虑事,貌温身诎,心怀恭敬。还有,举行聘礼、射礼时,"日莫人倦,齐庄正齐,而不敢解惰",即使日暮人倦,身心也不懈怠。

"中正"在《礼记》中也有记载,《礼记·乐记》说:"论伦无患,乐之情也;欣喜欢爱,乐之官也。中正无邪,礼之质也;庄敬恭顺,礼之制也。"礼的实质是中正无邪。《礼记·儒行》也说:"儒有居处齐难,其坐起恭敬,言必先信,行必中正,道涂不争险易之利,冬夏不争阴阳之和,爱其死以有待也,养其身以有为也。其备豫有如此者。"这是说儒士之行必中正。

"文理密察,足以有别也",朱熹说"文"是文章,"理"是条理,"密"是详细,"察"是明辨。但朱熹所说的"文章"跟今天所说的做文章是不一样的,"文章,如物之文缕"。北宋王安石说"文理者,人伦之理",王安石这个说得直接,"文理"就是人伦之理,"密,谨严也。察,明察也。虽有文理,不加密察,则制度文法,必有乱于天下。既以谨严明察,则足以有别于天下,则天下之人,亦自知有别矣"。北宋胡瑗说:"文理者,言动之间有文理,如枝叶葩华是其文,经理条贯是其理。密而不泄,察而能辨。君子身既文理,然后从己之身,观人之身,密察而不泄其机,故足以有别于天下。"(卫湜《中庸集说》卷十三)胡瑗说的"文理"是言动之间有文理。

"文理"在古代典籍里说得很多,可以结合《荀子》来理解。《荀子·礼论》篇曰:"故先王圣人安为之立中制节,一使足以成文理,则舍之矣。"这句话在《礼记·三年问》里也有,"故先王焉为之立中制节,壹使足以成文理,则释之矣"。荀子还说到"性者,本始材朴也;伪者,文理隆盛也"。"伪",在《荀子》里对应一种礼法。其《性恶》篇也说:"故必将有师法之化,礼义之道,然后出于辞让,合于文理。"所以,"文理"可以理解为一种礼义之道。

下面《荀子》就把文理和礼义并提:

> 且化礼义之文理,若是则让乎国人矣。
> 夫子之让乎父,弟之让乎兄,子之代乎父,弟之代乎兄,此二行者,皆反于性而悖于情也。然而孝子之道,礼义之文理也。

这里的文理和礼义相对,文理可以说是礼仪、礼法。如果文理解释为礼仪,这跟王安石所说的人文之理也相对应。

关于"察",《中庸》有言:"舜其大知也与!舜好问而好察迩言。""察"即察不善,说舜好问而好察迩言,舜能察不善,察别是非善恶。所谓"文理密察",指洞见是非善恶,一言一行做得恰到好处,能够合乎中庸之道。

合起来看临、容、执、敬、别,可以说这五个方面是一个体系,这五方面要综合起来才是一种君子或者至圣完备的修养。宋代杨时说:"临而不容,不足以得众;容而无执,不足以有制;执而不敬,或失于自私;敬而无别,或无以方外,非成德也。"项安世也说:"明足以照矣,恐其不能容;量足以容矣,恐其不能执;强足以执矣,恐其诚意之不孚;诚足以感人者,恐其不周于事物之变。"(卫湜《中庸集说》卷十三)"周于事物之变"是讲智慧,指处理具体事物的变通之道。这里所列举杨时、项安世的话,都是讲五个方面要综合起来。

"溥博渊泉,而时出之",这句话在古代有很多人解释,认为"溥博渊泉"对应着中,是天下之大本,是体;"而时出之"对应着用,对应着时中,是和。宋代的钱时说:"喜怒哀乐未发之先,安有许多名号?溥博而已,渊泉而已。及其时出之,则曰有临,曰有容,曰有执,曰有敬,曰有别,互见迭出,变化无方,参错纵横,自然中节。"(卫湜《中庸集说》卷十三)这是说"溥博渊泉"对应着喜怒哀乐之未发,为中也者,是天下之大本,是大本之体;"而时出之"对应着用、和,对应着前面说的临、容、执、敬、别。朱熹说:"溥博,周遍而广阔也。渊泉,静深而有本也。出,发见也。言五者之德,充积于中,而以时发见于外也。"这都是把"时出"和前面说的五行——仁义礼智圣相对应,看作本体的一种发问。司马光也说:"'溥博渊泉',谓其心;'时出之',谓其言行。"(卫湜《中庸集说》卷十三)总体上二者是体和用的关系。

下面再看几段语录,做进一步的发挥。宋代的项安世说:

> 临者,知及之也,容者、执者,仁能守之也。敬者,庄以莅之也。别,动之以礼也。皆自隐而费也。故自天而渊,自渊而见。(卫湜《中庸集说》卷十三)

北宋的邵甲也说:

> 道体浑融,全体具在,随感而应,众善自形。故自其全体言之,则溥博也,渊泉也,何善不该?何美不具?自其形见者言之,当其有临,则为聪明睿知,当其有容,则为宽裕温柔,以至发强刚毅也,齐庄中正也,文理密察也,皆时出之也。(卫湜《中庸集说》卷十三)

总体来看,均将临、容、执、敬、别看作"时出",将"溥博""渊泉"看作一种本体、全体。游酢也说:

> 自"唯天下至圣"以下:聪明睿知,圣德也;宽裕温柔,仁德也;发强刚毅,义德也;齐庄中正,礼德也;文理密察,

知德也。溥博者,其大无方;渊泉者,其深不测。或容以为仁,或执以为义,或敬以为礼,或别以为知,唯其时而已,此所谓"时出之"也。夫然,则外有以正天下之观,内有以通天下之志,是以见而民敬,言而民信,行而民说,自西自东,自南自北,莫不心说而诚服,此至圣之德也。(卫湜《中庸集说》卷十四)

游酢认为圣人具备这种德行之后,见而民莫不敬,言而民莫不信,行而民莫不说,天下自然会有一种感应、感化,"是以声名洋溢乎中国,施及蛮貊;舟车所至,人力所通;天之所覆,地之所载,日月所照,霜露所队;凡有血气者,莫不尊亲"。

《中庸》第三十一章强调至圣,讲圣人的内涵,正如项安世所言,"此章言至圣,言其德之著"。值得注意的是,临、容、执、敬、别这五德不仅是圣人之德,一位至圣之人该具备的全方位的修养,代表了儒家最高的道德境界和追求,更是一位君主、国家的最高统治者该具备的素养,正如《礼记》郑玄注所言,"德不如此,不可以君天下也"。当然,这五德缺一不可。

第三十二章

唯天下至诚,为能经纶天下之大经,立天下之大本,知天地之化育。夫焉有所倚?肫肫其仁!渊渊其渊!浩浩其天!苟不固聪明圣知达天德者,其孰能知之?

这是《中庸》第三十二章的内容,言"至诚"。

这里的"大经""大本""化育"怎么理解呢?宋代的吕大临说:"大经,天理也,所谓庸也。"又进一步说,"反而求之,理之所固有而不可易者,是为庸,亲亲、长长、贵贵、尊贤是已,谓其所固有之义,广充于天下,则经纶至矣"。所谓"大经",天理,庸也,具体展开就是亲亲、长长、贵贵、尊贤,指社会的伦理,一种秩序。"大本"是说天心,所谓中也,"理之所自出而不可易者,是为中,赤子之心是已,尊其所自出而不丧,则其立至矣"。吕大临把天下之大本看作赤子之心,是为中。"育"是天用,谓化也,"理之所不得已者,是为化,气机开阖是已,穷理尽性,同其所不得已之机,则知之至矣"(卫湜《中庸集说》卷十四)。

游酢认为:"天下之大经,五品之民彝也。凡为天下之常道,皆可名为经,而民彝为大经。经纶者,因性循理而治之,无汨其序之谓也。"他把"大经"理解成"五品之民彝",应该说与吕大临一样,均将"大经"解读为伦理秩序。又说"立天下之大本者,建中于民也。渊渊其渊,非特如渊而已。浩浩其天,非特如天而已,此至诚之道也"(卫湜《中庸集说》卷十四),"大本"是"建中于民",把"大本"看作是"中"。《中庸》有云"中也者,天下之大本也","大本"解读为"中"比较自然。

"大经"到底怎么理解?杨时说,"大经,天理也",与前面的解读相差无几;"大本,中也";"化育,和也"。又说"三者皆天也,故唯天下之至诚能之,非私知所能与也。故曰'夫焉有所倚',有倚则人欲之私而已,非诚也。肫肫,纯全也;渊渊,静深也;浩浩,广大也。惟肫肫,故能合天下之公;惟渊渊,故能通天下之志;惟浩浩,故能与天地同流"(卫湜《中庸集说》卷十四)。侯仲良也说:"天下之大经,庸之大者也,诚则经纶之;天下之大本,中之大者也,诚则立乎其中。天地之化育,天地之极功也,诚则知其事。"(卫湜《中庸集说》卷十四)就是说,"大经""大本"也好,"化育"也罢,均是至诚贯通其中。

陈祥道说"经,常也。大经,大常,所谓庸也",也是解读"大经"为天理、常道、庸。他又说:"大本,所谓中也。天地化育,所谓和也。方言至诚,先庸后中和,盖惟至诚为能体常,能体常则中立而和达也。夫是三者皆诚以为之,而不倚乎一偏,则无所不备也。"(卫湜《中庸集说》卷十四)

马晞孟说:"肫肫其仁,尽人道也;渊渊其渊,尽地道也;浩浩其天,尽天道也。"(卫湜《中庸集说》卷十四)这里将"肫肫""渊渊""浩浩"分别对应"人道""地道""天道",比较耐人寻味。"肫肫其仁""渊渊其渊""浩浩其天",这三个方面都是描写至诚,达到至诚至圣的一种境界,它的广大渊深,就如孟子所言"上下与天地同流",是一种大化同流的生命大境界。

下面结合朱熹语来进一步看。"惟圣人之德极诚无妄,故于人伦各尽其当然之实,而皆可以为天下后世法,所谓经纶之也",朱熹也把天下之大经看作人伦。他又说:"其于所性之全体,无一毫人欲之伪以杂之,而天下之道千变万化皆由此出,所谓立之也。其于天地之化育,则亦其极诚无妄者有默契焉,非但闻见之知而已。此皆至诚无妄,自然之功用,夫岂有所倚著于物而后能哉。"(卫湜《中庸集说》卷十四)后面说"肫肫其仁""渊渊其渊""浩浩其天",都是至诚无妄,是自然的一种功用。

晏光结合孟子的一些话对这段也有解读。他说:"天下大经者,理之常;天下大本者,性之中;天地化育者,命之正。""大经"是"理之常","大本"是"性之中",这跟前面几位大儒的解释差不多。不过他把"天地化育"解释成"命之正",比较独特。他说:"能穷理,则能经纶天下之大经;能尽性,则能立天下之大本;能至于命,则能知天地之化育。"这里,他把"经纶天下之大经""立天下之大本""知天地之化育"分别和"穷理""尽性""至于命"做了对应。

晏光又进一步说:"肫肫者,纯之至,复性之初,纯而不杂,故曰'肫肫其仁'。渊渊者,深之至,左右逢原,若泉始达,故曰'渊渊其渊'。"晏光这里是结合《孟子》中的"左右逢原"来解释"渊渊其渊"。

关于"浩浩其天",晏光说:"浩浩者,大之至,浩然之气塞乎天地,故曰'浩浩其天'。"(卫湜《中庸集说》卷十四)这里他的解释结合着孟子的"浩然之气",好像更深入全面。

以上是晏光从"穷理""尽性""至于命"并结合《孟子》的话,对"大经""大本""化育""渊渊其渊""浩浩其天"作的诠释。

对此,林光朝也有解读,他说"'夫焉有所倚'者,言圣人之道,中立而无所偏倚。如所谓'中天下而立,定四海之民','居天下之广居,立天下之正位,行天下之大道'是也"(卫湜《中庸集说》卷十四),"中天下而立,定四海之民""居天下之广居,立天下之正位,行天下之大道"都是《孟子》的话,这是林光朝结合《孟子》的话对《中庸》的阐述。

前面提到的几位大儒释"大经"为天理,为庸,应该说理解起来比较抽象,相较而言,邵甲的解释更具体。"何谓'经纶天下之大经'?疆理天下,纲纪四方,使尊卑小大,各循其分,内外远近,咸得其宜,所谓立纲陈纪,为万世法程是也。"这是邵甲对"大经"的理解。那何谓"立天下之大本"?邵甲说:"开明天理,扶植民彝,使人知有礼,则生无信不立,于以正万化之原,建无穷之基,所谓'立我烝民,莫匪尔极'是也。"对"化育"的发挥,邵甲基本上是结合《周易》的话,他说:"何谓'知天地之化育'?仰观俯察而幽明之故可通,原始反终而死生之说可明。凡大道化生之机,元气发育之妙,无不洞见于方寸,所谓'通乎昼夜之道而知'是也。"(卫湜《中庸集说》卷十四)

前面是宋代的大儒对"大经""大本""化育"做的发挥,下面是我个人的看法。"大经"这个词在先秦典籍里出现得不多,《大戴礼记·曾子大孝》篇中有提到它,曰:"夫孝者,天下之大经也。"孝是天下之大经、人伦之理的根本,可以说孝是大经的大经。

我个人更倾向于结合《中庸》来解释,就是用《中庸》来解释《中庸》的话。《中庸》第二十章说:"凡为天下国家有九经,曰:修身也,尊贤也,亲亲也,敬大臣也,体群臣也,子庶民也,来百工也,柔远人也,怀诸侯也。……凡为天下国家有九经,所以行之者一也。"这里的"九经"其实可以和"大经"相对应,"唯天下至诚,为能经纶天下之大经","大经"结合"九经"可能更完备充分。从这里看,"大经"基本上指治国理政。

对于前面所讲的《中庸》两章,可以说,第三十一章强调"至圣",第三十二章强调"至诚"。"至圣"和"至诚"是内在相联系的。关于"诚"和"圣",北宋大儒周敦颐说"诚者,圣人之本",又说"圣,诚而已",圣和诚内在贯通,二者一体,诚又是成圣的根本。

第三十三章

《诗》曰"衣锦尚䌹",恶其文之著也。故君子之道,暗然而日章;小人之道,的然而日亡。君子之道,淡而不厌,简而文,温而理,知远之近,知风之自,知微之显,可与入德矣。《诗》云:"潜虽伏矣,亦孔之昭!"故君子内省不疚,无恶于志。君子之所不可及者,其唯人之所不见乎。《诗》云:"相在尔室,尚不愧于屋漏。"故君子不动而敬,不言而信。《诗》曰:"奏假无言,时靡有争。"是故君子不赏而民劝,不怒而民威于鈇钺。《诗》曰:"不显惟德,百辟其刑之。"是故君子笃恭而天下平。《诗》云:"予怀明德,不大声以色。"子曰:"声色之于以化民,末也。"《诗》曰"德𬨎如毛",毛犹有伦。"上天之载,无声无臭",至矣。

第三十三章言"入德之道"与"无声无臭"。这一章可说是《中庸》的结语,它引用《诗经》的八句话对《中庸》做了一种综合性的发挥。从表面上看,《中庸》的结构松散,内在的逻辑性、关联性不显露,但如果从哲理的层面把它贯通也可以做些发挥。《中庸》最后一章结合《诗经》对《中庸》的全部义理做了总结,其实表面上看不出它是《中庸》结语性的概括,但透过其内在义理,可视作整个《中庸》的总结、发挥和升华。

先看第一条:

《诗》曰"衣锦尚𧞤",恶其文之著也。故君子之道,暗然而日章;小人之道,的然而日亡。君子之道,淡而不厌,简而文,温而理,知远之近,知风之自,知微之显,可与入德矣。

现在通行的《诗经》文本里没有"衣锦尚𧞤"这句话,但有两处与之相关,一是《卫风·硕人》曰"硕人其颀,衣锦褧衣";一是《郑风·丰》曰"衣锦褧衣,裳锦褧裳。叔兮伯兮,驾予与行。裳锦褧裳,衣锦褧衣。叔兮伯兮,驾予与归"。《郑风·丰》的表达较为直接,可能跟"衣锦尚𧞤"关系更大。𧞤是古代的一种深衣,又叫禅衣。锦衣是比较绚烂鲜艳的衣服。这是说身上穿着锦衣,但担心绚丽的衣服穿在外面过于耀眼,又加了一层颜色暗淡的深衣。为什么呢？"恶其文之著也"。总体来说，这是强调一种低调、一种沉潜，或者一种含蓄、一种涵养。

"故君子之道，暗然而日章；小人之道，的然而日亡"，"暗然而日章"是说起初看起来没有光彩，但经过一点一滴、扎扎实实的积累，君子之道会愈发明亮；而小人之道起初光彩夺目，但没有内在强硬的修养工夫作为支撑，便会慢慢消退，"的然而日亡"。君子为人，虽外表暗淡无色而内心美德日渐明彰；小人处事，外表色彩绚丽，但时间一久便会日渐消亡。这是《中庸》结合《诗经》语对君子之道的阐发。

北宋张载说："暗然，修于隐也；的然，著于外也。"宋代的大儒侯仲良结合《孟子》的话说，"古之学者为己，率吾性以达天理，自可欲之善，至于不可知之神，非由外铄我也，如身日长而不自觉焉。'原泉混混，不舍昼夜'"，虽然刚开始是涓涓溪流，但只要有源头，源头活水终成江河。起初微小，但日积月累，点点滴滴终会成长壮大，故"暗然而日章"。"小人之学为人，謇浅虚浮"，小人内在肤浅，如同俗语所讲"头重脚轻根底浅，嘴尖皮厚腹中空"；"色取仁而行违，居之不疑，如火销膏而不自知焉，如'七八月之间雨集，沟浍皆盈，其涸也，可立而待'"（卫湜《中庸集说》卷十四），小人之道就如同七八月间的暴雨，沟渠里的水很快会盈满，但没有源源不断之水，日出即干，故"的然而日亡"。侯仲良借《孟子》语解读"君子之道，暗然而日章；小人之道，的然而日亡"，可谓意味深长。

下面一句说,"君子之道,淡而不厌,简而文,温而理"。"君子之道,淡而不厌",君子待人处世平平淡淡,但因能做到"中",可以说很有味道,不似玄言诗那般"淡乎寡味"。"简而文",是说君子行事简单直接,但因能把握好分寸,不会失节失礼。"温而理",是指君子温文尔雅,处理事情合理有序。"淡而不厌""简而文""温而理",可以说就是一种中庸。

"知远之近,知风之自,知微之显,可与入德矣",可跟《大学》所说的"物有本末,事有终始,知所先后,则近道矣"来相互解读。《大学》有言:"大学之道,在明明德,在亲民,在止于至善。知止而后有定,定而后能静,静而后能安,安而后能虑,虑而后能得。物有本末,事有终始,知所先后,则近道矣。"这里提到的修身之道有一个由远而近的次序,明明德、亲民、止于至善、定、静、安、虑、得,这哪是本,哪是末,哪是先,哪是后?"物有本末,事有终始,知所先后,则近道矣",能够搞清楚这个问题,就可以说是近道了。这个"近道"和"入德"也是非常巧妙的一种呼应。

《大学》里也说:"自天子以至于庶人,壹是皆以修身为本。其本乱而末治者否矣,其所厚者薄,而其所薄者厚,未之有也。""本"谓身也,这个"本"是强调修身,而"入德""近道"都要知本。

第二条:

> 《诗》云:"潜虽伏矣,亦孔之昭!"故君子内省不疚,无恶于志。君子之所不可及者,其唯人之所不见乎。

这是《诗经·小雅·正月》中语,原文是"鱼在于沼,亦匪克乐。潜虽伏矣,亦孔之炤"。"炤"是明显、易见的意思。这是说池沼之鱼,即使深藏不动,潜伏起来,水清一样看得真。人在做,天在看。《中庸》这里强调的是一种慎独,即使在没人看得见的地方,也要正心和诚意。

关于"内省不疚",《论语·颜渊》有言:"司马牛问君子。子曰:'君子不忧不惧。'曰:'不忧不惧,斯谓之君子已乎?'子曰:'内省不疚,夫何忧何惧?'""内省不疚"是说反省自己不会有什么惭愧的地方。"志"是心志。朱熹说"无恶于志,犹言无愧于心,此君子谨独之事也",这是讲君子处事上不愧天,下不愧地,内则无愧于心。

第三条:

> 《诗》云:"相在尔室,尚不愧于屋漏。"故君子不动而敬,不言而信。

这一条出自《诗经·大雅·抑》。"相",是看的意思。独处室内,做事亦无愧神明。"屋漏",是屋之深暗处。古代室内西北隅施设小帐,安藏神主,为人所不见的地方称作"屋漏"。第三条跟第二条道理差不多,都是强调即使在别人看不见的地方,君子做事亦无愧于心。"君子之所不可及者,其唯人之所不见乎。"君子修身之所以过硬,是因为他在别人看不到的地方照样能监督自己。

关于"不动而敬,不言而信",古代典籍里也有些类似的话语。《易传·系辞上》曰:"神而明之,存乎其人;默而成之,不言而信,存乎德行。""不言而信",是靠德行的一种感化。《孔子家语·六本》里说:"无体之礼,敬也;无服之丧,哀也;无声之乐,欢也。"有一种礼仪,没有任何形式,只是恭敬;有一种丧,不在乎外在穿什么丧服,它是内心的一种哀痛;有一种音乐,虽没有声音,但最大的魅力就是乐。下面又说"不言而信,不动而威,不施而仁",这是德行感化的结果,"故志诚感之,通于金石",即今日所言"精诚所至,金石为开"。

《韩诗外传》有这么一句:"不怒而威,不言而信。"《礼记·乐记》里也说:"天则不言而信,神则不怒而威。"《中庸》原文是"不动而敬",这里是"不怒而威",其实"不怒而威"与"不动而敬"的意思相差无几。从《诗经》第一条开始,应该都是说修身。这个修身是在别人看不到的地方也要监督自己不愧屋漏,无愧于心。拥有过硬的内圣修养和德行,自然能做到不动而敬、不言而信和不怒而威,威信、感化力也会自然而然地奔涌出来。

第四条:

> 《诗》曰:"奏假无言,时靡有争。"是故君子不赏而民劝,不怒而民威于铁钺。

这里的诗引自《诗经·商颂·烈祖》篇,原文为"鬷假无言,时靡有争"。"鬷"是聚集、汇合。"假",格也,至的意思。这句话是讲众人祷告不出声,没有争执,静穆又庄重。

朱熹说:"承上文而遂及其效,言进而感格于神明之际,极其诚敬,无有言说而人自化之也。"商颂与祭祀相关,众人聚在一起祭祀先祖时,氛围庄重肃穆。祭祀是直面上帝和神灵,要内心虔诚之至,无丝毫杂念,无丝毫懈怠,此时"无有言说而人自化之",不需要任何的刑罚和奖赏,老百姓自然会被感化。赏和铁钺相对应,前为赏,后为罚,无需奖罚,人们自然各安其道,各安其业,这都是诚敬之至所带来的。这和第三条所言"不动而敬,不言而信"是一个道理,若以修身为本,涵养品德,德高自然望众,民众自然会被其德行所感化。当然,这主要是对君主或统治者而言。这是强调德治,并非刑罚,就如《论语·为政》所言,"为政以德,譬如北辰,居其所而众星共之"。

第五条:

> 《诗》曰:"不显惟德,百辟其刑之。"是故君子笃恭而天下平。

"不",丕也,大的意思。"辟",诸侯;"百辟",众诸侯。"刑",型也,效法的意思。天子的德行大显,众诸侯都会效法他,故君子笃恭而天下平。

朱熹说:"承上文言天子有不显之德,而诸侯法之,则其德愈深而效愈远矣。笃,厚也。笃恭,言不显其敬也。笃恭而天下平,乃圣人至德渊微,自然之应,中庸之极功也。"中庸之道,可以说是一种至高的德行。其"造端乎夫妇,及其至也,察乎天地",它从夫妇之道做起,达到精微深奥之处,便可明察天地间一切事物。这以修身为本,靠的是德行的感化,自然"不怒而民威于铁钺","笃恭而天下平"。"笃恭而天下平"可以说是儒家的一种无为而治。今天提到无为而治,一般指道家无为而无不为。其实儒家经典里也说无为而治,孔子也强调无为而治。无为而治可以是一种德治、一种道治,是以道德治理天下。

关于无为而治,《论语·卫灵公》有言:"子曰:'无为而治者,其舜也与?夫何为哉?恭己正南面而已矣。'"无为而治莫非像舜一样,只是"恭己正南面而已"?端己正己,百姓自被感化,天下自然太平。这是讲舜无为而治。《中庸》说"君子笃恭而天下平","笃恭"就是《论语》中所说的"恭己正南面而已矣"。

《孔子家语·弟子行》篇中也有讲"笃恭":

> 恭老恤幼,不忘宾旅,好学博艺,省物而勤也,是冉求之行也。孔子因而语之曰:"好学则智,恤孤则惠,恭则近礼,勤则有继。尧舜笃恭,以王天下。"其称之也曰:"宜为国老。"

这里说尧舜笃恭王天下。前面说舜无为,"恭己正南面",尧也是。按儒家的看法,尧舜禹三代之治,均是无为而治。

这种道理在王充《论衡·自然》篇中也有提及,"《易》曰:

'黄帝、尧、舜垂衣裳而天下治。'垂衣裳者,垂拱无为也"。"垂衣裳而天下治"就是"恭己正南面",就是一种无为而治。不光是舜,也不光是尧,从黄帝开始,就已做到笃恭垂衣,天下太平。"孔子曰:'大哉,尧之为君也!惟天为大,惟尧则之。'又曰:'巍巍乎!舜、禹之有天下也,而不与焉。'"这是说统治天下并不将天下看作自己的私有财产,"不与"也可以看作无为而治。"周公曰:'上帝引佚。'上帝,谓舜、禹也。舜、禹承安继治,任贤使能,恭己无为而天下治。舜、禹承尧之安,尧则天而行,不作功邀名,无为之化自成,故曰:'荡荡乎,民无能名焉!'年五十者击壤于涂,不能知尧之德,盖自然之化也。"这是比较理想的状态,是儒家理想的圣贤之治,和老子所说的道理一样,"太上,下知有之。其次,亲而誉之。其次,畏之"。至高之君治理天下,百姓只是知道他,甚至最高的一种治世,按道家所言,百姓连国君是谁都不知道。其次是百姓歌颂君王,而畏惧国君便是最次之治。儒家最高的治国理政,或者说最高的一种治世理念应该是无为而治。百姓不知君,"击壤于涂,不能知尧之德",不知道尧之德行广大,不会天天歌功颂德;"盖自然之化",强调自然无为。

"《易》曰:'大人与天地合其德。'黄帝、尧、舜,大人也,其德与天地合,故知无为也。天道无为,故春不为生,而夏不为长,秋不为成,冬不为藏。阳气自出,物自生长;阴气自起,物自成藏。汲井决陂,灌溉园田,物亦生长。霈然而雨,物之茎叶根荄莫不洽濡。程量澍泽,孰与汲井决陂哉?故无为之为大矣。本不求功,故其功立;本不求名,故其名成。沛然之雨,功名大矣,而天地不为也,气和而雨自集。"儒家最高的治理就像天道运行,春生夏长,秋收冬藏,自然而然,这种无为而治就是一种道治。其实儒家和道家在很高的层面上内在是贯通的。按照推理,德治上面还有一种道治。道治就是一种无为而治,是按照天道的自然规律行事。

儒家讲内圣外王。前面讲从修身、中庸到外王,儒家所提倡的外王是依靠德治、道治和无为而治,是依靠德行的感化、天道的自然规律。这种德行修养、治理天下的能力,有一种无为而为。为什么孔子反复感叹,中庸之德那么难?中庸平常又平淡,但做到极致,便可察乎天地,修己安人安天下。这种安天下便是一种无为而治,便是"垂衣裳而天下治",便是"恭己正南面而已"。

第六条:

> 《诗》云:"予怀明德,不大声以色。"子曰:"声色之于以化民,末也。"

这句诗出自《诗经·大雅·皇矣》,是赞美文王不以疾言厉色待人。治国理政或为官,要有仁爱之心,不要动不动就大声呵斥,对下属发脾气。"声色之于以化民,末也",依靠训斥,这是最下等无能的表现。

《墨子·天志中》中有段话可以诠释《中庸》此条:

> 《皇矣》道之曰:"帝谓文王:予怀明德,不大声以色,

不长夏以革,不识不知,顺帝之则。"帝善其顺法则也,故举殷以赏之,使贵为天子,富有天下,名誉至今不息。故夫爱人利人,顺天之意,得天之赏者,既可得留而已。夫憎人贼人,反天之意,得天之罚者谁也?曰:若昔者三代暴王桀、纣、幽、厉者是也。

《墨子》这篇认为帝善顺法则,"故举殷以赏之,使贵为天子,富有天下"。"帝"就是"上帝"。其实儒家的宗教性很强,现在有不少学者强调儒家宗教性的一面,认为"上帝"一词本是儒家所有,而基督教只不过在汉语语境下借用了这个词。在《尚书》中,尧舜禹时代上帝的人格意味非常浓厚。即便是孔子,其帝天之意也较强。从《论语》看,孔子对天并没有完全消解其人格性。《墨子》的宗教性更强,墨子笔下的上帝,权威性、人格性、情感性都非常浓烈。这里所言"帝谓文王",是上帝对文王说,这个上帝还会说话,这似同西方的上帝。

上帝对文王说,我欣赏你的德行,所以将殷的天下给予你,使你贵为天子,即以周代殷。这是上帝对文王"不大声以色"之德的奖赏。"故夫爱人利人,顺天之意,得天之赏者,既可得留而已","爱人利人"是说治理天下要有仁爱之心,用仁者之心爱护百姓。天的意志是爱人利人,所以顺天意能得到天的奖赏。而文王是最能顺天意的,所以得到了上帝最大的奖赏,即"贵为天子,富有天下"。与文王相反的是"憎人贼人,反天之意"者,反天之意,逆天而行,祸害百姓,则会被上天惩罚。这段是对仁政的强调,统治者要有仁爱之心,对百姓要有爱人利人之心。

最后一条:

> 《诗》曰"德𬨎如毛",毛犹有伦。"上天之载,无声无臭",至矣。

这里引用《诗经》有两处。一处是"德𬨎如毛",出自《大雅·烝民》篇,"人亦有言:德𬨎如毛,民鲜克举之。我仪图之,维仲山甫举之","𬨎"是轻的意思。一处是"上天之载,无声无臭",出自《大雅·文王》篇,"上天之载,无声无臭。仪刑文王,万邦作孚"。"至矣"是最高的境界,可看作《中庸》的极致之境。

"德𬨎如毛"是德行看似轻如羽毛,但一般人做不到,就如同中庸之德,看似易,实则难。郑玄注曰:"伦,犹比也。载读曰'栽',谓生物也。言毛虽轻,尚有所比;有所比,则有重。上天之造生万物,人无闻其声音,亦无知其臭气者。化民之德,清明如神,渊渊浩浩然后善。"孔颖达疏:"《诗》曰'德𬨎如毛'者,此《大雅·烝民》之篇",本来是美化宣王的诗,"𬨎,轻也。言用德化民,举行甚易,其轻如毛也。'毛犹有伦',伦,比也。既引《诗》文'德𬨎如毛',又言德之至极本自无体,何直如毛?毛虽细物,犹有形体可比并。故云'毛犹有伦'也"。"德𬨎如毛",是对德行的一种比喻,本是很好的,但"毛犹有伦",毛还有形体、行迹,还没有达到最高的一种德行,可以说还不穷尽。

对至德的形容是"上天之载,无声无臭"这句话,它没有任何形体,没有任何行迹。孔颖达疏:"载,生也,言天之生物无音声无臭气,寂然无象而物自生。言圣人用德化民,亦无音声,亦无臭气而人自化。是圣人之德至极,与天地同。""上天之载,无声无臭",可以说是对整个《中庸》的升华,是对中庸、中和之道最高的概括。儒家最高的道和德一定意义上来自天、天命,天作为至高,天道、天德都是对天的效法。上天化生化育万物,无声无臭。最高的德行,是没有任何形迹的。

再看朱熹《中庸章句》的发挥,他说,"《诗·大雅·皇矣》之篇。引之以明上文所谓不显之德者,正以其不大声与色也",大声与色是较低级的修养,是一种末流的教化手段。较高的是"德輶如毛",是仁德、德政和德行,而最高的则是达至天道、天德,就是无声又无臭。又说,"引孔子之言,以为声色乃化民之末务,今但言不大之而已,则犹有声色者存,是未足以形容不显之妙。不若《烝民》之诗所言'德輶如毛',则庶乎可以形容矣,而又自以为谓之毛,则犹有可比者,是亦未尽其妙。不若《文王》之诗所言'上天之事,无声无臭',然后乃为不显之至耳。盖声臭有气无形,在物最为微妙,而犹曰无之,故惟此可以形容不显笃恭之妙"。后面这几条是层层递进,不断推高。"上天之载,无声无臭"最能形容这种君子笃恭而天下平的无为之治,这是至德外化的功效。

《中庸》第三十三章引用《诗经》来进一步阐发中庸之

道,朱熹《中庸章句》对此概括说:"右第三十三章。子思因前章极致之言,反求其本,复自下学为己谨独之事,推而言之,以驯致乎笃恭而天下平之盛。又赞其妙,至于无声无臭而后已焉。盖举一篇之要而约言之,其反复丁宁示人之意,至深切矣,学者其可不尽心乎!"《中庸》最后一章引用《诗经》的八句话,总体上是层层递进的关系。前说反求其本,强调修身与慎独;后步步推进,以致笃恭而天下平。前面是德行修养,至高之德的培育;后面所说的笃恭天下平,是德行达到内圣、最高境界至圣至诚后的天下太平。"又赞其妙,至于无声无臭",至德就是至天道达天德,像天一样运行,自然而然,无声无臭。

这是从字句和义理方面对《中庸》最后三章做了一个初步的贯通。《大学》《中庸》文本不长,但全面地讲好确实不易。从整个宋明理学系统来看,大都认为《中庸》的义理发挥比《大学》高深。因为《大学》在许多方面只是一个轮廓,不够精妙。从哲学、天道的角度来看,《中庸》确实比《大学》更具哲学性,义理性更强。好比"上天之载,无声无臭"这句话,其实在宋明理学里的讨论非常多,就是与其结合来发挥儒家形而上的义理之道。

"天命之谓性,率性之谓道,修道之谓教。道也者,不可须臾离也,可离非道也。是故君子戒慎乎其所不睹,恐惧乎其所不闻。莫见乎隐,莫显乎微,故君子慎其独也。"这是《中庸》首章第一段,讲天道性命,强调慎独。第三十三章也有对慎独的强调。道无处不在,由慎独开出内圣之德,之后自然外化为一种德政,一种至道,无声亦无臭。如此看来,慎独与第三十三章前几条引用《诗经》的话比较对应,均强调独处不愧屋漏,无愧于心,即使别人没有任何监督,也自觉进行德行的涵养。《中庸》首章第一段讲天命之谓性、道、教和慎独;第二段讲"喜怒哀乐之未发,谓之中;发而皆中节,谓之和。中也者,天下之大本也;和也者,天下之达道也。致中和,天地位焉,万物育焉",强调中和,无声无臭,就是致中和的一种境界。垂拱而天下治、恭笃正南面就是一种无声无臭、一种自然的太平。所以整体而言,儒家有强调天人合一的一面。

当然有人认为,儒家的天人合一放在现实中并不理想,与其说天人合一、万物一体,不如说万物互融互通。《中庸》里也有表达这种意味,"万物并育而不相害,道并行而不相悖"。儒家的内圣外王之道,在《中庸》里展现得淋漓尽致,这是一种德行修养、一种慎独。"大德必得其位,必得其禄,必得其名,必得其寿",德行涵养是一种健康之道,充积于内的德行能使经络和畅、气血充沛。更进一步来讲,它与万物相合,与自然同步,与天道相连,更与天地同流。"中也者,天下之大本";"致中和,天地位焉,万物育焉"。这"本"就是一种生生不息的境界,它有这几个层面:一方面可以是大道和生,是个人身心的和谐和生生;另一方面又是人与自然、社会与自然一体的生生与和谐之美;再一方面更是个人内在的身心,人与人、人与社会、人与自然,整个人、社会、自然一体的生生不息,就是笃恭而天下平,就是垂衣裳而治,就是无为而治。大道在整个社会的展开，本就是一种生生不息，一种无为而治。无为而治，可以说是儒家内圣外王之道必然的归宿，也是道家的归宿。从这个层面来讲，儒家、道家内在是相互贯通的。儒家的这种理念，在《中庸》里阐述得最为充分。